Brigitte Wonneberger

Ab der Vierten geht es rund!

FÜR REINHARD

Brigitte Wonneberger

Ab der Vierten geht es rund!

Weiterführende Schule für Eltern: Klasse 4 – 6

Verlag Donata Kinzelbach
Mainz

Stolze-Schrey-Straße 3
D-55124 Mainz
www.kinzelbach-verlag.de

Umschlaggestaltung: Jens Vogelsang
Umschlagbild: © ekyaky – *Fotolia.com*,
© fenskey – *Fotolia.com*

Satz: Reinhard Wonneberger
Druck: *Bookpress.eu*

Gesetzt mit LaTeX
aus der *Latin Modern*

xiv & 250 Seiten

ISBN 978-3-942490-36-8

Inhalt

Inhalt . . . . *v*
Hinweise . . . . *xi*
Danksagungen . . . . *xi*
Der Kompass **FAIR** für unterwegs . . . . *xii*

Vorwort *xiii*

Teil I. Vorbereitung auf eine lange Wegstrecke

1. Wohin und worum geht es? **3**
1.1. In der 4a rumort es! 4
1.2. Drei Jahre Grundschule sind geschafft! 5
1.3. Die große Wanderkarte 6
1.4. Die „Abi-Tour" geht auch anders! 7

2. Die Rolle der Eltern **9**
2.1. Sie sind der Guide und geben Orientierung 9
2.2. Sie schenken Fürsorge 10
2.3. Sie sind das Vorbild 11
2.4. Woher kommt „der Druck der Schule"? 12
2.5. Prinzen und Prinzessinnen machen Druck 17
2.6. Begegnen Sie diesem Schulstress! 20

3. Ein Kompass für den Alltag **25**
3.1. Der Kompass **FAIR** 25
3.2. So hilft der Kompass **FAIR** 27
3.3. Anwendungsbeispiele 28

Teil II. Auf zur weiterführenden Schule

4. Grundschulempfehlung und weiterführende Schule 33
4.1. Die Grundschulempfehlung: Härtetest für Eltern . . 33
4.2. Was für ein Hype! 37
4.3. Die Grundschulempfehlung: sachlich betrachtet . . . 38

5. Welche Schulform soll es sein? 41
5.1. Ist mein Kind für das Gymnasium geeignet? 41
5.2. Konzentration und gymnasiale Reife 42
5.3. Mögliche Schulformen prüfen 45
5.4. Die Wahl der Schulform 47
5.5. Inklusive Regelschule oder Förderschule? 48
5.6. G8 oder G9? 48

6. Sprachenfolge 51
6.1. Fremdsprachenunterricht 51
6.2. Welche Sprache liegt meinem Kind? 52
6.3. Wahl der ersten Fremdsprache 53
6.4. Muttersprachlicher Unterrricht 54
6.5. Wahl der zweiten Fremdsprache 54
6.6. Wahl einer dritten Fremdsprache 56

7. Ganztagsschule oder doch lieber Halbtagsschule? 57
7.1. Ihre berufliche Situation als Ausgangspunkt 57
7.2. Lasst die Kinder sprechen! 58
7.3. Sind Raben die besseren Eltern? 60

8. Die Wahl der Einzelschule 61
8.1. Freundschaften und Geschwister 61
8.2. Besondere Unterrichtsprofile 62
8.3. *Schoolhopping* bringt Klarheit in die Wahl 63
8.4. Die Bedeutung des Familienprofils 66
8.5. Checklisten ergänzen das Bauchgefühl 66

9. ... oder doch lieber eine Privatschule? 71
9.1. Kosten und Gründe 71
9.2. Wie finden Eltern eine geeignete Privatschule? . . . 71
9.3. Privatschulen: Nicht für jeden der beste Weg 74

10. Und nun zur Anmeldung! 75

Teil III. Übergang

11. Von der Anmeldung zur Aufnahme 79
11.1. Zusage oder Absage? 79
11.2. Die „Lenkung der Schülerströme“ 79
11.3. Was tun, wenn die Wunschschule absagt? 80

12. Individuelle Unterstützung für den Übergang 83
12.1. Den Horizont erweitern 83
12.2. Vom Seepferdchen zum Fisch 85
12.3. Kleine Schwächen aufarbeiten 86
12.4. Lesen und Schreiben 87
12.5. Mathematik: der zuverlässige Freund! 88
12.6. Fremde Sprachen und Kulturen erleben 91
12.7. Vorbild sein: Selbst gerne weiterlernen! 94
12.8. Verantwortung zutrauen 94

Teil IV. Auf die Eltern kommt es an!

13. Elternarbeit lohnt sich! 99
13.1. Wer mitarbeitet, kann nur gewinnen 99
13.2. Auch kleine Einsätze helfen 100
13.3. Coole Elternabende – ja, die gibt es! 102
13.4. Teamplayer in den Schulelternbeirat! 105
13.5. Gemeinsame Schulentwicklung 106
13.6. Die Sorgen der Schule 107

14. Mut zur Medienerziehung! 113
14.1. Auf der Suche nach Lösungen 113
14.2. Schule auf dem Weg ins digitale Zeitalter 116
14.3. Sie sind der Medienguide! 121
14.4. Ihr Kind fördern und schützen 127
14.5. Die „Insel der echten Kommunikation" 130

Teil V. Lernen und Leben in der neuen Schule

15. Spannender Einstieg: Die Klassen 5 und 6 135
15.1. Was lernen wir heute? 135
15.2. Das viele Neue 136
15.3. Klassen- und Schulgemeinschaft 137
15.4. Begleitung mit Augenmaß 138
15.5. Hilfe, mein Kind wird selbstständig! 139

16. Neue Themen rund um die Schule 141
16.1. Die Schulmensa ist kein Restaurant! 141
16.2. Den Schulalltag planen 142
16.3. Gemeinsam ein Ordnungssystem einrichten 145
16.4. Umgang mit den Schulregeln 148
16.5. Gute Gespräche mit Lehrkräften 152

17. Lernen in Klasse 5 und 6 153
17.1. Neue Aspekte des Lehrens und Lernens 153
17.2. Hausaufgaben 154
17.3. Unterschiedliches Verhalten in der Klasse 158
17.4. Leistungsüberprüfungen 164
17.5. Zeugnisse 166

18. Herausforderungen 173
18.1. „Die Schule ist ja soo langweilig" 173
18.2. Lernschwierigkeiten sind keine Krankheiten 176
18.3. Wider die Testeritis 178

18.4. Besondere Ausgangslagen 179
18.5. Veränderungen zulassen 190
18.6. Fehlende Motivation für die Schule 191
18.7. Plötzlich schlechte Noten 192
18.8. Sprachenwahl revidieren? 195

19. Zum Umfeld **197**
19.1. Jungen und Mädchen 197
19.2. Von Geld und Markenkleidung 204
19.3. Klassenreisen 209
19.4. Die Rückkehr von der Klassenreise 211

20. Stolpersteine **215**
20.1. Gravierende Leistungsmängel 215
20.2. Mobbing 217
20.3. Cybermobbing 221
20.4. Schwarze Schafe in der Lehrerschaft 223

Teil VI. Zwischenstopp mit neuem Fokus

21. Wie geht es weiter nach Klasse 6? **227**
21.1. Klarheit und neue Chancen 227
21.2. Sophie, Max und Elif können zufrieden sein 227
21.3. Klärende Beratungsgespräche 229
21.4. Die Eingangsstufe ist geschafft! 230

Bibliographie **235**
Webseiten 235
Bücher 240
Artikel 243

Register **245**

Tafeln

Der Kompass **FAIR** für unterwegs . . . . *xii*

3.1. Der Kompass **FAIR** 26

5.1. Elterntest 41

7.1. Pro Ganztagsschule 58
7.2. Contra Ganztagsschule 59

8.1. Checkliste Eltern 68
8.2. Individuelle Fragen 69
8.3. Checkliste Schüler 69

9.1. Gründe für die Wahl einer Privatschule 72

10.1. Worauf es ankommt 76

13.1. Mithilfe in der Schule 101

14.1. Empfehlungen zum Medienschutz 129

Hinweise Das Buch wendet sich an Eltern, Großeltern und Pädagogen sowie an alle, die mit Kindern und Schule zu tun haben.

Die Namen der *Personen* und *Schulen* in den Szenen sind frei gewählt.

Das Buch bezieht sich auf alle sechzehn Bundesländer und alle weiterführenden Schulformen, dabei liegt der Schwerpunkt auf dem Weg zum Abitur.

Für einige Länder gelten allerdings abweichende Regelungen. So erfolgt z. B. in Berlin und Brandenburg der Übertritt in die weiterführende Schule für viele Schüler erst ab Klasse 7, so dass für diese die hier behandelten Schulthemen noch der Grundschule zuzuordnen sind [62]. In Mecklenburg-Vorpommern gelten die Themen für die schulartübergreifende Orientierungsstufe in Klasse 5 und 6, welche die Schüler vor der Entscheidung für die weiterführende Schule durchlaufen [6].

Danksagungen Zahlreichen Freunden und Wegbegleitern möchte ich für viele wertvolle Gespräche und kompetente Hilfe danken.

Der tatkräftige Schulelternbeirat am Mainzer Schlossgymnasium hat mir während jahrelanger Zusammenarbeit die vielfältigen Perspektiven heutiger Eltern von Schulkindern nahe gebracht. Beim Schreiben des Buches haben mich insbesondere Monika Kögler, Ulrike Kolbus, Sylvia Kowalzik, Ina Schäfer und Karin Wöhl unterstützt.

Bereichert haben mich auch Erfahrungen, Sichtweisen und Impulse von Tjeerd Frank, Johannes Gerster, Simone Jungclas, Jan und Sigrun Lüttringhaus, Stephanie Pfeiffer und Angela Rasch.

Beim Erstellen des Manuskripts haben mich Ulrich Goecke, Ina Schäfer, Cornelia Send-Philippe, Inge Vahland, Andrea von Vultejus und Oda Wischmeyer mit konstruktiver Kritik und vielen wertvollen Hinweisen unterstützt.

Meiner Verlegerin Donata Kinzelbach danke ich für ihr Vertrauen und die gute Zusammenarbeit.

Besonderer Dank gilt meinem Mann. Er hat mir LaTeX nahe gebracht [81] und das Buch typographisch und inhaltlich begleitet. Ihm ist dieses Buch gewidmet.

Der Kompass FAIR für unterwegs

Der Kompass **FAIR** hilft Ihnen bei der Orientierung in schwierigen Situationen.

Übernommen von Tafel 3.1 auf Seite 26 aus:
Brigitte Wonneberger.
Ab der Vierten geht es rund!
Weiterführende Schule für Eltern: Klasse 4–6.
2018. ISBN: 978-3-942490-36-8.

www.kinzelbach-verlag.de

Liebe Eltern,

Ihr Kind kommt bald auf die weiterführende Schule oder hat dort bereits erste Erfahrungen gesammelt.

Sie wollen, dass Ihr Kind glücklich und erfolgreich durch den nächsten Lebensabschnitt kommt und zunehmend lernt, sein Leben selbstständig zu meistern.

Ihr Kind ist einzigartig und Sie als Eltern können sich am besten in seine Wünsche und Möglichkeiten hineindenken. Das vorliegende Buch möge dazu beitragen, dass Sie die anstehenden Fragen rund um den Übergang zum Wohl Ihres Kindes souverän entscheiden!

Liebe Großeltern,

viele von Ihnen übernehmen bei der Betreuung der Enkel eine wichtige Rolle und große Verantwortung.

Sie haben bereits Ihr Kind oder Ihre Kinder durch die Schule begleitet. Wenn Sie nun die Schulzeit Ihres Enkelkindes erleben, werden Sie merken, wie sehr sich die Schule in den letzten dreißig Jahren verändert hat.

Dieses Buch kann Ihnen helfen, die Welt Ihres Enkels besser zu verstehen und sich gezielt einzubringen.

Liebe Pädagogen,

Eltern tragen täglich ihre Sorgen und Probleme an Sie heran.

In der Phase des Übergangs auf die weiterführende Schule sind Sie häufig ein wichtiger Berater und Mutmacher. Sie können oftmals, besonders auch in schwierigen Schulsituationen, viel Gutes bewirken.

Dieses Buch möge Ihre Arbeit erleichtern, indem es Ihnen einen umfassenden Einblick in die Elternperspektive gibt!

. . . also, liebe Eltern, Großeltern und Pädagogen,

auf den folgenden Seiten werden die wichtigsten schulischen Themen des Übergangs in die weiterführende Schule knapp und praxisnah dargestellt. Darüber hinaus werden viele Grundsätze der pädagogischen Haltung angesprochen, die hinter all den schulischen Fragen stehen.

Somit lässt sich das Buch auf verschiedene Weise lesen und nutzen: Zunächst einmal als Ratgeber, der einen breiten Überblick über das Themenfeld gibt und auch Webseiten, Bücher und Aufsätze erschließt. Die Zahlen in eckigen Klammern „[. . .]“ verweisen auf die entsprechenden Einträge in der Bibliographie auf Seite 235.

Sie können aber auch gezielt nachschlagen, um in einer aktuellen Frage schnell weiterzukommen, und dabei neben dem Inhaltsverzeichnis auch auf das Register auf Seite 245 zurückgreifen.

In der Rubrik Elternthemen werden Anregungen und Aspekte behandelt, die Eltern, je nach Möglichkeit und Bedarf, mit anderen Eltern der Klasse behandeln und abstimmen können.

In kurz formulierten Impulsen werden zu einzelnen Abschnitten auch Anregungen für das eigene Handeln gegeben.

In schwierigen Situationen hilft Ihnen vielleicht der Kompass **FAIR** bei der Orientierung, siehe Tafel 3.1 auf Seite 26 und die Version für unterwegs auf Seite xii.

Schließlich werden Sie in diesem Buch auch Einblick in realistische Szenen aus dem aktuellen Schulleben bekommen. Sie werden unsere Protagonisten Sophie, Max und Elif auf ihrem Weg durch die Klassen 4, 5 und 6 begleiten und so an ihren Erfahrungen, Freuden und Sorgen teilhaben.

Aus welcher Perspektive Sie das Buch auch lesen: Ich wünsche Ihren Kindern, Enkelkindern oder Schülern und auch Ihnen einen guten Übergang in die weiterführende Schule!

Mainz, im August 2018 *Brigitte Wonneberger*

Teil I.

Vorbereitung
auf eine lange Wegstrecke:
Mit Karte, Kompass, Kompetenz!

1. Wohin und worum geht es?

Szene 1: Schülerperspektive. — *An einem herrlichen Spätsommertag auf dem Schulhof der Grundschule:*

Max sitzt hoch oben auf dem Klettergerüst, und Mohamed erklärt ihm, was eine Empfehlung ist und dass es eine solche in diesem Schuljahr für jeden geben wird.

„Aber das ist nicht so schlimm, hat meine Mama gesagt,“ fügt Mohamed hinzu, „es ist egal, was die Schule über uns meint, die Eltern dürfen entscheiden und wir auch, auf welche Schule wir dann gehen werden.“ Max sagt es Paulina weiter, doch die winkt ab:

„Das wissen Carlo und ich schon längst, das hat uns unsere große Schwester erklärt: Wir kriegen ja seit einem Jahr Noten und wenn Frau Eick Ende Dezember viele Noten von uns hat, erklärt sie nach Weihnachten den Eltern, ob das die Noten für die Realschule plus oder das Gymnasium sind. Die Integrierte Gesamtschule ist für alle da. Meine Schwester sagt, die Empfehlung ist wichtig. Wenn wir auf die falsche Schule kommen, sind wir vielleicht traurig.“

Kurz darauf fügt sie nachdenklich hinzu: „Carlo und ich sind ja Zwillinge. Doch wir streiten uns so oft über die Schule und wir sind so unterschiedlich. Da haben Papa und Mama gesagt, es ist besser, wenn wir ab der 5. Klasse in getrennte Klassen kommen, vielleicht sogar in verschiedene Schulen.“

Auch Elif hat schon mal etwas von der Empfehlung gehört: „Mein Papa hat gesagt, ich mache alles prima und soll mir keine Gedanken machen. Es geht gut weiter. Ich hoffe, wir bleiben alle zusammen.“

Tatjana kommen die Tränen: „Ich muss jetzt drei Mal in der Woche zur Nachhilfe, ich darf nicht mehr so oft zu meiner Oma zum Spielen. Ich kann einfach nicht so schnell rechnen. Ihr habt's gut.“

Sophie hört schweigend zu, um sich dann wieder auf den Boden zu hocken, wo sie mit Kreide ein Hüpffeld aufmalt. Sie summt vor sich hin: „Max und Elif und Sophie, wir drei Freunde trenn' uns nie“. Max und Elif stimmen fröhlich mit ein.

„Empfehlung, Empfehlung“ – Die Lehrerin Frau Eick hört das Wort immer häufiger auch im Unterricht. Neuerdings macht Max es Hassan nach: Er kommt mit ihm am Ende eines jeden Vormittags nach vorne zum Pult, streckt Frau Eick den rechten Handrücken entgegen und fragt: „War ich gut heute? Dann mach mir einen Affenstempel mit Daumen hoch. Zeig' ich meiner Mama.“

1.1. In der 4a rumort es!

Können Sie sich vorstellen, liebe Eltern, dass Sie in Ihrer Grundschulzeit ein solches Gespräch mit Ihren Mitschülern geführt hätten? Sicher kaum. Wenngleich es damals auch für die meisten von Ihnen nicht mehr die Aufnahmeprüfung, sondern schon die Grundschulempfehlungen gab, welche die Eignung für eine bestimmte Schulform ab Klasse 5 attestierten.

Fakt ist, dass Noten, Notenzeugnisse und schließlich die Grundschulempfehlung viele heutige Viertklässler in Unruhe versetzen wenn nicht sogar belasten können – und ihre Eltern ebenso!

Auf den Elternabenden der 4. Klasse oder anschließend im Weinkeller spricht man sich offen über die noch ungewisse schulische Zukunft der Kinder aus.

Die Kinder auf dem Schulhof sprechen von der Realschule plus, denn sie leben in Rheinland-Pflaz, wo es wie in den meisten Bundesländern keine Hauptschule mehr als Schulform gibt.

Da sich aber die Schullandschaft fast aller Bundesländer voneinander unterscheidet und auch gerne einmal wieder verändert wird, sind Sie als Eltern gut beraten, sich zunächst über die aktuell geltenden Verhältnisse zu informieren.

Das kann und will dieses Buch nicht leisten, aber es möge Ihnen eine Basisorientierung in der recht unübersichtlichen Landschaft der weiterführenden Schule vermitteln. Die könnte Ihnen z. B. auch bei der Planung eines Umzugs helfen:

So sind im Kontext der Entwicklung vom dreigliedrigen zum zweigliedrigen Schulsystem vielfach neue Schultypen geschaffen worden, in denen die eher berufsbetonte Hauptschule und die Realschule zusammengefasst sind, in manchen Bundesländern neben der noch bestehenden Hauptschule. In diesen neuen, auf Durchlässigkeit bedachten Schultypen sollen auch leistungsschwächere Schüler Aufstiegschancen bekommen, besonders über integrative Lernformen.

Sie heißen z. B. Sekundarschule in Nordrhein-Westfalen und Sachsen-Anhalt, Integrierte Sekundarschule in Berlin, Mittelschule in Bayern, Werkrealschule in Baden-Württemberg, Mittelstufenschule in Hessen, Regelschule in Thüringen, Regionale Schule in Mecklenburg-Vorpommern und Oberschule in Brandenburg sowie Niedersachsen. Daneben existieren mancherorts noch weitere Schulformen wie z. B. integrierte oder kooperative Gesamtschulen *neben* dem Gymnasium.

Rein zweigliedrige Schulsysteme haben Hamburg mit der Stadtteilschule, das Saarland und Schleswig-Holstein mit der Gemeinschaftsschule, Bremen mit der Sekundarschule und Sachsen mit der Oberschule, jeweils neben dem Gymnasium.

Die genannten Schulen haben wiederum unterschiedliche Strukturen und Schwerpunkte. Schüler können dort die Abschlüsse Berufsreife oder Mittlerer Bildungsabschluss, die „mittlere Reife“, erwerben. Manche bieten dazu noch eine eigene Oberstufe an oder bei Eignung die Übergangsmöglichkeit in die Oberstufe eines Gymnasiums oder eines beruflichen Gymnasiums. Da sich die jeweiligen Bezeichnungen und Strukturen über die Jahre ändern können, schauen Sie bei Bedarf einfach ins Internetportal „Bildungsserver“ Ihres Bundeslandes!

Ach, wie idyllisch und übersichtlich ging es doch bisher auf der Grundschule zu!

1.2. Yippee! Drei Jahre Grundschule sind geschafft!

Nun erst einmal zufrieden zurücklehnen, bevor es weiter geht: Da haben Sie, liebe Eltern, Ihr Grundschulkind schon drei Jahre mit viel Liebe und Mühe begleitet und haben dabei vielleicht auch allen Grund, ein wenig stolz auf den ein oder anderen Einsatz zurückzublicken, denn ganz so harmonisch, wie Sie sich das vorgestellt hatten, war es vielleicht nicht immer:

Da sollte Ihr Kind nach Gehör schreiben lernen und Sie mussten zusammen mit anderen Eltern in der Schule darum kämpfen, dass neben dem freien Verschriften mithilfe einer Anlauttabelle auch das lehrgangsmäßige Schlüsselwortverfahren angeboten wurde, z. B. über das Lehrbuch mit Fara und Fu [31]. Viele von Ihnen haben das schon vor 30 Jahren mit demselben Hund namens Fu oder anderen unvergesslichen Fibel-Gestalten gelernt, und mithilfe eines solchen Leselehrgangs können Sie nun Ihr Kind unterstützen, wenn es fragt.

Oder Sie haben der von leistungsorientierten Eltern bedrängten Grundschullehrkraft vielleicht auch vermitteln müssen, dass eine zehnminütige Folien-Präsentation zum Thema Feldhamster nicht von einem achtjährigen Kind geleistet werden kann. Wenn doch, dann nur, wenn einige Eltern in einer Nachtschicht eifrig recherchieren und tolle Folien vorbereiten. Nicht selten heißt es dann: „*Wir* haben eine Eins in Sachkunde!“.

Vielleicht hatten Sie auch Glück, und das Lernen in den ersten Jahren war für Ihr Kind stets bereichernd und erfolgreich in wohliger Grundschulatmosphäre.

Wie dem auch sei: Halten Sie kurz inne und freuen Sie sich über das, was Ihr Kind bisher in der Schule lernen und erfahren durfte. Schauen Sie mit ihm zusammen zuversichtlich nach vorn, auch wenn Sie ahnen, dass der Weg durch die vierte Klasse in die weiterführende Schule von Turbulenzen geprägt sein könnte.

1.3. Die große Wanderkarte

Bevor es nun weiter geht, schauen wir uns zunächst einmal die lange Wegstrecke an, die nun vor Ihrem Kind und damit auch vor Ihnen liegt. Sie gleicht einer Bergtour mit ihren Wegen, die sich über lange Jahre stets nach oben schlängeln.

Wie bei einer Bergtour flößt einem diese große Schultour erst einmal Respekt ein und vielleicht auch schon das erste Zittern und Zagen: Wie wird mein Kind da hochkommen?

Da hilft der besonnene Blick auf die Wanderkarte, das Studium der einzelnen Abschnitte – und alles scheint plötzlich viel leichter!

Sie finden auf dem Internetportal „Bildungsserver“ Ihres Bundeslandes schematische Darstellungen der angebotenen allgemeinen und berufsorientierten Bildungsgänge, wie z. B. für Baden-Württemberg auf der Webseite [44].

Die oberen Bereiche des langen Weges brauchen Sie zunächst noch nicht genau zu studieren, das sind Themen von übermorgen. Ihr Kind steht am Anfang und soll die weiterführende Schule zunächst mit einem guten Start in die Orientierungsphase der Klassen 5 und 6 beginnen, wonach über den weiteren Weg entschieden werden kann.

1.4. Die „Abi-Tour“ geht auch anders!

Viele Bergwanderer erklimmen die Zugspitze angesichts der langen Strecke und der vielen Höhenmeter gerne, ohne allzu viel nach rechts und links zu schauen und möglichst ohne Übernachtung auf einer Hütte. Ähnlich liebäugeln Eltern gerne mit der Direttissima zum Abitur durchs Gymnasium.

Dabei wären sie viel entspannter, wenn sie bereits am Fuß der „Abi-Tour“ wahrnehmen könnten, wie viele verschiedene Möglichkeiten es für ihr Kind gibt, das Abitur zu machen. Und wenn es nicht gleich das Abitur ist, so öffnen sich doch im Anschluss an Fachhochschulreife, Mittlere Reife und auch Berufsreife viele Türen zu einem weiteren Aufstieg. Motivierten und lebensfrohen Schülern, auch solchen, die zwischendurch einmal ihre eigenen Zwischenwege gegangen sind, steht heute die Welt offen!

Ihre Aufgabe als Eltern besteht darin, Ihr Kind auf allen und gerade auch auf den ganz individuellen Pfaden seiner Entwicklung zu begleiten und es immer wieder zu ermutigen, seinen eigenen Weg zu gehen.

Sie finden auf dem Bildungsserver Ihres Bundeslandes oder auf den Webseiten einzelner Schulämter Übersichten zu den Bezeichnungen der einzelnen Schulformen und zu Wechselmöglichkeiten in andere Schulformen..

Häufig gibt es auch entsprechende Broschüren, z. B. für bayerische Eltern [49] oder auf Stadtebene, z. B. Düsseldorf [71].

Normalerweise bieten sich Schulwechsel nach Klasse 6, nach der Berufsreife oder im Anschluss an die Mittlere Reife an. In Ausnahmefällen, z. B. wenn Ihr Realschulkind in der 8. Klasse beachtliche Lernfortschritte macht und sich eine sehr gute weitere Lernentwicklung abzeichnet, ist auch oftmals in Absprache mit dem aufnehmenden Gymnasium ein Schulwechsel möglich.

An dieser Stelle sei angemerkt, dass die Länder Berlin und Brandenburg eigene, wenn auch ähnliche Regeln für den Übertritt haben: Das „grundständige Gymnasium" beginnt ab Klasse 5, die Integrierte Sekundarstufe sowie das Gymnasium ab Klasse 7. Die Grundschulzeit und damit der Beobachtungszeitraum ist also für viele Schüler zwei Jahre länger. Mithilfe des jährlich neu aufgelegten Schulwegweisers für Berlin [62] können Sie sich z. B. frühzeitig ein Bild davon machen, welcher Weg für Ihr Kind der beste ist.

In Mecklenburg-Vorpommern ist der Übertritt in die weiterführende Schule ebenfalls anders geregelt: Da es eine schulartunabhängige Orientierungsstufe für alle in den Klassen 5 und 6 gibt, können sich die Eltern am Ende der 6. Klasse für die weiterführende Schulform entscheiden.

In welchem Bundesland auch immer Sie wohnen: Es ist hilfreich, den aktuellen Pfad, auf dem Ihr Kind marschiert, im Auge zu behalten mit den Möglichkeiten, die sich anschließend öffnen!

2. Die Rolle der Eltern

2.1. Sie sind der Guide und geben Orientierung

Vielleicht mögen Sie nun fragen: „Was habe ich mit all diesen Schulthemen zu tun? Dafür ist doch die Schule da!“

Antwort: Die Schule leistet ihren Bildungs- und Erziehungsauftrag. Kommt sie mit ihren festen Regeln und ernsten Elternbriefen auch manchmal wie eine übermächtige Instanz daher: Sie als Eltern sind der Guide, der dem Kind auf dem langen Weg zum Schulabschluss immer wieder Werte vorlebt und Strukturen sowie Orientierung schenkt. Sie sind es, die besonders in den ersten Jahren auf der weiterführenden Schule die Verantwortung für sämtliche Entscheidungen tragen und vor allem für die größeren Weichenstellungen, die Sie im Sinne Ihres Kindes vornehmen.

Entscheidungen, die z. T. tiefgreifende Konsequenzen mit sich bringen, erfordern von Ihnen Sachkompetenz und Verantwortungsbewusstsein. Wenn Sie sie als schöne Herausforderung annehmen, werden Sie Ihr Kind erfolgreich begleiten können.

Heute tendieren viele Eltern dazu, sich immer wieder auf die Meinungen und Wünsche ihrer Kinder zu berufen oder auf das, „was man in der Nachbarschaft so macht“. Sie ziehen sich damit aus der Verantwortung. Bitte bedenken Sie:

> Ein Kind kann noch nicht überblicken, ob es sinnvoll ist, abends nach der Ganztagsschule noch in die Hip-Hop-AG des Sportvereins zu gehen. Das will es vielleicht, doch Sie als Vater oder Mutter müssen darüber entscheiden, denn Sie tragen die Verantwortung dafür, dass ihr Kind den Tag gesund und zufrieden beendet und den neuen Tag zufrieden und ausgeschlafen beginnt.

> Ein Kind kann noch nicht überblicken, ob es als erste Fremdsprache Englisch oder Latein lernen soll: Sie als Eltern haben den gesamten

Schulkontext, besonders das bisherige Lernverhalten Ihres Sohnes oder Ihrer Tochter vor Augen und müssen entscheiden, natürlich immer in offener Kommunikation mit Ihrem Kind.

Gute Entscheidungen können manchmal Ihrem Kind auf den ersten Blick weh tun, denn es muss sich dabei vielleicht von einem guten Schulfreund trennen, der einen anderen Weg geht. Doch auf lange Sicht zahlt sich dies meist aus.

Die Schule kann zu all diesen wichtigen Themen nur bedingt etwas beitragen und haftet auch nicht dafür, wenn ein Kind aufgrund einer Entscheidung der Eltern in Schwierigkeiten gerät. Sie liefert den nötigen inhaltlichen und rechtlichen Rahmen: Sie organisiert nach ihren Möglichkeiten einen erfolgreichen Unterricht. Darüber hinaus kann sie in vielen Fällen auch wertvolle Unterstützung und Beratung beisteuern.

Daher ist es entscheidend, dass Sie Ihre Rolle als Führungsaufgabe erkennen und annehmen. Vielleicht können Sie dabei auch Führungserfahrung aus anderen Lebensbereichen nutzen [55]. Lassen Sie uns nun noch etwas genauer betrachten, was alles zu dieser Aufgabe gehört.

2.2. Sie schenken Fürsorge

Fürsorge ist für Sie vielleicht ein altmodischer Begriff. Jedoch steht er für eine bewährte pädagogische Grundhaltung:

Fürsorge heißt nicht, dass sich Ihr Kind den angesagtesten und meist auch teuersten Schulrucksack mit den passenden Accessoires im Laden aussuchen darf, sondern dass Sie mit ihm zusammen in Ruhe eine gute Ausrüstung für die Schule auf vernünftiger Basis zusammenstellen: Wenn Ihr Kind nur sechs Buntstifte in der Federtasche in die Schule mitnimmt oder eine einfache Trinkflasche, wird ihm nicht so leicht etwas abhandenkommen. Eine mehrstöckige Federtasche mit 12 Bunt- und 12 Filzstiften oder eine Trinkflasche mit Motiven der Champions-League kann eher mal „verschwinden".

Fürsorge heißt auch: Ein gutes, von Papa oder Mama geschmiertes

Schulbrot mit ein paar Gemüseschnitzen tut Ihrem Kind besser als täglich zwei Euro für den Schulkiosk.

Es geht in beiden Beispielen gar nicht so sehr ums Geld, sondern darum, dass Ihr Kind sich gut von Ihnen versorgt weiß, so wie es auch dankbar sein wird, wenn Sie ihm bei Husten ein paar Salbeibonbons zustecken. Ihr Kind spürt: „Was auch immer mir der neue Schultag bringt: Die Eltern sorgen für mein Wohlbefinden und schenken mir Kraft."

Auf dem Weg durch die Schulzeit gehen fürsorgliche Eltern immer wieder auf ihr Kind *zu*. Besonders auch dann, wenn es unzugänglich erscheint. Sie schenken ihm *Zu*wendung, *Zu*spruch und *Zu*trauen, je nachdem, wie es die Situation erfordert.

Zuwendung, Zuspruch und Zutrauen bedeuten, dem Kind mehr als flotte Sprüche auf den Schulweg mitzugeben.

Fürsorgliche Eltern sagen nicht einfach: „Dein Referat morgen wird sicher super, du bist ja schlau", sondern sie fragen nach, worum es in diesem Referat geht. Sie sprechen mit ihrem Kind nach Möglichkeit kurz darüber, um dann vielleicht zu sagen: „Das ist interessant, du kennst dich gut aus, ich glaube, du wirst das hinkriegen."

Fürsorgliche Eltern empfangen ihr Kind nach dem winterlichen Schwimmen mit einer Tasse Kakao, binden mit ihm zusammen die Schulbücher ein oder schaffen mit ihm zusammen ein halbwegs gut funktionierendes Ordnungssystem für Schulsachen im Kinderzimmer.

Eine fürsorgliche Grundhaltung hat nichts mit Erziehungsprogrammen zu tun, sondern gehört zu den grundlegenden Werten in der Erziehung. Sie erfordert von Ihnen täglich etwas Zeit und Aufmerksamkeit, die sich mehr als lohnen, denn sie sind für die Entwicklung Ihres Kindes segensreich.

2.3. Sie sind das Vorbild

Ein guter Guide ist zugleich auch immer ein gutes Vorbild. Was nützt der erfahrenste und eloquenteste Bergführer, der müde daherkommt oder in seine eigenen Probleme versunken ist, statt seiner Wandergruppe Mut zu machen! Beherzte Eltern zu sein heißt, auch in schwierigen Situationen die Rolle des Verantwortlichen zu übernehmen. Es finden sich immer Mittel und Wege, die weiterhelfen können.

Kinder spüren sehr wohl, ob ihre Eltern authentisch sind, d. h. ob die Botschaften, die sie senden, ehrlich und offen sind. Eltern, die es sich zur Gewohnheit gemacht haben, immer von Stress und Problemen zu sprechen, können ihre Kinder langfristig nicht überzeugen. Wenn das Kind solche Eltern erlebt, wird es ihnen seine Schulprobleme nicht anvertrauen, denn es hat gelernt, dass es von ihnen nicht viel Hilfreiches erwarten kann.

Auch wenn es Ihnen im Alltag manchmal schwer fallen sollte: Seien Sie täglich ein gutes Vorbild für Ihr Kind!

Gestehen sie sich z. B. einfach ein, dass Sie eine Situation mal nicht so gut im Griff haben, und denken Sie laut nach, was Sie nun tun könnten. Ihr Kind spürt dann, dass sich immer eine Tür öffnet, wenn man weiterdenkt und auch einmal neue Wege riskiert. Es wird diese Haltung übernehmen und selbst beherzter reagieren können, sollte es einmal nicht weiterwissen.

2.4. Woher kommt „der Druck der Schule"?

Szene 2: Notendruck Grundschule. — *Max ist schon beinahe am Ende der vierten Klasse angekommen und freut sich auf die neue Schule, das Schillergymnasium, wo er nach den Sommerferien beginnen darf.*

Doch heute kann er nicht einschlafen: „Mama", ruft er, „bitte komm' noch mal!"

Der Mutter teilt er unter Tränen mit: „Morgen schreiben wir einen Musiktest. Ich kriege bestimmt eine Vier."

„Warum denn das?", fragt die Mutter entgeistert.

„In der Klasse sagen ganz viele, dass wir alle eine Vier schreiben", schluchzt Max weiter.

Die Diskussion über Noten und das große Bangen vor Leistungsüberprüfungen ist bereits in der Grundschule verbreitet.

Manche Eltern schüren zuhause zusätzlich die Angst durch häufiges Nachfragen: „Hast Du gelernt? – Kann ich Dir noch etwas erklären?“

In Max’ Fall waren es nicht die Eltern, sondern die anderen Kinder der Klasse, die ihm die Angst vor der Vier einjagten.

Wie mir immer wieder berichtet wird, lastet auf vielen Kindern und Eltern der Druck der Schule. Sie fragen sich: „Können wir den Anforderungen der Schule gerecht werden?“

Warum empfinden heute so viele Eltern und Kinder die Schule als belastend?

Kinder als Projekte

Manche Eltern vermitteln mir den Eindruck, als empfänden sie ihre Kinder nicht nur als ihre natürlichen Nachkommen, sondern mehr denn je als ihre „Projekte“. In unserer Leistungsgesellschaft, wo das Aufziehen von Kindern oft mit zwei anstrengenden Berufen vereinbar gemacht werden muss, ist es nicht verwunderlich, dass das Gelingen des Erziehungsprozesses mehr im Mittelpunkt steht als das entspannte Familienleben, wo Harmonie und Gemeinsamkeit dem Erfolgsdenken keinen so großen Stellenwert einräumen.

Die Entwicklung eines Projekts, wie wir es vom Beruf her kennen, soll kontinuierlich überwacht und vorangebracht werden, möglichst ohne nennenswerte Störungen und Pannen.

Einige Eltern, die sehr in diesem Projektdenken verhaftet sind, tun sich am Anfang schwer, wenn ihr Kind in die Kita, den Kindergarten und dann in die Schule kommt. Sie befürchten vielleicht, dass andere Erziehungsvorstellungen und Abläufe ihr Kind und damit auch sie als Eltern durcheinanderbringen könnten. Manche sehen ihre eigenen Einflussmöglichkeiten dahinschwinden.

Dieses Bangen ist nicht unberechtigt, denn bereits eine Kita erzieht die Kinder zu einer Frustrationstoleranz, die einige besonders beachtete „Vorzeigekinder“ vom Elternhaus noch nicht kennen: Es muss sein Spielzeug aufräumen, teilen lernen, beim Essen halbwegs stillsitzen und auch mal kurz warten, bis die Erzieherin auf seinen Wunsch eingehen kann.

„Selbstverständliche Dinge“, denken jetzt einige von Ihnen, besonders die Eltern, die mehrere Kinder haben und deren Familienleben daher besonders strukturiert laufen muss. Aber für diese „selbstverständlichen Dinge“ müssen heute Kindergärten und Grundschulen, manchmal auch noch die weiterführenden Schulen, große Anstrengungen unternehmen, bis sich die Kinder umgewöhnt haben.

Erleichtert wird dieser Prozess, wenn die betroffenen Eltern die jeweilige Institution als natürliche Erweiterung der Lebenswelt ihres Kindes betrachten, ihr vertrauen und zuhause positiv über sie sprechen.

Gehen wir noch einmal zurück in die Grundschule:

Die erste bis dritte Klasse ist für die Lehrkräfte eine Herkulesaufgabe: Sie müssen den Kindern nicht nur Basiskompetenzen wie Lesen, Schreiben und Rechnen vermitteln, sondern dabei auch der Individualität jedes einzelnen Schülers, jeder einzelnen Schülerin gerecht werden. Im Fokus des gemeinsamen Lernens steht das kontinuierliche Einüben des sozialen Umgangs: Das sind insbesondere altersgerechtes Zuhören und Einhalten von Regeln. Den ganz eigenen Wünschen und Launen der Kinder kann nur noch bedingt Aufmerksamkeit geschenkt werden.

Viele Kinder kennen diese Regeln von zuhause und halten sie auch in der Schule problemlos ein. Nach meiner Erfahrung tun sich jedoch einzelne Kinder und auch Eltern damit recht schwer.

Eine umfassende Analyse dieser Tendenz gibt uns der erfahrene Arzt und Kinderpsychiater WINTERHOFF in seinem viel beachteten Buch *Warum unsere Kinder Tyrannen werden* [77]. Er sieht den Grund für diese Fehlentwicklung vor allem bei den Eltern, die sich nicht von ihren Kindern abgrenzen können und daher nicht als Erwachsene handeln: Sie vermitteln ihren Kindern nicht Orientierung und Strukturen, sondern überfordern sie durch übertriebene Partnerschaftlichkeit.

Eltern sprechen häufig von Druck, den sie empfinden, wenn ihr Kind in die Schule kommt. Nennen wir doch diesen Druck nicht „Druck der Schule“, sondern „Vorbereitung auf die Lebenswirklichkeit“.

Kinder müssen für das spätere Leben einigermaßen lesen, schreiben und rechnen können sowie lernen, wie man Probleme löst, wie die Welt um sie herum aussieht und wie man sich respektvoll darin bewegt.

Da das ein gemeinsames Interesse von Elternhaus und Schule ist, wäre es wünschenswert, wenn Bildungseinrichtungen von Eltern nicht als Angstgegner sondern vielmehr als wertvolle Partner angenommen und gewürdigt würden!

Ich möchte Ihnen dazu ein Beispiel aus der weiterführenden Schule geben: In zahlreichen Schulen sind Kaugummi und Kappen tabu. Darüber kann man natürlich trefflich diskutieren. Doch die Schule macht mit solchen Verboten nicht überflüssigen Druck, sondern erzieht fürs Leben: Wer soll die ekligen Kaugummis unter den Schultischen entfernen? Wie sollen wir mit fremdem Eigentum umgehen? Und ganz nebenbei: Wollen Sie, liebe Eltern, an einem solchen „Schmuddeltisch“ beim Elternabend sitzen? Darüber hinaus vermittelt die Schule Regeln der Etikette, von denen viele Schüler zuhause nichts erfahren. Beispielsweise ist ein Vorstellungsgespräch für ein Praktikum ebenso wie ein Besuch beim Arzt oder Anwalt erfahrungsgemäß erfolgreicher ohne Kaugummi und Kappe…

Die gute Nachricht: Jugendliche sind sehr lernfähig und verstehen schnell, dass das, was die „strenge“ Schule sie lehren will, vielleicht doch gut für sie sein kann. Sie können unterscheiden zwischen Schule und Privatleben, wo Kappe und Kaugummi vielleicht dazugehören.

Wenn Sie, liebe Eltern, mit der schulischen Erziehung innerlich mitgehen können, spüren Sie auch bald keinen so großen Druck mehr und erleben Ihr Kind als zunehmend eigenständigen Menschen, der neue Impulse von außen gut in sein Leben aufnehmen kann.

Verkürzte Kindheit

Das „Projekt Kind“ ist vielleicht für Eltern auch deshalb heute so wichtig geworden, weil sie durch die sich kontinuierlich nach vorne schiebende Pubertät gar nicht mehr so lange ein „richtiges Kind“ im Hause genießen können.

Bereits in der vierten Klasse haben schon zahlreiche Mädchen ihre erste Regelblutung und ihr Körper nimmt weibliche Formen an. Dadurch verändern sich natürlich auch die Gefühle und Themen der Mädchen. Auch Jungen pubertieren heute früher als zur Zeit ihrer Großväter.

Es scheint, als ob die meisten Kinder nur noch danach strebten, es möglichst schnell den Erwachsenen gleichzutun:

Fünftklässlerinnen nehmen ihren Kosmetikkoffer mit auf Klassenreise, um für Schminkabende im Mädchenzimmer gerüstet zu sein!

Viele Eltern verfolgen daher das Großwerden ihres Kindes mit Unsicherheit und Bangen.

Die Kindheit der heutigen jungen Generation erscheint uns Erwachsenen auch deshalb verkürzt, weil sie sich zu großen Teilen außer Haus abspielt: Ganztagseinrichtungen sind für viele Eltern notwendig und daher weit verbreitet. Das Noch-Kind entwickelt sich nicht mehr so deutlich unter den Augen der Eltern und ist plötzlich schon ein „Heranwachsender“.

Mein Kind soll auf die Sonnenseite des Lebens gelangen

In unserer Gesellschaft wird die Schere zwischen „reich und erfolgreich“ gegenüber „arm und erfolglos“ als zunehmend größer empfunden. Das jagt vielen Eltern regelrecht Angst um ihr Kind ein: Es soll doch auch einen guten Platz im Leben finden!

Auch wenn in Deutschland mittlerweile ein Drittel aller Studierenden ihr Studium abbricht und jungen Menschen mit einer soliden Ausbildung eine bessere Zukunft prophezeit wird, möchte man seinem Kind doch die Chance geben, dass es die Voraussetzungen für ein Studium erwirbt.

Eltern, die es bisher gut hatten, wünschen dasselbe für ihr Kind. Eltern, die eher am Rande der Gesellschaft leben müssen, wünschen für ihr Kind den gesellschaftlichen Aufstieg „auf die sichere Seite.“ Das ist vor dem Hintergund der unsicheren Zeiten, in denen wir leben, ein sehr gut nachvollziehbarer Wunsch. Also bemühen sich manche Eltern so gut sie können und oft mit maßlosem Eifer um ihr „Projekt Kind", auf dass es später die Sonnenseite des Lebens erfahren darf. Nicht selten fühlen sie sich, wenn es gelingt, selbst enorm aufgewertet. Dass dieser Eifer um das Gelingen des „Projekts" dem einzelnen Kind nicht immer gut tut, wissen wir auch.

Vor allem übersehen solche Eltern, dass es später immer noch viele Möglichkeiten für diejenigen Jugendlichen gibt, die nicht direkt zum Abitur marschieren, sondern andere Wege gehen und dabei die Schule verlassen, wenn sie die Berufsreife oder die Mittlere Reife erlangt haben. Solche Brüche im Lebenslauf werden zwar immer noch von vielen als Makel betrachtet, aber sie bergen auch große Chancen zur Reifung in sich.

Sie können sich, liebe Eltern, von dieser großen Sorge lösen, wenn Sie die jeweilige Situation, in der sich Ihr Schulkind befindet, besser verstehen und sich Schritt für Schritt dem widmen können, was jeden Tag auf Sie zukommt. Vielleicht wird der schulische Weg Ihres Kindes direkt verlaufen, vielleicht indirekt: Wenn es Ihr Vertrauen und auch in schwierigen Situationen immer wieder Ihre Liebe und Zuwendung erfährt, führt jeder Weg zum Erfolg.

2.5. Prinzen und Prinzessinnen machen Druck

Inwiefern hat sich die Schule seit Ihrer Jugendzeit so stark verändert?

Es sind nicht nur die fordernde Leistungsgesellschaft, die vielerorts unstete Schulpolitik oder die vollgepackten Lehrpläne, die das Klima der heutigen Schule prägen. Es sind vielmehr die Kinder und Jugendlichen selbst, die sich z. T. ganz anders als ihre Eltern im Unterricht und im schulischen Leben verhalten.

Die Schulrealität ist heute nicht mehr von der Generation Y geprägt, in der Sie groß wurden. Sie erinnern sich: Sie waren einst die ersten *digital natives*. Man verbindet Ihre Generation u. a. mit Bildung, Improvisationstalent oder auch Sinnsuche. Orientierung darüber gibt [73].

Heute geht die Generation in die Schule, die nach der Jahrhundertwende geboren ist. In Zusammenhang mit diesen jungen Menschen werden häufig die Tendenz zur Verwöhnung, Verhätschelung und Kontrolle durch Helikopter-Eltern genannt. Manche Jugendliche wirken wie „Prinzen und Prinzessinnen" [5]. Dem tieferen Verständnis des Phänomens *Helikopter-Eltern* dient ein Buch von KRAUS [38]. Vielfältige Beispiele dazu finden Sie im Buch *Verschieben Sie die Deutscharbeit – mein Sohn hat Geburtstag!* [28].

Natürlich handelt es sich bei all diesen Beschreibungen nur um beobachtete Tendenzen. Ich durfte in der Überzahl recht lerneifrige Schüler mit vernünftigen Eltern erleben!

Im Gegensatz zu früher bringen Schüler heute offener zum Ausdruck, ob ihnen etwas gefällt oder nicht. Das habe ich in der Zusammenarbeit immer als ehrlich und förderlich empfunden.

Doch ist ein kritischer Blickwinkel für Sie als Leser, Mutter oder Vater vielleicht auch einmal hilfreich, um einige Probleme der heutigen Schule und das, was Ihre Kinder aus der Schule erzählen, besser nachvollziehen und einordnen zu können.

Gehen wir doch mal mit in den Französischunterricht von Elifs großer Schwester Aysha, die in der 9. Klasse des Schillergymnasiums ist:

Szene 3: Prinzen und Prinzessinnen. — *„Ouvrez vos livres à la page 80, s'il vous plaît", fordert Monsieur Kradler freundlich die Runde auf.*

Helena und Jonas reagieren nicht.

„Vous aussi!", probiert es der Lehrer noch einmal.

„Sie haben mir nichts zu sagen!", kontert Helena blasiert. Und fügt hinzu: „Ich mache hier nicht mehr mit, bis Sie meinem Vater die mündliche 5 erläutert haben."

Dann erklärt Jonas mit fester Stimme: „Ich akzeptiere nicht, dass ich nächste Woche auf den Ausflug nach Straßburg mitkommen soll. Schließlich war ich da schon x Mal, es ist so ätzend dort, am Tag drauf ist Mathearbeit, da lern' ich lieber dafür. Meine Eltern sagen, ich soll das entscheiden."

In der großen Pause geht Aysha zu ihrer Schwester, die mit ihren Klassenkameraden in einer Ecke des Hofes steht, und erzählt dort vom heutigen Vorkommnis in der Französischstunde.

Sophie und Elif sind entsetzt und können sich so eine Szene im Klassenzimmer kaum vorstellen.

Max, wie den meisten anderen Jungen, bleibt der Mund offen stehen: „Wer bekommt hier am Ende Recht? Wie wird es weitergehen?“ fragt er sich. Hassan grinst fröhlich und feixt: „Bei euch ist wenigstens was los!“

Fiona lässt ein lautes „Wow“ vernehmen.

Glücklicherweise habe ich Schüler wie Helena und Jonas nicht allzu häufig erlebt. Und natürlich denke ich in diesem Zusammenhang daran, dass wir alle, ganz gleich ob Generation A, B oder C, unsere Lehrer manchmal zur Weißglut gebracht haben! Es war auch für sie nicht immer einfach, sich die Freude am Beruf zu bewahren.

Doch die offensive Konfrontation mit dem, was ein Lehrer darf oder nicht darf, scheint mir ein neues Phänomen zu sein. Es verunsichert insbesonders junge Lehrkräfte, die mit großem Idealismus ihrem Beruf nachgehen und die noch Erfahrungen sammeln müssen, wie sie auf allzu direkte verbale Angriffe im Klassenzimmer reagieren können. Solche Vorfälle ziehen oft nicht nur Elterngespräche, sondern auch Klassenkonferenzen und Kommunikation mit Anwälten nach sich. Sie rauben damit der Schule, die für alle da sein möchte, wertvolle Energien.

Unterstützt wird die oppositionelle Grundhaltung einzelner Schüler und in manchen Fällen die der Eltern vielleicht durch erfolgreiche Bücher wie: *Was Lehrer nicht dürfen* [56].

Die Zusammenstellung der aus Schülerperspektive formulierten Fragen ist sachlich korrekt und mag sicherlich auch Eltern dienen, die aufgrund eines Vorfalls wünschen, die Rechtslage kennenzulernen oder die sich ganz allgemein in schulrechtliche Fragen einarbeiten wollen. Solch ein Buch kann auch dem ein oder anderen Schüler helfen, der eine Ungerechtigkeit erfahren hat.

Allerdings wünschte ich mir zur Verbesserung des Lernklimas auch Bücher oder Gespräche im Elternhaus darüber, wie Schüler besser mit ihren Lehrern kooperieren können, um gemeinsam zu guten Lösungen zu finden. Das könnte die Arbeit des vielerorts eingeführten Klassenrats auf das Beste unterstützen.

Wie können von Anspruchsdenken geprägte Schülerinnen und Schüler denn sonst lernen, schulische und später berufliche Schwierigkeiten mit Respekt und Umsicht zu lösen?

2.6. Begegnen Sie diesem Schulstress ...

Wir stellen fest: Aus oftmals komplexen Gründen kommt es zu Stress- und Drucksituationen in der Schule, von denen auch Ihr Kind betroffen sein könnte. Nur Mut: *Mit Herz, Verstand und weitem Blick* können Sie aus dem Schulstress heraus finden und es auf jeden Fall richtig machen!

... mit Herz

Schauen wir doch einmal auf einen doppelt schlecht gelaufenen Schultag von Max, der seit acht Wochen auf dem Gymnasium ist:

Szene 4: Max unglücklich. — *Max kommt 15 Minuten später nach Hause, weil er zu Fuß gegangen ist. Er sagt seiner Mutter, andere Kinder in der Klasse hätten ihn wegen seiner Zwischennote im Schwimmen, einer 4+, aufgezogen, mit denen wolle er nie wieder Bus fahren.*

Die Mutter ist sprachlos: Ihr Sohn hat doch neulich beinahe das Seepferdchen geschafft und der Bademeister hat ihn gelobt!

Dann zieht Max sein Heft mit den Deutscharbeiten aus dem Rucksack und wirft es wütend auf den Boden: „Herr Liebmann ist so gemein, er will meinen Aufsatz nicht lesen, jetzt muss ich ihn extra wegen ihm noch einmal zuhause abschreiben. Die anderen haben die Arbeit schon zurückbekommen.“

Max' Mutter beginnt, laut zu schimpfen, zunächst auf Max, weil er sich im Schwimmbad und mit dem Aufsatz so „dusselig“ angestellt hat. Auch Herr Liebmann bekommt seinen Teil ab, denn er sollte ja wohl Verständnis für die krakelige Schrift der Kleinen aufbringen, wo diese doch gerade erst aus der Grundschule gekommen sind!

Max' Vater, der später dazukommt, ist auch nicht begeistert und möchte den Aufsatz sehen. Er kann ihn aber auch nicht lesen und schimpft. Max verschwindet in seinem Zimmer und weint.

Sie mögen sich nun fragen: Wo ist hier das Elternherz?

Ich habe häufig so traurige Kinder wie Max in der Schule erlebt. Oft waren sie nicht nur über ihr Missgeschick betrübt, sondern sie hatten Angst davor, ihren Eltern zuhause davon berichten zu müssen.

Was auch immer Ihr Kind in den nächsten Jahren in der weiterführenden Schule erlebt: Versuchen Sie, ihm immer mit Respekt und Mitgefühl zu begegnen, auch wenn Ihnen dies vielleicht nach einem anstrengenden Arbeitstag nicht immer leicht fällt!

Das bedeutet nicht, dass Sie alles gutheißen sollen, was Ihr Kind gemacht hat. Dies aufzuarbeiten, wäre dann der zweite Schritt.

... mit Verstand

Mit Verstand heißt: Sich gut informieren, jede Situation analysieren und die Schule konstruktiv einbeziehen. Denn die Schule ist viele Jahre lang neben der Familie die wichtigste und prägendste Lebenswelt Ihres Kindes.

Manche Eltern, nicht nur die der privaten „Reformschulen“ wie der Montessori- oder Waldorfschule, identifizieren sich stark mit der Ausrichtung der Schule ihres Kindes und sprechen daher gerne von „unserer Schule“. Das Gefühl, eine schulische Heimat zu haben, kommt besonders auch den jüngeren Schülern entgegen.

Ihr Kind kann sich in der Schule nur wohl fühlen, wenn Sie dahinter stehen, sonst gerät es zwischen Schule und Elternhaus in einen Loyalitätskonflikt. Es braucht die vertrauensvolle Bindung zu Ihnen als Eltern *und* zu seiner Schule, besonders zu seinen Lehrerinnen und Lehrern.

Natürlich kann auch „unsere Schule“ nicht alle Probleme lösen. Die Schule erfüllt, so gut sie kann, die Kernaufgaben Bildung und schulische Erziehung. Sie kann Therapiepläne in den schulischen Alltag mit einbeziehen, jedoch selbst nicht therapieren.

Sie müssen als Eltern auch nicht alles gut finden, was in der Schule geschieht. Jedoch ist es hilfreich, sie immer in Ihr Denken und Handeln einzubeziehen: Was kann sie in dieser individuellen Situation für mein Kind leisten? Wo muss ich ggf. eigene Lösungen finden?

Ihr Kind hat beste Voraussetzungen für einen erfolgreichen Weg durch die Schule, wenn Sie mit der Schule zusammenarbeiten *und*, wo nötig, individuelle Wege beschreiten.

Es lohnt sich also nicht, die wertvolle Zeit mit böser Kritik an der Schule zu vertun oder sich gar wie in Sönke Wortmanns Film „Frau Müller muss weg“ gegen die Schule zu verbünden.

Besser ist da schon, sich um eine versöhnliche Grundhaltung zu bemühen und die heutige Situation unbelastet von Ihren eigenen Erfahrungen möglichst unvoreingenommen zu betrachten

Ob Sie früher Ihre Schule doof fanden oder mit der ein oder anderen Lehrkraft nicht auskamen oder welche Fächer Sie hassten, das alles spielt jetzt keine Rolle mehr. Im Gegenteil: Über Vorurteile säen Sie nur Misstrauen.

Haben Sie auch den Mut, dem Jammern und Stöhnen über diese oder jene Schule zu widerstehen, welches Sie in Ihrem Umfeld zu hören bekommen.

Mit der Schule ist es nämlich so ähnlich wie mit dem Fussball: Alle reden mit und meinen, von der Sache etwas zu verstehen, weil sie selbst einmal in die Schule gegangen sind und natürlich auch auf dem Bolzplatz gekickt haben.

Der souveräne Trainer, der Sie als Guide sein wollen, distanziert sich von all den Vorurteilen und arbeitet mit Herz, Verstand und weitem Blick.

Kommen wir noch einmal zurück zu unserem unglücklichen Max.

Betrachten Sie in Ruhe jedes Vorkommnis aus unterschiedlichen Perspektiven:

- der Ihres Kindes und

- der der anderen Menschen, die vielleicht mitbetroffen sind.

Vervollständigen Sie Ihre Schulkompetenz und Urteilsfähigkeit:

- Was steckt hinter der Schwimmnote? Welche Kriterien liegen der Bewertungs zugrunde?
- Warum gibt der Deutschlehrer den Aufsatz als „unlesbar“ zurück?

Denn natürlich sollten Eltern den Schwierigkeiten und Missgeschicken im Schulalltag nicht einfach ausweichen oder gar ihrem Kind zumuten, dass es Unrecht ertragen muss.

Also ist hier erst einmal *stop and think* angesagt: „Lohnt es sich, den beiden Problemen von Max nachzugehen, und ist es hilfreich für Max, wenn wir die Hintergründe kennen und sie gründlich aufarbeiten?“

... mit weitem Blick

Inmitten des Alltagstrubels, den Eltern mit Schulkindern erleben, ist es nicht einfach, den Kopf herauszustrecken und nach vorne zu schauen. Da kreist das Denken immerzu um die schlechte Schwimmnote oder den Aufsatz, den der Lehrer nicht lesen konnte. Kurzum: es ist immer etwas los!

Umso wichtiger ist es, sich als Eltern und auch dem Kind eine Denk- und Entspannungspause zu verordnen. Sie benötigen Ruhe und Zeit, das Geschehene in einen größeren Kontext einzuordnen:

Es geht später im Leben nicht um eine einzelne Schwimmnote, sondern darum, dass Ihr Kind schwimmen kann. Und es geht nicht um den „gemeinen“ Lehrer, der auf die Schrift des Kindes aufmerksam macht, die man doch eigentlich gerade noch hätte durchgehen lassen können. Es geht vielmehr darum, dass Ihr Kind in Zukunft lernt, leserlich zu schreiben. Wenn es bald gut schwimmen und ordentlich schreiben kann, hat es zwei wertvolle Kompetenzen erworben, die es das ganze Leben begleiten werden.

Also: Raus aus den Tagesereignissen, auch wenn sie manchmal recht ärgerlich sind. Denken Sie immer daran: Wo könnte die Reise meines Kindes hinführen? Was kann ich ihm Gutes dafür in den Rucksack packen?

Keiner kann in die Zukunft blicken, auch die Schule nicht. Sie kann ihren Schülern nach bestem Wissen und Gewissen Grundlagenwissen und vor allem Denken vermitteln, all das nur aus der heutigen Vorstellung heraus, was ihnen später helfen könnte. Wir kennen ja weder die Welt der Berufe in zehn Jahren noch die Möglichkeiten, die die zukünftige Gesellschaft den jungen Menschen bieten wird.

Mit Ihrem Blick in die große Weite, die vor Ihrem Kind liegt, können Sie dazu beitragen, dass Ihr Kind, mit Zuversicht und Resilienz ausgestattet, seinen eigenen Lebensweg meistern wird, komme, was mag.

3. Ein Kompass für den Alltag

Schwierige Situationen, die Ihr Kind in der Schule erlebt, erfordern überlegtes und strukturiertes Vorgehen. Meine Erfahrungen mit solchen Herausforderungen habe ich in einem Kompass zusammengefasst, der Ihnen helfen kann, sicher durch derartige Situationen zu navigieren.

Was er bedeutet und wie sie ihn einsetzen können. wollen wir in den folgenden Abschnitten näher betrachten.

3.1. Der Kompass FAIR

Der Kompass **FAIR** weist in vier Richtungen, denen er auch seinen Namen verdankt: **FAIR** steht dabei für *fokussiert*, *anerkennend*, *interessiert* und *respektvoll*.

Der Kompass **FAIR** gibt Ihnen die nötige Orientierung für annähernd alle Vorkommnisse und Schwierigkeiten, die Ihrem Kind und Ihnen auf dem langen Weg durch die Schule begegnen können. Geübte Eltern brauchen ihn gar nicht herauszuholen. Sie haben diese vier Elemente verinnerlicht und damit immer vor Augen.

Das Besondere an der Handhabung des Kompasses **FAIR** ist, dass er für den Umgang mit Ihrem Kind und gleichzeitig auch für den Umgang mit der Schule eingesetzt werden soll. Der Blick der Eltern gilt also immer beiden Seiten, dem Kind *und* der Schule.

Der Kompass **FAIR** bringt also die unterschiedlichen Interessen und Positionen in Balance und führt auf diese Weise zu guten Lösungen.

Und so sieht der Kompass **FAIR** aus (Tafel 3.1 auf der nächsten Seite und die Version für unterwegs auf Seite xii):

Tafel 3.1.: Der Kompass **FAIR**

Schauen wir uns diese vier Elemente nun genauer an:

FOKUSSIERT: Fragen Sie sich bei allen schwierigeren Vorkommnissen, denen Ihr Kind in der Schule begegnet: Worum geht es eigentlich? Wer ist in den Vorfall involviert? Welches Vorgehen könnte mein Kind und die anderen Kinder unterstützen? Wenn Sie diese Fragen jeweils klar beantworten können, vermeiden Sie „Nebenkriegsschauplätze" wie z.B. unangenehme Korrespondenz mit der Schulleitung oder heftige Auseinandersetzungen mit den Eltern von Mitschülern.

ANERKENNEND: Ihr Kind gewinnt an Selbstvertrauen, wenn Sie ihm nicht nur für spektakuläre Leistungen, sondern auch schon für kleine Erfolge in seinem nicht immer leichten Schulalltag Anerkennung zollen. Dasselbe gilt für die Leistung der Schule: Teilen Sie den Lehrkräften mit, was Ihr Kind an ihnen schätzt, was ihm in ihrem Unterricht hilft! So wird eine vertrauensvolle Basis für die Zusammenarbeit geschaffen.

INTERESSIERT: Das Tun Ihres Kindes, sein stetiges Vorankommen wie auch seine immer wiederkehrenden Schwierigkeiten verdienen Ihr Interesse. Ihr Kind freut sich, wenn Sie an seinen Erlebnissen und Erfahrungen teilhaben, auch wenn es vielleicht nicht immer davon erzählen möchte. Beziehen Sie mit Ihrem Interesse auch die Arbeitsweise der Schule ein! Auf diese Weise vervollständigen Sie Ihren Gesamteindruck.

RESPEKTVOLL: Seinem Kind Respekt zu zollen ist nicht gleichbedeutend damit, dass man alle Verhaltensweisen seines Kindes gutheißt. Es bedeutet lediglich, dass Sie *alle* Gefühle Ihres Kindes respektieren, besonders auch die negativen wie z. B. Wutausbrüche aufgrund eines schulischen Vorfalls. Respektieren Sie auch emotionale Reaktionen wie z. B. zeitweisen Ärger über die Klasse von Seiten der Pädagogen, bevor Sie diese beurteilen! Erst dann kann eine gemeinsame ruhige und sachliche Klärung aller Hintergünde einer schwierigen Situation gelingen.

3.2. So hilft der Kompass FAIR

Sie mögen sich fragen, warum der Kompass den Namen **FAIR** trägt: Er erklärt sich aus der zugrundeliegenden Haltung der Eltern gegenüber ihrem Kind *und* der Schule:

Wenn Sie Ihrem Kind auch in emotional schwierigen Situationen fair und freundlich gegenübertreten und dieselbe faire und freundliche Haltung auch gegenüber der Schule zeigen, entsteht eine konstruktive Partnerschaft.

Sie schaffen damit eine wirksame Basis für Lösungen, die Ihrem Kind nicht nur in der aktuellen Sitation zugutekommen, sondern auch nachhaltig ihre Wirkung entfalten.

3.3. Anwendungsbeispiele

Der unglückliche Max

Auch hier wollen wir wieder Max' Probleme mit der Schwimmnote und seiner unleserlichen Schrift im Deutschaufsatz zum Ausgangspunkt nehmen, die wir in Abschnitt 2.6 auf Seite 20 schon kennengelernt haben.

So könnten seine Eltern den Kompass **FAIR** erfolgreich einsetzen:

F wie fokussiert: Beide Vorfälle sind komplex. Worauf sollten die Eltern ihr Augenmerk richten? Es ist wenig hilfreich für Max, wenn seine Eltern auf die Grundschullehrerin schimpfen, die angeblich nicht genügend auf die Schrift geachtet hat. Damit versuchen die Eltern, sich der Verantwortung zu entziehen, statt nach vorne zu blicken und Max beim Schreibenlernen zu unterstützen.

Eine sachlich auf Max' Probleme gerichtete Haltung der Eltern käme dem neuen Lehrer entgegen, der Max nun im Einvernehmen mit den Eltern zur Seite stehen könnte.

Was die Schwimmnote betrifft, so nützt es nichts, wenn die Eltern stolz das „Beinahe-Seepferdchen" ihres Sohnes herausstellen.

Hilfreicher ist, wenn die Lehrerin Max erklärt, dass es im Unterricht auf der weiterführenden Schule nicht nur auf das Durchhalten einer Bahn ankommt, sondern dass die Schüler der 5. Klasse nun die richtigen Schwimmbewegungen, die Schwimmtechnik erlernen, um sich bald wie ein Fisch im Wasser zu fühlen. Dafür muss sich Max auf das gemeinsame Üben einlassen. Die Eltern können einen Beitrag leisten, indem sie mit ihm zum Schwimmen gehen. Die Lehrerin könnte zudem auch mit der Klasse sprechen und erklären, dass es unfair ist, einen Mitschüler wegen einer Note zu ärgern.

A wie anerkennend: Max hat vielleicht einen besonders lustigen oder besonders gut strukturierten Aufsatz geschrieben – es wäre für ihn wichtig, wenn Sie ihm das sagten. Und Sie könnten z. B. auch dem Lehrer sagen, dass es hilfreich für Max ist, dass er eine zweite Chance bekommen hat: Er durfte ja eine Klassenarbeit noch einmal abschreiben und einreichen. Das ist als faires Angebot zu werten.

I wie interessiert: Ein solides Hintergrundwissen könnte auch die Lösung von Max' Problemen erleichtern: Die Eltern könnten Max fragen, welche Kinder ihn nach dem Schwimmunterricht geärgert haben.

Die Eltern hätten auch die Möglichkeit, sich bei der Sportlehrerin zu erkundigen, wie sie Max' Verhalten und Leistung in den ersten acht Wochen Schwimmunterricht einschätzt. Vielleicht hat sie mehrfach beobachtet, dass sich Max geweigert hat, die Übungen mitzumachen, wie z. B. das Abstoßen vom Beckenrand oder das Ausatmen unter Wasser. Sie wird erklären, was die Schüler jetzt schon können sollten. Wenn eine spezielle Schwimmlehrkraft zusätzlich zur regulären Sportlehrerin Frau Reinhardt eingesetzt ist, hat sich jene vielleicht auch im Namen geirrt. Es könnte sein, dass sie die Kinder, die sie nur 1x wöchentlich sieht, nach acht Wochen noch nicht genau kennt! – Das sollte nicht, aber das kann auch mal vorkommen!

Was den Deutschaufsatz betrifft, so hilft es den Eltern vielleicht, Herrn Liebmann zu fragen, welche Erfahrungen er mit Schülern gemacht hat, die so unleserlich schreiben wie ihr Sohn. Das könnte sein Lehrerverhalten erklären.

R wie respektvoll: Max' Mutter reagiert wie manch andere Eltern auch: Sie schimpft erst einmal mit ihrem Sohn und kritisiert dann den Lehrer. Damit hat sie ihrem eigenen Ärger Luft gemacht und sich erst einmal selber entlastet. Max' Vater prüft den Sachverhalt und bestätigt ihn, ohne auf die Enttäuschung seines Sohnes einzugehen.

Die Eltern können Max' Wut nicht nachvollziehen. Doch vergessen wir nicht: Wir Erwachsenen ärgern uns vielleicht auch manchmal heftig über unseren Chef und vielleicht schimpfen wir auch mal zuhause laut über sein Verhalten. Das darf unser enttäuschtes Kind zunächst auch. Das ist menschlich!

Es geht in unserem Fall darum, Max erst einmal mit seiner ganzen Enttäuschung anzunehmen und das Schulthema ein Weilchen in den Hintergrund rücken zu lassen.

Eine Leitfrage für die Eltern könnte sein: „Was braucht Max jetzt, was tut ihm vielleicht gut?" Für das eine Kind ist es ein gemeinsames

Kuchenbacken, für das andere einfach „Abhängen" im Kinderzimmer, ganz allein.

Wenn Max' Eltern nach dem Orientierungsrahmen von **FAIR** handeln, sind nicht nur die aktuellen Probleme bald aus der Welt geschafft, sondern es ist auch die Beziehung zu ihrem Kind wie auch zur Schule vertrauensvoller geworden: Bei den nächsten Vorkommnissen wird alles leichter gehen.

Weitere Beispiele

Weitere Beispiele zur Anwendung des Kompass **FAIR** finden Sie zu folgenden Themen:

1. *Smartphone-Fight mit Sophie* in Abschnitt 14.3 auf Seite 121;
2. *Der verunsicherte Schüler* in Abschnitt 17.3 auf Seite 158;
3. *Die Rückkehr von der Klassenreise* in Abschnitt 19.4 auf Seite 211;
4. *Mobbing* in Abschnitt 20.2 auf Seite 217.

Teil II.

Auf zur weiterführenden Schule: Mit Kompetenz geht es sich leicht!

4. Von der Grundschulempfehlung zur weiterführenden Schule

4.1. Die Grundschulempfehlung: Härtetest für Eltern

Die ersten Ziffernnoten, in den meisten Bundesländern ab Klasse 3, und spätestens die Grundschulempfehlung, in manchen Bundesländern wie z. B. Brandenburg auch in einem ausführlichen Grundschulgutachten enthalten, bringen manche Eltern an den Rand der Verzweiflung, Ehestreit inbegriffen. – So tief kann nach meinen Erfahrungen das „Urteil" der Grundschule Eltern treffen!

Frau Eick erläutert heute und morgen im 30-Minuten-Takt allen Eltern der Klasse ab 16 Uhr bis in den Abend hinein die jeweils auf sie zukommende Grundschulempfehlung. Mal sehen, was sich dabei ereignet:

Szene 5: Basta. — *Hassans Eltern kommen gerade aus der Sprechstunde von Klassenlehrerin Frau Eick. Hassans Vater eilt laut schimpfend die Schultreppe hinunter, seine Frau hinterher, tränenüberströmt:*

„Blöde Nuss, die Frau Eick, die kann mich mal. Unser Hassan hat 4 in Deutsch und 3 in Sachkunde, total unfair. Hat Deutsch in Kita gelernt. Meine Frau spricht nicht Deutsch, nur Türkisch. Hassan spricht super Türkisch und Deutsch. Jeder sieht doch, wie schlau er ist: Mathe zwischen 1 und 2, kriegt natürlich nur 2, und Sport 1! Hassan soll mit Kindern aus guten Familien lernen und nicht abgelenkt werden. Hassan will aufs Gymnasium, will Arzt werden wie sein Onkel. Der hat es geschafft in Deutschland. Hassan kommt auf's Gymnasium, basta!, ist begabt, vielleicht hochbegabt, die sind hier alle zu blöd, das zu merken."

Ich habe erlebt, dass sich manche zugewanderten Eltern mit dem deutschen Schulsystem schwer tun. Die frühe Beurteilung der Zehnjährigen, die über die Grundschulempfehlungen vermittelt wird, ist ihnen fremd. Ihnen ist auch nicht immer bewusst, dass es in unserem Bildungkonzept viele Wege „nach oben“, auch zum Abitur, gibt und dass sowohl eine Realschulempfehlung als auch eine Gymnasialempfehlung immer zugleich eine Empfehlung für die Gesamtschule einschließen. Da ihre Kinder sowohl die Sprachbarriere als auch interkulturelle Probleme bewältigen müssen, erscheint ihnen die „Einteilung“ der zehnjährigen Kinder nach Eignung manchmal unfair. Vor diesem Hintergrund ist die kämpferische Haltung des Vaters nachvollziehbar, wenn auch äußerst unangenehm für die beschimpfte Lehrkraft.

Szene 6: Realschulempfehlung. — *Sophies Eltern müssen noch ein Weilchen vor der Tür des Elternsprechzimmers warten.*

Vor ihnen kommen noch Daphnes Eltern dran, beide Universitätsprofessoren der Kunstgeschichte. Sie tauschen sich flüsternd, aber hörbar miteinander aus. Der Vater meint: „Wenn Frau Eick unserer Tochter eine Realschulempfehlung gibt, lassen wir uns nicht ärgern, denn wir haben ja schon einen Platz im bilingualen Internat „College am See“. Dort werden die bald herausfinden, wie hochintelligent Daphne ist. Die haben sogar Japanisch im Angebot. Außerdem ist sie dort besser aufgehoben als in unserer hässlichen Stadt. Sie wird hier mit einer Realschulempfehlung auf jedem Gymnasium stigmatisiert.“

„Und wenn sie doch noch eine Gymnasialempfehlung bekommt?“, wirft Daphnes Mutter ein.

„Dann geht sie ins Goethe, denn da ist das Milieu einfach am besten, Tipp vom Kollegen, auch wenn man das heute nicht laut sagen darf. Wenn's Probleme gibt, wechselt sie halt ins „College am See“.

„Hereinspaziert“, lädt Frau Eick mit freundlich-professioneller Stimme Daphnes Eltern zum Gespräch ein, und siegessicher stolzieren die Eltern durch die Tür. Und genauso siegessicher stolzieren sie nach 30 Minuten wieder hinaus.

Es gibt nach meiner Erfahrung Eltern, besonders auch unter Akademikern, die manchmal die Nase oben haben und zu wissen meinen, wie Schule geht. Es ist ihnen wichtig, sich nach den Lebensregeln und Gewohnheiten ihrer Gesellschaftsschicht auszurichten. Was sich für sie selbst bewährt hat, soll auch für ihr Kind gelten. Der Plan steht, pädagogische Beratung ist unerwünscht.

Szene 7: Lerntempo. — *Endlich sind Sophies Eltern dran.*

Frau Eick lässt die recht nervösen Eltern nicht lange zappeln, sondern sagt gleich ganz direkt: „Die Klassenkonferenz hat beschlossen, Sophie eine Gymnasialempfehlung auszusprechen, obwohl sich die beteiligten Fachlehrkräfte in der Diskussion zunächst nicht ganz sicher waren. Sophie ist eine zuverlässige und leistungsbereite Schülerin, die sich neue Inhalte gut erarbeiten kann, wenn sie dafür genügend Zeit hat. Das könnte auf dem Gymnasium schwieriger für sie werden, wenn sie es plötzlich in vielen Fächern mit einem höheren Lerntempo zu tun hat. Doch, liebe Eltern, wenn Sie, wie ich Sie bisher kennengelernt habe, Sophie immer wieder ermutigen, kann sie das Gymnasium schaffen. Ansonsten stehen ihr andere Wege, z. B. ab Klasse 7 oder 10, offen. Da Sophie sehr fantasievoll ist und mit großer Geduld zeichnet, malt und auch Feste mitgestaltet, könnte ich mir für sie auch eine Berufsausbildung vorstellen, die ihr entspricht. – Nun haben wir noch Zeit, offene Fragen zu klären“, schließt Frau Eick ihre Ausführungen, immer noch sehr konzentriert und freundlich.

Aber Sophies Vater ist bereits aufgestanden und läuft in Richtung Tür. Sophies Mutter kann ihn nicht aufhalten, bedankt sich bei Frau Eick und beide verlassen den Raum.

Auf dem Heimweg meckert der Vater: „Und dafür wolltest du mich heute dabeihaben? Ist doch Zeitverschwendung, so ein Gespräch. Ich hätte Sophie sowieso im Gymnasium angemeldet.“ Die Mutter verteidigt sich: „Du mit deinen Alleingängen! Es ist doch hilfreich zu wissen, wie die Grundschullehrer über Sophie denken. Das kann uns vielleicht helfen bei späteren Entscheidungen.“ Schweigend gehen beide nach Hause, wo Sophie schon aufgeregt am Fenster steht und auf die Neuigkeiten von den Eltern wartet.

Tendenziell, so kommt es mir vor, lassen sich Väter weniger auf das Urteil anderer über ihre Kinder ein als Mütter. Sie geben ihren Unmut kund und schauen nach vorne. Manche von ihnen haben vielleicht auch die Schulthemen an ihre Partnerinnen delegiert und sind dann bei aufkommenden Problemen eher hilflos.

Szene 8: Nachlese. — *Am nächsten Abend sitzen Sophies Mutter, Max' Eltern, Elifs Vater und Angelinas Mutter nach dem Yoga noch bei einem Glas Wein zusammen und tauschen sich aus.*

Angelinas Mutter trägt ein knallgelbes Shirt mit buntem Aufdruck „IGS. Wir lernen gemeinsam". Sie erzählt strahlend: „Frau Eick hat mich immer so gut beraten. Sie versteht meine Sorgen als alleinerziehende Mutter und kann sich in meine Angelina hineinversetzen. Es war für mich schon in der 2. Klasse klar: Sie soll auf die Integrierte Gesamtschule gehen. Dort kann sie sich am besten entfalten und dort wird sie ihre Fröhlichkeit nicht verlieren."

Mütter wie die von Angelina denken und fühlen vom Kind her. Sie wirken zuversichtlich und sind offen für konstruktive Ratschläge. Ihr Kind wird von diesem positiven Geist profitieren.

Szene 9: Wackelkandidat. — *Max' Mutter berichtet, dass Frau Eick bei Max große Stärken in Mathematik sehe und Schwächen im sprachlichen Bereich. Insgesamt sei das eine wackelige Gymnasialempfehlung. Dann fügt sie mit zittriger Stimme hinzu: „Ich bin wohl schuld, ich habe Max statt einer halben Stunde abends immer nur zehn Minuten vorgelesen. Hin und wieder konnte ich gar nicht mehr vorlesen, weil ich zu müde von der Arbeit war, da habe ich eine CD mit Grimms Märchen eingelegt. Mein Mann muss abends sowieso meist arbeiten, er ist ja selbstständig. Das fixe Rechnen hat Max von ihm."*

Manche Mütter habe ich in dieser Weise sprechen gehört. Sie haben vielleicht kein ausgeprägtes Selbstbewusstein und hören eher auf Ratschläge von Experten. Sie tendieren auch dazu, sich Kritik sehr zu Herzen zu nehmen und die „Schuld" für nicht so gute Leistungen ihres Kindes bei sich zu suchen. Schließlich haben sie dieses in den meisten Fällen auch intensiver als der Vater durch die ersten Lebensjahre begleitet.

Szene 10: Problemlos. — *Elifs Vater lobt Frau Eick, weil sie so einfühlsam und erfahren mit jedem einzelnen Kind umgeht. Er freut sich, dass Sophie und Max auch eine Gymnasialempfehlung haben, bei Elif gebe es keine Probleme, außer, dass sie so schüchtern ist. „Nun können die drei Freunde zusammenbleiben," sagt er begeistert.*

Da kann man nur neidlos sagen: Glück gehabt! Es gibt, und das sollte man bei allen Problemen, die sich um die Schullaufbahn ranken, zahlreiche Kinder, die, unabhängig davon, welche Schule sie besuchen, überall ohne nennenswerte Schwierigkeiten ihren Weg gehen.

4.2. Was für ein Hype!

Ein Blick hinter die Kulissen zeigt, welch ein Hype um die „richtige" Grundschulempfehlung bei manchen Eltern ausgelöst wird:

Nach meinen Erfahrungen gibt es tatsächlich einzelne Eltern, die die Grundschulempfehlung gefälscht bei der Anmeldung vorlegen, um einen guten Eindruck zu machen!

Diejenigen Eltern, die kein gutes Zeugnis vorlegen, antworten manchmal verbittert auf die Frage, warum ihr Kind eine Vier in Mathe hat: „Die von der Grundschule waren immer nur unfair. In Wirklichkeit ist die Note so schlecht, weil die Grundschullehrerin in den vier Jahren zwei Mal schwanger war und selten kam. Der Vertretungslehrer war Student und bekam keine Ruhe in die Klasse. Wir wünschen, dass unser Kind in eine ungestörte Lernumgebung kommt und wollen es mit dem Gymnasium versuchen."

Oder: „Mein Kind ist hochbegabt, zuhause rechnet es bis eine Million, das wusste die Lehrerin genau, aber bei den Tests hatte es Angst."

Selbst wenn die ein oder andere Erklärung dieser Art ein Körnchen Wahrheit enthalten sollte: Wem helfen die Vorwürfe?

4.3. Die Grundschulempfehlung: sachlich betrachtet

Bleibt noch die Frage, warum die Grundschulempfehlung emotional so belastend für manche Eltern ist.

Geht es nur um die ersehnte Karriere des Kindes? Haben Eltern eigene schlechte Erinnerungen an ernste Worte, die ihnen einst Lehrer gesagt haben? Spüren sie den sozialen Druck so heftig, dass sie sich schämen, ihrem Nachbarn von der Realschulempfehlung ihres Kindes zu erzählen? Ist das von ihnen so zeitaufwändig und zielbewusst angegangene „Projekt Kind“ in ihren Augen jetzt gescheitert?

Fragen über Fragen, aus denen Eltern nur einen Weg herausfinden, wenn es ihnen gelingt, in die sachliche Distanz zu gehen:

1. Die Grundschulempfehlung betrifft das Kind und nicht seine Eltern. Deren Aufgabe ist es, daraus und eventuell aus weiteren Faktoren eine gute Entscheidung für ihr Kind zu treffen.

2. Die Grundschulempfehlung hat sich als Beratungsinstanz bewährt, ohne, wie es für die meisten Bundesländer inzwischen gilt, in die Autonomie der Eltern einzugreifen. In den meisten Fällen deckt sich die Prognose der Grundschule mit dem Lernerfolg in der Sekundarstufe I.

3. Die Grundschulempfehlung hat nichts mit dem späteren Berufs- oder Lebenserfolg zu tun. Heutzutage kann sich ein tüchtiger junger Mensch in der Praxis bewähren, wo neue Chancen auf ihn warten.

Sie können, liebe Eltern, die Empfehlung und vor allen Dingen die Erläuterung dazu also zunächst einfach als wertvolle Beobachtung annehmen, denn in den meisten Bundesländern dürfen Sie, unabhängig von der Empfehlung, bestimmen, ob Ihr Kind auf das Gymnasium kommt oder nicht. Darum geht es den meisten Eltern ja, weil für sie das Gymnasium immer noch als die beste Schulform gilt und es nur schwer zu akzeptieren ist, dass nicht jedes Kind darin glücklich wird.

Oft sehen Eltern, die immer nur das Gymnasium vor Augen haben, nicht, dass es wie in den meisten Bundesländern auch in ihrer Nähe integrierte Schulformen wie die Gesamtschule gibt und diese oft eine sehr gute Lösung ist. Mit der Wahl der Schulform werden wir uns in Kapitel 5 auf Seite 41 noch ausführlicher befassen.

Wenn in Ihrem Bundesland ein fest definierter Notendurchschnitt für den Eintritt ins Gymnasium gefordert wird, könnte die Sache eine echte Herausforderung für Sie werden: Wollen Sie sich der Entscheidung der Grundschule fügen und Ihr Kind erst einmal dort anfangen lassen, wo man ihm gute Chancen einräumt, oder wollen Sie Ihr Kind für einen Probeunterricht in ein Gymnasium schicken?

Dieser Probeunterricht könnte gut laufen oder aber im negativen Fall zu einem juristischen Schritt Ihrerseits führen, vor dem Sie sich fragen mögen: „Sollen wir gegen die Entscheidung der Grundschule und den Bescheid über die gescheiterte Prüfung am Gymnasium klagen? Macht eine solche Klage Sinn? Wie geht es unserem Kind dabei?“

Damit es gar nicht erst zu solchen Maßnahmen kommt, ist es empfehlenswert, rechtzeitig ab Klasse 1 das Lernverhalten des Kindes zu beobachten und das Leistungsvermögen realistisch einzuschätzen, möglichst im kontinuierlichen vertrauensvollen Kontakt zu den Grundschullehrkräften, ggf. auch zur Grundschulleitung.

Und nie dabei vergessen: Vom Kind her denken!

5. Welche Schulform soll es sein?

5.1. Ist mein Kind für das Gymnasium geeignet?

Als Erstes denken meiner Erfahrung nach die meisten Eltern an das Gymnasium und fragen sich, ob ihr Kind dafür geeignet ist. Bei der Beantwortung dieser Frage kann der folgende Elterntest in Tafel 5.1 helfen.

#	*Leitfragen für den Elterntest* nach [25]	+	–	?
1.	Hat mein Kind die Grundschuljahre ohne Schwierigkeiten hinter sich gebracht?			
2.	Geht mein Kind in der Regel gern in die Schule und will es jetzt zum Gymnasium überwechseln?			
3.	Traue ich meinem Kind zu, einiges mehr für die Schule zu tun als bisher?			
4.	Kommt mein Kind im Großen und Ganzen allein mit den Hausaufgaben zurecht und erledigt es sie zügig und sorgfältig?			
5.	Hat mein Kind in den Fächern Deutsch, Rechnen und Sachkunde in der Regel gute Noten gehabt?			
6.	Hat mein Kind Freude daran, sich über längere Zeit mit Tätigkeiten wie Lesen, Schreiben, Basteln, Malen und Musizieren zu beschäftigen?			
7.	Kann mein Kind längere Zeit mit anderen (Freunden, Geschwistern, Eltern) etwas spielen, bei dem alle aktiv beteiligt sind?			
Σ	*Summen*			
%	*Anteile*			

Tafel 5.1.: Elterntest

5.2. Konzentration und gymnasiale Reife

Das wichtigste Kriterium für die gymnasiale Reife ist die Konzentrationsfähigkeit, die als Grundvoraussetzung hinter all den Leitfragen steht. Wer sich gut konzentrieren kann und beharrlich ist, bringt fast alles Begonnene zu einem angemessenen Ende. Die Konzentrationsfähigkeit ist nach wie vor neben Neugier, Kreativität sowie Sprach- und Sozialkompetenz der wichtigste Schlüssel zu schulischem Erfolg.

Konzentration lässt sich üben, z. B. über das Lesen oder geeignete Spiele wie Memory oder Schach. Das ernsthafte Erlernen eines Musikinstruments schult die Konzentration „ganz nebenbei". Der wichtigste Erfolgsfaktor für die Konzentration ist wiederum das Elternhaus: Wenn Sie Konzentration vorleben, d. h. für Ihr Kind sichtbar oft lesen, in Ruhe in eine Schreib- oder Handarbeit vertieft sind, das Smartphone oder den Fernseher öfter einmal ausschalten, dann besteht eine gute Chance, dass Ihr Kind diesen Lebensstil übernimmt.

Häufig sind schon Zehnjährige mit so vielen Zusatzprojekten beschäftigt, dass es kein Wunder ist, dass sie sich nicht auf den Unterricht konzentrieren können.

Die vielen Anreize von außen stellen immer Extra-Belastungen dar, z. B. das Tennismatch, in dem es um den Einzug in die Jugendmannschaft geht oder der Ballettabend, der vom Kind fünf abendliche Extraproben verlangt und dem eine hohe Wichtigkeit zugemessen wird, weil sich ein großer Teil der Verwandtschaft für die „Gala" angesagt hat.

Oder ein bekannter Fußballclub veranstaltet im Nachbardorf einen Sichtungsworkshop: Nur die Besten kommen weiter. Welches Kind kann einer solchen Verlockung widerstehen? Welche Eltern können der Verlockung standhalten, dass aus ihrem Kind ein wahrer „Champion" werden könnte?

Das betroffene Kind weiß in solchen mit Extras überfrachteten Lebensphasen nicht, was wirklich zählt, es fehlt ihm die Orientierung. Denken wir uns einmal in Fionas Situation hinein:

Szene 11: Zeitliche Überforderung. — *Fiona aus der 5c ist heute nicht bei der Sache. Eigentlich schon die ganzen letzten Tage nicht. Schließlich darf sie am nächsten Dienstagnachmittag und Mittwoch mit ihrer Mama zum Casting für eine Kindersendung im Fernsehen fahren und dafür ist sie Dienstag ab 11:30 vom Unterricht befreit! Fiona hat ihren kleinen Spiegel griffbereit oben in ihrem Schulrucksack liegen und schaut alle fünf Minuten, ob ihre Haare noch glänzen und das Gesicht pickelfrei ist.*

Im Gegensatz zu Sophie, Max und Elif, die Fionas Getue als höchst albern und störend empfinden, hat Fionas Freundin Mia großes Verständnis für ihre Aufregung: In jeder großen Pause gehen die beiden gemeinsam in die Mädchentoilette, wo Mia die Haare der Freundin mit Wildschweinborsten bearbeitet. Fiona hat ihr ganzes Taschengeld für die teure Bürste ausgegeben. Sie wird am Dienstag und Mittwoch ja für die Rolle des Schneewittchen antreten und dafür müssen die langen schwarzbraunen Haare auf Hochglanz gebracht werden.

Die Schulleiterin ist nicht so begeistert vom Casting. Als Fionas Eltern sie um eineinhalb Tage Unterrichtsbefreiung ersuchen, sagt sie, das sei jetzt bereits zum zweiten Mal in diesem Schuljahr. Neulich habe sie ja schon im „Talentschuppen" vorgesungen und einen Tag gefehlt. Am folgenden Tag habe sie die Mathearbeit, bereits die zweite in diesem Schuljahr, in den Sand gesetzt.

Fionas Eltern setzen sich wieder mit ihrem Ansinnen durch. Das hätten sie auch ohne offizielle Erlaubnis gemacht. „Sie sind altmodisch, Frau Schwarzhaupt, die Schule hat keine Ahnung, wie das mit früher Förderung im Showbusiness läuft. Heute müssen Talente beizeiten entdeckt werden, die Schule ist nicht das Wichtigste im Leben."

Hier haben die Eltern nicht vom Kind her gedacht. Sie hätten sonst ihre Fiona, eine nicht besonders leistungsstarke Schülerin, die sich bereits auf der Grundschule äußerst gerne ablenken ließ, nicht zum zweiten Mal innerhalb von kurzer Zeit vom Unterricht befreien lassen. Sie hätten ihr auch nicht erlaubt, für das aufregende Projekt im

Kinderfernsehen anzutreten. Vielleicht soll ihre Tochter das werden, was sie sich für sich selbst immer gewünscht haben?

Da sitzt sie nun also, die aufgeregte und umso unkonzentriertere Fiona, zwei Tage nach dem Casting-Event im Deutschunterricht:

Szene 12: Aufsatz. — *„Fiona, zeig mal deinen Aufsatz!" Herr Liebmann steht neben ihr. Oups, ach wie dumm, jetzt hat sie auch noch die Hausaufgabe vergessen! Wenn sie die Rolle erst hat, wird ihr Herr Liebmann verzeihen. Oh, drückt mir alle die Daumen, dass ich Schneewittchen spielen darf! Oma hat mir schon so ein tolles Tüllkleid genäht, welches ich dann anziehen werde!*

Fiona lächelt unschuldig und verspricht, den Aufsatz nachzureichen, und Herr Liebmann scheint fürs Erste besänftigt. Er ist sehr vorsichtig geworden im Umgang mit Eltern und Kindern, weil er vor einigen Jahren einmal von rücksichtslosen Eltern auf das Heftigste angegriffen wurde. Das hat ihm stark zugesetzt.

Bei einem solch unnatürlichen Druck auf das Kind und so wenig elterlichem Verständnis für die Schule droht Fionas Schulerfolg zu scheitern.

Hier ist angesagt, „auf dem Teppich zu bleiben". Talente gibt es viele und es hängt davon ab, wie Eltern damit umgehen, ob aus ihnen ausgewogene Persönlichkeiten werden. Kleine Stars, die von allen bewundert werden, drohen sich in die Welt der Illusionen hineinzuträumen. Besonders im Gymnasium, wo schon ab Beginn der 5. Klasse recht zügig gearbeitet wird, können ständig abgelenkte Schüler wie Fiona kaum mithalten.

In der Regel können begabte Musiker und Sportler beides, wenn man sie gut berät und dazu anhält: ihr besonderes Talent entwickeln und dabei die Schule nicht vernachlässigen. Oft findet sich ein erfahrener Chorleiter oder ein Trainer vor Ort, der mit seinen Schützlingen auch über Schule spricht oder eine Möglichkeit anbietet, dass vor der Probe oder dem Training auch Hausaufgaben gemacht werden können.

5.3. Mögliche Schulformen prüfen

„Drum prüfe, wer sich ewig bindet", dieses Zitat aus Schillers „Glocke" gilt wohl auch für die Wahl der weiterführenden Schule. Heute ist es üblich, sich zunächst einmal am Computer einen Überblick über die in Frage kommenden Schulformen und Schulen zu verschaffen. Das ist sicherlich auch interessant, wenngleich nicht unbedingt immer aussagekräftig. Eine Homepage ist ähnlich wie Papier bekanntlich geduldig!

Die einzelnen Schulformen werden auf den Bildungsservern als perfekte pädagogische Modelle dargestellt wie auch die meisten Schulen auf ihrer Homepage selbstbewusst und erfolgreich wirken. Das kennen wir ja auch von anderen Branchen: Kein Wirtschaftsunternehmen, keine Klinik lässt Interessenten von außen wissen, was im Unternehmen oder in ihrer Einrichtung nicht so gut funktioniert.

Bei den Leitbildern ist die glänzende Außenseite ebenfalls deutlich zu spüren: Da schreiben doch die meisten Schulen, welch große Rolle Respekt für sie spielt, oder Höflichkeit, Verantwortung und Gemeinschaft.

Wohlklingende Formulierungen in den Leitbildern verraten allerdings nichts von der Fähigkeit einer Schule, all die Werte und Zielvorstellungen auch zu leben und den Schülern immer wieder zu vermitteln.

Zum besseren Verständnis hilft Ihnen als Eltern vielleicht ein Infoabend in Ihrer oder einer anderen Grundschule weiter, wo die verschiedenen weiterführenden Schulformen vorgestellt werden.

Szene 13: Vorstellung der Schulformen. — *Heute werden sich die weiterführenden Schulen an unserer Grundschule vorstellen! Dieser Elternabend verspricht endlich einmal spannend zu werden, denken Sophies Eltern, wenn auch recht lang. Die kleine Turnhalle war noch nie so voll: Vorne stehen drei Schulleiterinnen und Schulleiter, die allesamt fröhlich mit akribischer Genauigkeit die schulischen Entfaltungsmöglichkeiten auf der Realschule plus, der Integrierten Gesamtschule und auf dem Gymnasium beschreiben.*

Der Vertreter der Realschule plus betont, dass seine Schule vielfältige Wahlpflichtfächer wie „Wirtschaft und Verwaltung“ oder „Technik und Naturwissenschaft“ anbietet, dass gute Chancen bestehen, etliche Schülerinnen und Schüler über die Durchlässigkeit aller Schulformen zum Abitur zu bringen und dass bei ihnen neuerdings auch das Fachabitur abgelegt werden kann. Die Leiterin der Integrierten Gesamtschule hebt hervor, dass individuelle Schwächen im integrierten System aufgearbeitet werden und die Chancen „nach oben“ groß sind. Sie betont auch, dass sie in diesem Jahrgang besonders viele Abiturienten haben. Der Direktor des Gymnasiums vermittelt mit dem Hinweis auf einige herausragende Leistungen bei Wettbewerben, dass die neuen Fünftklässler eine gute Lernfähigkeit und -bereitschaft mitbringen sollten. Er nennt auch „Erfolgsfaktoren“, die die Schule entwickelt hat, wie z. B. die Module „Lernen lernen“ für die Eingangsstufe oder „Mein Auslandspraktikum“ für höhere Klassen.

Einzelne Eltern fangen an zu gähnen. Sie werden über eine nicht enden wollende Serie von Folien mit bunten Grafiken und Bildern informiert. Alles ist sehr interessant für sie, doch in der Fülle kaum mehr aufzunehmen. Da es bereits halb elf ist, will am Ende der Präsentationen keiner eine Frage stellen. Als Sophies Eltern die Eindrücke am nächsten Tag mit ihrer Tochter diskutieren wollen, hören sie: „Die neue Schule ist mir egal. Ich will nur dorthin, wohin auch der Max und die Elif gehen.“

Was verbirgt sich hinter der durchweg positiven und besonders detaillierten Darstellung der Schulen auf dem Elternabend?

Alle Schulen, ganz gleich welcher Schulform, bemühen sich um ihre Schüler und freuen sich darüber, wenn sie diese fördern können und aus ihnen später etwas wird.

Und alle Schulen werben um Schüler und freuen sich, wenn sie auch zahlreiche Anmeldungen von leistungsstarken Schülern erhalten. Gute Anmeldezahlen wie auch messbare Lernerfolge z. B. über Schülerwettbewerbe sind für die Pädagogen eine schöne Bestätigung ihrer Arbeit. Eine beliebte und erfolgreiche Schule verschafft sich überdies einen guten Ruf in ihrer kommunalen Umgebung und bei der Schulaufsicht. Außerdem können gute Schüler oft weniger leistungsstarke Schüler „mitziehen“.

Impuls 1: Referenten. — *Wie Sie, liebe Eltern, von einem solchen Vorstellungsabend profitieren können:*

Notieren Sie sich die Namen von denjenigen Vortragenden, mit denen bzw. deren Kollegen Sie sich noch einmal persönlich unterhalten möchten, um die Frage der bestmöglichen Schulform für Ihre Tochter oder Ihren Sohn zu klären. In der angefragten Schule wird Ihnen sicherlich ein hilfreiches Gespräch, in der Regel mit der Orientierungsstufenleitung, ermöglicht.

5.4. Die Wahl der Schulform

Nun geht es erst einmal darum zu erkennen, welche Schulform für Ihr Kind die beste ist, d. h. wo Ihr Kind die Chance hat, zufrieden und entspannt zu lernen und dabei einen guten Abschluss zu erwerben. Für Sie als Eltern ist es wichtig, nicht in die Gymnasialfalle zu stolpern, d. h. um jeden Preis ein Gymnasium anzustreben, auch wenn Ihr Kind dort vielleicht überfordert ist und dadurch unglücklich wird.

Das Schwierigste ist wohl dabei, ehrlich mit sich selbst zu sein und das Gymnasium nicht aus Prestigegründen ins Auge zu fassen oder um den größten Wunsch der Großmutter zu erfüllen, die immer sagt, wie schlau doch der Kleine ist und dass aus ihm einmal etwas Großes wird. Etwas Großes kann nur der werden, der weitgehend aus sich heraus lernt und sich entspannt entwickeln darf.

Viele „Große“ in unserer Gesellschaft sind früher über die Volksschule oder in neuerer Zeit über die Haupt- oder Realschule in ihre Karriere eingestiegen und haben nie aufgehört, an sich zu glauben. Wer immer den anderen hinterher hechelt oder ständig zur Arbeit gezwungen werden muss, fühlt sich bald als Verlierer.

An dieser Stelle sei noch einmal auf die Beratung durch die Klassenleitung der Grundschule in Abschnitt 4.1 auf Seite 33 sowie auf den Elterntest in Abschnitt 5.1 auf Seite 41 verwiesen.

Impuls 2: Elterntest. — *Gönnen Sie sich eine halbe Stunde Zeit und gehen Sie ganz in Ruhe, am besten mit Ihrem Partner, den Test einmal durch. Ein gutes Gespräch über Ihre Beobachtungen wird zur Klärung beitragen.*

Bei der Wahl der „richtigen“ Schulform können noch weitere Aspekte eine Rolle spielen, die Sie vielleicht miteinbeziehen wollen.

5.5. Inklusive Regelschule oder Förderschule?

Für Kinder mit Lernförderbedarf ist es schwierig, eine geeignete weiterführende Schule zu finden. 2009 trat die UN-Konvention über die Rechte von Menschen mit Behinderungen in Kraft. Seither dürfen die Eltern entscheiden, ob ihr Kind auf einer inklusiven Regelschule oder einer Förderschule lernen soll.

Über eine sorgfältige Analyse der Angebote vor Ort können Eltern am besten herausfinden, ob ihr Kind in der nahegelegenen inklusiven Schule die optimale fachliche und emotionale Lernumgebung findet.

Manche dieser Schulen sind innerhalb ganz kurzer Zeit zu inklusiven Schulen geworden. Entsprechen die dortigen Bedingungen den Bedürfnissen Ihres Kindes? Wenn Sie das Angebot nicht vollends überzeugt, ist es ratsam, sich für eine bewährte Förderschule zu entscheiden. Es könnte durchaus sein, dass Ihr Kind sie als geschützten Raum erlebt, wo es ungestört lernen und leben kann.

Als Alternative bietet sich mancherorts auch eine Montessorischule an, in der, wie ich es erleben durfte, Integration und Inklusion vorbildlich gelebt werden.

Vielleicht gibt es ein Elternnetzwerk vor Ort, wo Sie sich als betroffene Eltern austauschen können und wertvolle Tipps bekommen.

5.6. G8 oder G9?

Die Erprobungsphasen zu G8 und die teilweise Rückkehr zu G9 haben in Westdeutschland für große Verwirrung gesorgt. In den östlichen Bundesländern erlebten wir z. T. eine umgekehrte Bewegung:

Während Sachsen und Thüringen von Anfang an am zwölfstufigen Weg zum Abitur festhielten und dabei der DDR-Tradition folgten, haben die anderen Ost-Bundesländer Brandenburg, Mecklenburg-Vorpommern und Sachsen-Anhalt wie auch Berlin G9 erprobt, um inzwischen wieder zu G8 zurückzukehren.

Bei allen Debatten um die Organisation des gymnasialen Unterrichts wurde oftmals der Eindruck erweckt, als ginge es den Schulpolitikern nicht nur um das Wohl der betroffenen Schüler, sondern auch um ganz andere Kriterien wie z. B.:

- Einsparmaßnahmen durch den Wegfall einer Klassenstufe
- Anpassungsdruck, was Schulabschlüsse in anderen europäischen Ländern betrifft
- Interesse der Wirtschaft an jungen Nachwuchsakademikern, die bereits mit 17 studieren und entsprechend rascher einen Hochschulabschluss erreichen können.
- Interesse der Politiker, den Eltern und damit auch den Wählern entgegenzukommen, die eine Ganztagsbeschulung für ihre Kinder brauchen oder wünschen.

In vielen Bundesländern werden je nach politischer Couleur neben G8 oder G9 für die Gymnasien 13-jährige Wege zum Abitur in integrativen Schulen angeboten, z. B. in der Gemeinschaftsschule, Integrierten Gesamtschule oder Stadtteilschule. In allen Bundesländern gibt es auch Wege zum Abitur über die beruflichen Schulen. Diese können besonders für die Schüler in Bayern eine gute Alternative sein, weil es dort keine Integrierten Gesamtschulen gibt. Sie können im inzwischen wieder „zurückgebauten“ G9-Gymnasium mit G8-Möglichkeit für die besonders Leistungsstarken und in der Beruflichen Oberschule die Allgemeine Hochschulreife erwerben. In Sachsen gibt es das G8-Gymnasium und das Berufliche Gymnasium, wo das Abitur abgelegt werden kann und ebenso wie in Bayern keine integrativen Schulen mit Abiturangebot.

In Hessen und Schleswig-Holstein entscheiden die einzelnen Schulen unter Einbeziehung des Elternvotums, ob sie zu G9 zurückkehren wollen, in Schleswig-Holstein ist die Entscheidung inzwischen fast flächendeckend zugunsten G9 gefällt worden. In Rheinland-Pfalz existieren G8-Gymnasien und G9-Gymnasien schon seit der Einführung von G8 nebeneinander, je nach Standort und Wunsch der Schule.

Das sind nur einige Beispiele, um Ihnen den „Abiturdschungel" in Deutschland ein wenig zu erläutern. Daher möchte ich Ihnen als Eltern empfehlen, sich bei Bedarf über den jeweils gültigen Stand der schulischen Wege in Ihrem Bundesland zu erkundigen, wiederum am besten über das Internetportal „Bildungsserver".

Selbst wenn Sie in Ihrer Umgebung ein G8-Gymnasium, ein G9-Gymnasium und eine Gesamtschule mit Oberstufe haben, ist es nicht immer leicht, die richtige Schulform für Ihr Kind zu wählen.

Wenn es zu den langsameren Lernern gehört, fühlt es sich wahrscheinlich in einer G9-Schule entspannter und kann sich dort besser entwickeln als in einem „Turbosystem".

Mit G9 ist auch die Tradition der Halbtagsschule verbunden, die sich, manchmal durch Ganztagsangebote ergänzt, an vielen Orten nach wie vor großer Beliebtheit erfreut. Für Profilklassen oder die höheren Jahrgänge findet dort je nach den organisatorischen Vorgaben auch der ein oder andere Unterricht am frühen Nachmittag statt. Eine ausführliche Darstellung der Argumente für und gegen Halbtags- bzw. Ganztagsschulen finden Sie in Kapitel 7 auf Seite 57.

Für G9 könnte zudem sprechen, dass sich etliche G8-Absolventen schwer damit tun, bereits mit 17 Jahren den richtigen Beruf zu wählen und sich an einer Universität oder Hochschule zurechtzufinden. Der „Zeitvorsprung" geht dann manchmal durch einen Wechsel des Studienfachs verloren.

6. Sprachenfolge

Da an allen weiterführenden Schulen Fremdsprachen Pflicht sind, stellt sich sehr schnell die Frage: Welche Sprachenfolge ist die richtige für mein Kind?

6.1. Fremdsprachenunterricht

Der Fremdsprachenunterricht hat sich seit der Zeit, in der Sie zur Schule gingen, im guten Sinne weiter entwickelt:

Vorbei die Zeiten, als im Unterricht grammatische Strukturen oder schwierige Ausdrücke auf Deutsch erklärt wurden. Vorbei auch die Zeiten, in denen die schriftliche Kompetenz gegenüber der mündlichen dominierte. Und vorbei die Zeiten, in denen Fehler die Note eines fremdsprachlichen Schülertextes bestimmten. Die Schüler werden zwar auch heute darin geschult, ihre Fehlerzahl zu verringern, doch die situationsangemessene und auch kreative Handhabung der Fremdsprache steht als Lernziel und auch für die Beurteilung der sprachlichen Leistung im Mittelpunkt.

Sehen Sie also, liebe Eltern, dem weithin auf Kommunikation angelegten Unterricht Ihres Kindes positiv entgegen!

Der Fremdsprachenunterricht durchzieht *alle* Schulformen. Auch auf einer Realschule, Gemeinschaftsschule oder Gesamtschule werden mindestens eine zweite Fremdsprache angeboten sowie Möglichkeiten, Austausche und Auslandsaufenthalte wahrzunehmen.

Wer die Wahl einer zweiten Fremdsprache in einer Schule ohne Abiturangebot verpasst hat, kann sie beim Übergang auf die gymnasiale Oberstufe nachträglich lernen, wo vielerorts Basiskurse für Übergänger angeboten werden. Manchmal erfordert dieses Nachholen die Wiederholung eines Schuljahres, z. B. der 11. Jahrgangsstufe. Für Jugendliche mit Durchhaltevermögen ist das ein guter Weg.

6.2. Welche Sprache liegt meinem Kind?

Über Englisch brauchen wir kaum nachzudenken, denn Englisch kann schon fast als eine Kulturtechnik angesehen werden. Es gehört inzwischen zu vielen Bereichen unseres Lebens, man hört es an vielen Orten und über die Medien, so dass es, zumindest in den ersten Jahren, recht zügig gelernt werden kann.

Die meisten Kinder bringen in der 5. Klasse schon erste Englischkenntnisse mit. Falls das nicht der Fall sein sollte: Keine Bange! Der Unterricht an der weiterführenden Schule setzt noch einmal auf dem Niveau A1 des Gemeinsamen Europäischen Referenzrahmens für Sprachen an.

In der Oberstufe, wo es um anspruchsvolle Literatur, Zeitungsartikel und Sendungen mit Diskussionen auf hohem Niveau geht, wird die Verständigung in der englischen Sprache erheblich schwieriger.

Unsicherer sind Eltern immer wieder, wenn sie zwischen Latein oder Französisch, den klassischen Wahlkandidaten für die zweite Fremdsprache, entscheiden sollen.

Das Französische verfügt über klare Strukturen und ist in sich logisch, was Schüler sehr zu schätzen wissen. Aussprache und Schreibung haben jedoch ihre Tücken! Ein elegantes Ergebnis verlangt nun einmal viel Einfühlungsvermögen in den Klang der Sprache und eine gute Fähigkeit, genau zuzuhören und nachzusprechen.

Ein junger Mensch, der besondere Freude an mündlicher Kommunikation hat und ein bißchen musikalisch ist, wird gut mit dem Französischen zurechtkommen. Allerdings sind die ersten Jahre nicht immer einfach, wo der Grundstein der Grammatik gelegt wird.

Das Büffeln von grammatischen Finessen wird besonders von den Acht- und Neuntklässlern nicht gerade geliebt. Es zahlt sich dann in der Oberstufe aus: Der klare Satzbau, einmal gelernt, hilft beim Schreiben und bei der anspruchsvolleren Kommunikation. Daher ist es gar nicht so erstaunlich, dass Schüler in der Oberstufe häufig recht gute Noten in Französisch erzielen.

Ein Schüler, der nicht so viel Freude an der Kommunikation hat, aber über einen umfangreichen deutschen Wortschatz verfügt, gerne tüftelt und sich für Geschichte interessiert, könnte beim Erlernen von Latein Freude und Erfolg haben. Das Üben erfordert, wie sich viele von uns erinnern, besonders viel Disziplin und Geduld, kann man doch Lernfortschritte nicht so leicht erkennen wie beim Erlernen einer lebenden Sprache. Allerdings haben sich Didaktik und Methodik des Lateinunterrichts zum Positiven verändert:

Moderne Lehrwerke bieten den jungen Lernern von Anfang an ansprechende Texte an, z. B. *Latein mit Felix Bd.1* [12]. Es geht primär um die Erschließung der römischen Welt und die Grammatik fließt dabei „häppchenweise“ ein. Zu allen neueren Lehrwerken gehören Übungshefte, z. T. durch Apps erweitert, auch zum Selbststudium. Eventuelle Lernlücken lassen sich somit schließen, Klassenarbeiten systematisch vorbereiten.

Und vergessen wir nicht: Über das Fach Latein erhalten Schüler durch das genaue Übersetzen nicht nur einen neuen Zugang zur eigenen Muttersprache. Latein ist auch nach wie vor die optimale Grundlage für das Erlernen weiterer, insbesondere der romanischen Sprachen! Und nicht zuletzt ist für einige Studiengänge wie z. B. Theologie das Latinum erforderlich oder für andere Studienfächer wie Medizin sowie Sprachen eine hilfreiche Basis.

Impuls 3: Fremdsprachenunterricht. — *Besuchen Sie die Elternabende, auf denen die unterschiedlichen Methoden des Fremdsprachenunterrichts vorgestellt werden!*

6.3. Wahl der ersten Fremdsprache

Die meisten weiterführenden Schulen beginnen mit Englisch.

Die altsprachlichen Gymnasien beginnen mit Latein, oft in Kombination mit Englisch in verringertem Umfang. Dieses Doppelmodell, Biberacher Modell genannt, hat sich bewährt: Die meisten heutigen Kinder haben über Grundschulenglisch, Reisen und Medien schon erste Erfahrungen mit Englisch gesammelt und lernen die Weltsprache gerne neben dem Latein. Mögliche Synergieeffekte bei gleichzeitigem Lernen beider Sprachen kommen vielen Schülern zugute.

In grenznahen Gebieten wird auch die Landessprache des Nachbarn als erste Fremdsprache angeboten. So ist z. B. Französisch besonders in Baden-Württemberg oder im Saarland beliebt. Dänisch wird im nördlichen Schleswig-Holstein als Nachbarschaftssprache angeboten.

Falls Sie in den nächsten Jahren einen Umzug planen, ist es ratsam, mit Englisch oder Latein zu beginnen.

Impuls 4: Fremdsprachenfolge. — *Besprechen Sie in Ihrer Familie möglichst früh die gewünschte Sprachenfolge; Sie können diese, gut begründet, später noch ändern. Familienkontakte ins Ausland können dabei eine wichtige Rolle spielen.*

6.4. Muttersprachlicher Unterrricht

Zusätzlich zur ersten Fremdsprache wird auch auf den weiterführenden Schulen der muttersprachliche Unterricht für Kinder mit Migrationshintergrund gepflegt: Hören Sie sich um, wo Ihr Kind z. B. Türkisch, Griechisch, Italienisch oder Russisch weiterlernen kann. Muss es vielleicht für den muttersprachlichen Unterricht einen längeren Weg zu einer anderen Schule zurücklegen?

6.5. Wahl der zweiten Fremdsprache

Es ist für manche Eltern und Kinder schwierig, bereits bei der Anmeldung für das Gymnasium in der 4. Klasse zu entscheiden, welche zweite Fremdsprache das Kind lernen möchte. Das hat oft pädagogische und organisatorische Gründe: Man will die Klassen für mindestens zwei Jahre zusammen halten und dabei die Lehrerzuweisung vorausplanen können.

In Ausnahmefällen akzeptieren Schulen jedoch eine Umwahl der Eltern, z. B. wenn das Kind mit der englischen Aussprache nicht klar kommt und daher am Ende der 5. Klasse wünscht, lieber Latein als Französisch als zweite Fremdsprache zu lernen. Es sieht mit Französisch eine weitere Aussprachehürde auf sich zukommen. Leider muss es dann damit rechnen, in eine Parallelklasse wechseln zu müssen.

Die zweite Fremdsprache ist in der Regel Französisch oder Latein, in vielen Bundesländern und Schulen auch Spanisch oder Italienisch, in einigen Russisch, im deutsch-dänischen Grenzgebiet auch Dänisch.

Die Weltsprache Spanisch ist in den letzten Jahren besonders in den Fokus gerückt. Als Argumente für die Wahl wird häufig angeführt, dass Spanisch auch als Handelssprache eine herausragende Stellung hat und zudem als „Urlaubssprache" attraktiv ist. Außerdem scheint das Erlernen dieser romanischen Sprache für manche Menschen etwas leichter zu sein als das des Französischen.

Ebenfalls beliebt ist Italienisch. Der schöne Klang der Sprache und die Assoziationen mit Musik, Kunst und Urlaub, die sie in uns weckt, sind häufige Argumente dafür, dass junge Menschen sie lernen möchten. Italienisch wird in Europa von mehr Menschen gesprochen als Spanisch und ist auch für den Handel wichtig. In einzelnen weiterführenden Schulen wird Italienisch als zweite, in mehr Schulen als dritte Fremdsprache angeboten.

Aufgepasst, liebe Eltern, wenn Sie sich für Spanisch, Russisch oder Italienisch als zweite Fremdsprache entscheiden! Beim Umzug in ein anderes Bundesland und manchmal auch schon innerhalb desselben Bundeslandes könnte es schwierig für Sie werden, eine entsprechende Schule für Ihr Kind zu finden. In einigen wenigen Bundesländern wird z. B. Spanisch bisher nicht als zweite Fremdsprache angeboten. Als Gründe für die bevorzugte Stellung der französischen gegenüber der spanischen Sprache werden die engen deutsch-französischen Beziehungen des jeweiligen Landes und die Nachbarschaft zu Frankreich genannt.

Impuls 5: Umzugspläne. — *Falls Sie vorhaben, in ein anderes Bundesland zu ziehen oder aus dem Ausland nach Deutschland kommen, empfiehlt sich eine Sprachenwahl, die überall verbreitet ist.*

Wenn Ihr Kind in einem solchen Fall sein bisheriges Fremdsprachenprofil nicht weiterführen kann, können Sie sich an die Verantwortlichen der Schulaufsicht oder des Ministeriums wenden. Manchmal können individuelle Lösungen für die weitere Beschulung gefunden werden. Hilfreich dabei kann ein Einstufungstest nach den Vorgaben des Gemeinsamen Europäischen Referenzrahmens für Sprachen sein: Darüber lässt sich feststellen, welches Niveau ein Schüler in einer Fremdsprache bisher erreicht hat.

6.6. Wahl einer dritten Fremdsprache

Viele Schülerinnen und Schüler, besonders die sprachgewandten, beginnen in Klasse 8 oder 9 mit einer dritten Fremdsprache. Zahlreiche Lernende halten die Belegung dieser Sprache auch ein paar Schuljahre durch, obwohl vielerorts der Unterricht häufig aus organisatorischen Gründen in den unbeliebten Randzeiten liegt. Einzelne Schüler entdecken eine große Vorliebe für die dritte Fremdsprache und wählen sie in der Oberstufe als Schwerpunkt. Manche Schulen bieten als zusätzliche Motivation den Erwerb von Sprachdiplomen wie DELF in Französisch oder DELE in Spanisch an. Der Erwerb eines Zertifikats ist bei vielen jungen Leuten beliebt, denn sie bekommen darüber nicht nur Anerkennung „von außen“, sondern auch eine Bescheinigung für ihr Portfolio, welche für sie bei der Stellensuche einmal hilfreich sein könnte.

An den altsprachlichen Gymnasien ist eine dritte Fremdsprache Pflicht: Meistens geht es um die Wahl zwischen Französisch oder Griechisch, verbunden mit der Möglichkeit, das *Graecum* abzulegen.

Es gibt auch Schulen, die noch weitere Sprachen wie Russisch oder Chinesisch als dritte Fremdsprache anbieten, weitere Sprachen wie z. B. Hebräisch als Arbeitsgemeinschaft.

Impuls 6: Reihenfolge Fremdsprachen. — *Beachten Sie eine stimmige Sprachenfolge: Es gilt z. B. als leichter, Französisch im Anschluss an Latein zu lernen als umgekehrt. Und es gilt auch als effektiver, Französisch vor Spanisch oder Italienisch zu lernen.*

7. Ganztagsschule oder doch lieber Halbtagsschule?

Bei dieser Frage scheiden sich die Geister. Erschwerend kommt hinzu, dass es, im Falle eines gymnasialen Wegs, dabei zusätzlich auch noch um die Entscheidung für G8 oder G9 gehen könnte.

In den meisten Wohnorten ist diese Diskussion weitgehend nur Theorie, weil gar nicht so viele Beschulungsmöglichkeiten existieren!

Falls Sie, z. B. in der Großstadt, realistische Auswahlmöglichkeiten haben:

Lassen Sie sich durch die unterschiedlichen Argumentationen in Ihrem Bekanntenkreis oder in den Medien nicht durcheinanderbringen, sondern bilden Sie sich in Ruhe Ihre eigene Meinung!

Als Hilfe für diese Entscheidung stellen wir die meistgenannten Argumente für Ganztagsschule in Tafel 7.1 auf der nächsten Seite und gegen Ganztagsschule in Tafel 7.2 auf Seite 59 zusammen.

7.1. Ihre berufliche Situation als Ausgangspunkt

Zunächst geht es darum, ob Sie als Eltern in den nächsten Jahren beide kontinuierlich in Vollzeit arbeiten müssen oder wollen.

In vielen Familien ändert sich mit den Jahren die Arbeitseinteilung der Eltern oder das Ganztagskind ist nach einiger Zeit doch nicht zufrieden. Daher ist manchmal auch ein Weg mit mehreren Möglichkeiten ideal:

Wenn Sie vor Ort eine weiterführende Schule finden, in denen das Ganztagsangebot optional ist, d. h. Sie sich für Ihr Kind nur für maximal ein Schuljahr festlegen müssen, dann ist das eine gute Lösung, vorausgesetzt, diese Schule hat auch sonst noch viele Vorzüge.

Ansonsten bedeutet Schulwahl für Sie: genau hinschauen, was sich vor Ort anbietet. Das können auch Kombimöglichkeiten sein, *a. Erziehungsberechtigte, insbesondere Alleinerziehende, werden entlastet.*

b. Beide Eltern können berufstätig sein.

c. Hausaufgaben werden unter Anleitung und dabei doch eigenverantwortlich gemacht. Es gibt darüber vielleicht weniger Streit zuhause.

d. Am Nachmittag werden Kinder, deren Eltern arbeiten, besser von Risiken wie Drogen- oder unkontrolliertem Medienkonsum ferngehalten.

e. Die Schüler, besonders auch Einzelkinder, können soziale Kontakte aufbauen und sich im sozialen Miteinander mit ganz unterschiedlichen Schulkameraden üben.

f. Viele Ganztagsschulen bieten sinnvolle Freizeitaktivitäten an, oft auch in Kooperation mit Sportvereinen oder Musikschulen.

g. Viele Ganztagsschulen bieten einen rhythmisierten Tagesablauf an und entsprechen so den Bedürfnissen der Kinder.

h. Kinder mit besonderem Unterstützungsbedarf haben es hier, wenn die Anleitung professionell ist, vielleicht besser als weitgehend sich selbst überlassen zuhause.

i. Die Schüler und Schülerinnen bekommen ein gutes Essen in einer sympathischen Schulmensa.

Tafel 7.1.: Pro Ganztagsschule

dass Ihr Kind z. B. vormittags eine Halbtagsschule besucht und mittags in den Hort geht, wo Essen, Hausaufgabenbetreuung und Entspannung angeboten werden. Es gibt in einigen Städten auch Kirchengemeinden wie z. B. St. Johannis Harvestehude in Hamburg, die ähnliche Möglichkeiten anbieten. Überall zu fragen und sich vor Ort ein Bild zu machen lohnt sich!

7.2. Lasst die Kinder sprechen!

Lassen wir doch an dieser Stelle auch einmal die Kinder zu Wort kommen: In einem Artikel der Münchner Kinderzeitung „Pro & Contra: Ganztagsschulen“ [51] tragen vier Schülerinnen ihre Argumente für und gegen die Ganztagsschule zusammen und berichten von ihren *a. Das familiennahe Aufwachsen könnte dem Kind besser tun als eine ganztägige Betreuung.*

b. Die Lernzeit in der Ganztagsschule reicht oftmals nicht aus, um alle Hausaufgaben wirklich in der Schule zu schaffen.

c. Das Ganztagskind ist fast den ganzen Tag verplant.

d. Es fehlt an Zeit, z. B. für Jugend- und Sportgruppen oder Musikunterricht.

e. Schüler sollen nicht von häufig wechselndem Personal oder überwiegend von Lehramtsstudenten betreut werden.

f. Jugendliche werden nicht selbstständig, wenn ihr Tag von anderen vorstrukturiert ist. Sie kennen nicht die Kreativität, die aus der Langeweile heraus entstehen kann.

g. Manche Schüler halten die vielen Menschen und den damit verbundenen Lärm in der Ganztagsschule nicht aus. Sie brauchen Orte und Zeiten des Rückzugs.

h. Eventuelle Opfer von Mobbing leiden in der Ganztagsschule besonders, weil der oder die Mobber den ganzen Tag präsent sind.

i. Wir haben die klassische Halbtagsschule früher kennen gelernt und gute Erfahrungen damit gemacht. Diese wollen wir auch unseren Kindern vermitteln, zumal wir selbst die Ganztagsschule nur aus Berichten anderer kennen.

Tafel 7.2.: Contra Ganztagsschule

Erfahrungen im Schulalltag. Die Bilanz ist ausgeglichen: Alle vier Mädchen sind mit ihrer Schulwahl zufrieden.

Ein Junge (15) ergänzt in einem Gastbeitrag, dass für ihn die Tage in der Ganztagsschule unangenehm lang sind, besonders im Winter, wenn er morgens im Dunkeln zur Schule fährt und am Spätnachmittag im Dunkeln nach Hause kommt.

Was fasziniert Ihr Kind an der Ganztagsschule, was sagt ihm nicht so zu? Vielleicht will Ihr Kind unbedingt auf eine Ganztagsschule, kennt diese bereits von der Grundschule und erscheint Ihnen auch robust genug, um dort den manchmal recht strammen Alltag durchzuhalten. Dann können Sie ihm erst einmal vertrauen und ihm den Wunsch erfüllen.

7.3. Sind Raben die besseren Eltern?

Wichtig in der Diskussion um Ganztag oder Halbtag ist, dass Sie als Eltern nach bestem Wissen und Vermögen für Ihr Kind entscheiden, ohne ein schlechtes Gewissen haben zu müssen. Wozu auch!

Sie können ohnehin nicht *alles* richtig machen! Es gibt Eltern, die sich trotz wochenlanger Abwägungen beim Gedanken an das Thema Ganztagsschule immer noch als Rabeneltern fühlen und zu keiner Entscheidung finden und andere, die mit einer gewissen *Nonchalance* eine spontane Entscheidung für die Ganztagsschule treffen. Berufen können sie sich dabei auf ein vielbeachtetes Plädoyer gegen Überbehütung von ROGGE und BARTRAM [57].

Fakt ist, dass die heutigen Kinder nicht besser oder schlechter, sondern *anders* groß werden. Es gibt „gelungene“ Werdegänge von Ganztagskindern wie auch von Halbtagskindern sowie auch umgekehrt Schüler mit Problemen im Ganztags- wie auch im Halbtagssystem.

8. Die Wahl der Einzelschule

Szene 14: Freundschaften. — *Elif und Sophie weinen. Ihre Freundin Paulina, mit der sie schon seit der Kita zusammen sind, ist ganz traurig und heute besonders schweigsam. Sie war in der Grundschule immer mit ihrem Zwillingsbruder Carlo zusammen in der Freundesgruppe gewesen.*

Letzterer erklärte den anderen ganz ernst:„Paulina soll auf die katholische Marienschule kommen und ich aufs Schillergymnasium. Meine Eltern wollen das so, weil wir so verschieden sind und weil Paulina so gerne singt. Die Marienschule hat Klassen, in denen man von Anfang an ganz viel singt, mit zwei Extrastunden in der Woche, dazu mehrere Chöre. Ich finde das gut, weil wir uns nicht so gut vertragen, wenn wir den ganzen Tag zusammen sind. Dann will immer einer besser sein als der andere.“

Elif und Sophie umarmen Paulina: „Wir wollen mit dir zusammen blciben. Wir gehen nachher zu deinen Eltern und sagen, dass du mit uns ins Schiller gehen sollst.“ Paulina sagt nichts dazu. Max brummt: „Wird nicht klappen. Die Eltern haben entschieden und das ist dann so.“

8.1. Freundschaften und Geschwister

Paulinas und Carlos Eltern haben bewusst entschieden, dass ihre Zwillinge nach der Grundschule nicht mehr auf dieselbe Schule gehen sollen, damit jedes Kind seine Talente entfalten kann, ohne dass sie in Konkurrenz zueinander geraten. Außerdem wollen sie Paulinas Freude am Singen entgegenkommen.

Andere Eltern von Zwillingen schwören darauf, dass diese in ihrer Kindheit und Jugend immer zusammenbleiben sollen.

Jede familiäre Situation ist anders.

Eltern wissen, wie wichtig Schulfreundschaften sind. Sie wünschen sich besonders für den Anfang in der 5. Klasse, dass ihr Kind in eine wohlwollende Klassengemeinschaft kommt, in der es schon ein paar Kinder aus der Grundschule kennt und erst einmal ganz zufrieden beginnen kann.

Bei der Wahl der weiterführenden Schule habe ich oft das Argument gehört: „Wir wollen diese oder jene Schule, denn da gehen alle Kinder aus unserer Grundschule oder unserer Straße hin."

Das Argument schenkt zunächst einmal Sicherheit: „Was die anderen aus der Nachbarschaft tun, kann ja nicht so schlecht sein. Und unser Kind kennt die anderen und fühlt sich, wenn es diese jeden Tag in der Schule sieht, besser aufgehoben, als wenn es alleine ist", meinen viele Eltern.

Auch wenn diese Argumentation nicht von der Hand zu weisen ist, sollten in erster Linie das Persönlichkeitsprofil Ihrer Tochter oder Ihres Sohnes und die Besonderheiten Ihrer Familienkultur zu einer Schule passen und ausschlaggebend für die Schulwahl sein.

Nach meiner Erfahrung sind Grundschulfreundschaften längst nicht immer von Bestand, denn zu Beginn der 5. Klasse werden „die Karten neu gemischt."

8.2. Besondere Unterrichtsprofile

Immer mehr Eltern und Kinder wünschen individuell gestaltete Eingangsprofile an den weiterführenden Schulen.

Manche Schulen bieten Profilunterricht, z. B. bilinguale Module, klassenübergreifend an. Andere fassen „Bilis", Bläser, Streicher, Künstler, Forscher, Sportler usw. in einzelnen Klassen zusammen.

Besonders beliebt bei Schülern und Eltern sind darunter nach meiner Erfahrung die Bläserklassen sowie die bilingualen Angebote. Besondere Profile fördern die Freude am Lernen, was uns z. B. die guten Erfahrungen mit dem gemeinsamen Klassenmusizieren zeigen.

Profilunterricht bedeutet jedoch auch zwei bis drei Stunden mehr Unterricht in der Woche und ist mit Üben und manchmal auch mit Kosten verbunden.

Das Lernen im bilingualen Zug, den manche Schulen für Englisch, seltener auch für Französisch ab der 5. Klasse bis zum Abitur anbieten, ist für lernstarke Schüler eine großartige Herausforderung.

Für alle Profilangebote gilt: Bei mehr Anmeldungen als Plätzen entscheidet die Schule über die Aufnahme.

Impuls 7: Profilklassen. — *Der Unterricht in den Profilklassen ist je nach Bundesland und Schule unterschiedlich ausgestaltet. Am besten, Sie informieren sich in der gewünschten Einzelschule, ob die Option besteht, ab Klasse 5 an einem Profilunterricht teilzunehmen, und fragen nach Möglichkeit auch Eltern, die genau mit diesem Profil schon Erfahrungen gesammelt haben.*

8.3. *Schoolhopping* bringt Klarheit in die Wahl

Was ist überzeugender als die eigene Anschauung? Lassen Sie sich für ein unvergessliches *Schoolhopping* begeistern!

In der Kleinstadt ist das nicht immer so erkenntnisreich, denn es kommen nur zwei bis drei Schulformen, vertreten durch jeweils eine Schule, für eine Besichtigung in Betracht. Großstädte hingegen haben in der Regel unterschiedliche Schulen zu bieten.

Szene 15: Tag der offenen Tür. — *Die Familien von Sophie, Max und Elif tun sich zusammen: Endlich einmal spannende Ausflüge für Eltern* und *Kinder! Sophie, Max und Elif freuen sich. Auch die Zwillinge Paulina und Carlo aus der Grundschulklasse kommen mit. Die fünf Grundschulkinder fassen sich an der Hand und bilden eine Kette. Max ruft:„Wir wollen alle zusammenbleiben!“*

Ach, was ist ist das herrlich! Alle Lehrer und Kinder der besuchten Schulen interessieren sich für die Viertklässler und sind sooo lieb, und in all diesen Schulen gibt es Waffeln und Kuchen. Die vier Familien sind an allen Samstagen im November unterwegs: Probeunterricht, Führungen „Schüler für Schüler“, Probeessen in der Mensa, Mitsingen im Schulchor, sogar eine Latein-Rallye für die Kleinen als Extraangebot am Samstag vor dem 3. Advent. Da soll der Opa mit Carlo hingehen, der mag ja die römischen Denkmäler. Und für Paulina finden wir auch noch eine passende Schule, die beiden Zwillinge wollen wir ja trennen“, meinen die Zwillingseltern.

Marschieren wir doch noch mal ein bisschen weiter mit durch die Tage der offenen Tür!

Szene 16: Probeunterricht. — *Die vier Elternpaare kämpfen sich durch die vollen Gänge, um ihre Kinder im Probeunterricht abzugeben und sich selbst einen Eindruck zu verschaffen. Wo ist nochmal der junge Lateinlehrer in der Toga? Den wollten wir doch noch nach der Methode fragen, wie man heute das Konjugieren übt. Und überhaupt: Eine Schule mit einem so smarten Lateinlehrer, die wäre doch was für unsere Sprösslinge! Oder schaut euch mal die Mensa der neugebauten Schule an: Da kommt im Rahmen des Projekts „Fitte Kids essen Fitkost“ ja einmal im Monat der Sternekoch vom Parkhotel zum Kochen! Oder die fröhliche Sportlehrerin im katholischen Gymnasium: Innerhalb von 15 Minuten hat sie mit unseren Kindern einen coolen Tanz einstudiert. Selbst Max tanzt mit!*

Ach und überhaupt: Wie schön kann Schule sein, tipp-topp geputzt und überall mit selbst gebastelten Postern geschmückt. Was haben sich die Lehrer mit ihren Schülern für Mühe gegeben! Da möchte man nochmal jung sein.

Als die vier Familien in die Integrierte Gesamtschule kommen, staunen sie nicht schlecht: Die Mutter vorne im Chemiesaal, die ist doch auch von unserer Grundschule! Ihr Oliver, der erst in die zweite Klasse geht, steht mit Schutzbrille am Bunsenbrenner, wo die Großen vorführen, wie sie Kupfermünzen „vergolden“. Und dann verschenken sie diese auch noch an die Besuchskinder! Die Mutter wendet sich stolz den anderen zu: „Ja, Olli ist unser Entdecker, er seziert jeden Fisch, den ich kaufe, bevor wir ihn verspeisen.“ Ollis Mutter macht das wirklich ganz professionell mit dem Schoolhopping. Sie kramt einen Papierbogen mit vielen Kreuzchen aus ihrer Handtasche und erklärt: „Ich evaluiere jede Schule, die ich mit Olli besuche, z. B. wie Olli den Probeunterricht findet, wie groß die Boulderwand auf dem Hof ist oder ob sie schöne naturwissenschaftliche Säle haben. Und dann fotografiere ich noch in der Mensa die Speisekarte der Woche.“

Das macht den vier befreundeten Familien Eindruck. Leider haben sie diese Methode bei ihren zahlreichen Schulbesuchen versäumt. Nach vier Wochen Schoolhopping, an einem Samstag sogar an zwei Schulen hintereinander, sitzt jede Familie erschöpft zuhause auf dem Sofa. Ja, die Qual der Wahl macht ihnen allen zu schaffen. Außer den lieben Kleinen: Die haben schon längst entschieden, dass sie alle fünf auf die Schule wollen, wo sie neulich die bunten Fahrradständer gesehen haben.

Nachher kommt manches anders, als man vorher dachte: Paulinas und Carlos Eltern wünschen für ihr Mädchen die katholische Mädchenschule, die ganz neu errichtet worden ist und wo sie die besonders motivierten Lehrkräfte überzeugt haben.

Vielleicht interessieren Sie sich, liebe Leserinnen und Leser, in diesem Zusammenhang für Mädchen- und Jungenschulen? Dann blättern Sie einfach zu Abschnitt 19.1 auf Seite 197.

Zurück zu Paulina: Sie freundet sich langsam mit der Aussicht auf die Marienschule an und freut sich auf das Musikangebot. Sie tröstet sich damit, ihre Freunde in Zukunft noch im Turnverein zu sehen.

Zwilling Carlo interessiert sich seit der Latein-Rallye, welche das Altsprachliche Gymnasium veranstaltet hat, noch mehr für die römischen Denkmäler und will unbedingt wie Opa viel Latein lernen. Opa hat ihm schon Hilfe zugesagt.

Elif spricht und schreibt bereits Deutsch und Türkisch. Die Eltern wünschen ein Gymnasium mit einem besonders großen Sprach- und Austauschangebot. Darauf freut sich Elif schon. Aber vor allem hofft sie darauf, dass sie mit Sophie und Max zusammenbleiben darf. Für alle Drei scheint das Schillergymnasium eine gute Wahl zu sein.

Das sind natürlich alles bisher nur Wünsche und Pläne. Denn Anmelden an einer bestimmten Schule heißt ja noch nicht, dass man auch einen Platz bekommt. Das gilt vor allem für die Großstädte.

Extrem anstrengend, aber spannend war es schon, das *Schoolhopping*. Jetzt wissen alle Eltern genau Bescheid, und im Supermarkt, im Fitnessclub und beim Abschiedsfest in der Grundschule lässt sich so viel erzählen!

8.4. Die Bedeutung des Familienprofils

Aus dem Ende des kleinen Berichts können wir unschwer erkennen, dass es oft familiäre Hintergründe sind, die die Wahl der weiterführenden Schule maßgeblich beeinflussen. Das ist auch gut nachvollziehbar.

Die meisten Familien wünschen sich für Ihr Kind eine Atmosphäre in der neuen Schule, welche ihnen bereits vertraut ist:

Hat das Kind bereits positive Begegnungen und Freundschaften mit Kindern aus anderen Kulturen erlebt, werden manche Eltern eine bunt zusammengewürfelte Schülerschaft favorisieren.

Wenn für sie die religiöse Erziehung auch in der Schule eine kontinuierliche Fortsetzung erfahren soll, werden sie vielleicht gerne eine konfessionell geprägte Einrichtung wählen.

Spielen Geschichte, Tüfteln und Lesen zuhause eine große Rolle oder gibt es eine altsprachliche Familientradition, dann könnte ein Beginn mit Latein der richtige Weg sein.

Haben die Eltern Freunde in Frankreich, dann möchten sie vielleicht, dass ihr Kind möglichst als erste Fremdsprache Französisch lernt.

Eine familiär begründete Schulwahl ergibt durchaus Sinn, wenn das Kind gerne mitmacht und die nötigen Voraussetzungen mitbringt. Denn auf diese Weise prägen viele gemeinsame Themen das Miteinander im Elternhaus.

8.5. Checklisten ergänzen das Bauchgefühl

Denken wir noch einmal an Ollis Mutter, die sich eine Checkliste für die Wahl von Ollis künftiger Schule gemacht hat.

Das ist in der Tat eine gute Methode, um das viele Gesehene und Erlebte an den Tagen der offenen Tür vergleichen und einordnen zu können.

Noch hilfreicher, dafür aber auch mit etwas mehr Arbeit verbunden, könnte es für Sie sein, wenn Sie sich beim Erstellen Ihrer persönlichen Checkliste an den bewährten Qualitätsbereichen orientieren, welche die Basis des Rankings beim Wettbewerb „Der Deutsche Schulpreis“ bilden.

Diese sind: Leistung, Umgang mit Vielfalt, Unterrichtsqualität, Verantwortung, Schulklima, Schulleben und außerschulische Partner sowie Schule als lernende Institution.

Falls Sie möchten, können Sie auf einem Bogen Papier Ihre besonderen Fragen zu den jeweiligen Qualitätsbereichen notieren.

Impuls 8: Checkliste. — *Fragen, die nach dem „Wie“ fragen, sind mindestens genauso gut wie Fragen nach dem „Was.“*

Ein Beispiel:

„Was für Sportarten werden an dieser Schule gelehrt“, fragen sich manche Eltern. Noch wichtiger jedoch ist: „Wie werden die einzelnen Sportarten gelehrt? Haben alle Kinder, auch meines, Freude an einem solchen Sportunterricht und können sie dabei eine Menge lernen?“

Um Ihnen den Einstieg in solche Checklisten zu erleichtern, geben wir hier Beispiele, die Sie unmittelbar verwenden oder auch anpassen können.

Checkliste für die Qualitätsbereiche Die Liste in Tafel 8.1 auf der nächsten Seite orientiert sich an den genannten sechs Qualitätsbereichen. Wir haben für jeden dieser sechs Bereiche zwei Leitfragen ausgewählt. Durch den Bezug zu den Qualitätsbereichen hilft die Liste auch beim Vergleichen verschiedener Schulen.

Zu den Gütesiegeln nennen wir hier ein paar Beispiele: Europaschule, Kulturschule, CertiLingua-Schule, Fair Trade Schule, Schule ohne Rassismus – Schule mit Courage, MINT-freundliche Schule, Sportschule.

Zusatzliche persönlich für Sie wichtige Fragen Hier ein Beispiel zum Thema Ganztagsschule in Tafel 8.2 auf Seite 69.

1. *Leistung:*
    a) *Welche Gütesiegel hat die Schule erworben?*
    b) *Wie werden Schüler dazu angehalten, gerne Leistung zu bringen und sich auch an Wettbewerben zu beteiligen?*
2. *Umgang mit Vielfalt:*
    c) *Wie geht die Schule mit Schülern unterschiedlicher Begabung um?*
    d) *Wie geht die Schule mit der großen Bandbreite an Kulturen und Religionen um, die die Schüler prägen?*
3. *Unterrichtsqualität:*
    e) *Welche Methoden überwiegen im Unterricht?*
    f) *Welche Bedeutung misst die Schule offenen Lernforen oder eigenständigem Arbeiten am Computer bei?*
4. *Verantwortung:*
    g) *Welche Rolle spielen Schülerinnen und Schüler als Partner im Schulalltag? Traut man ihnen Verantwortung zu?*
    h) *Wie fördern die Lehrkräfte bei den Schülern die Verantwortung für ihr Lernen?*
5. *Schulklima, Schulleben und außerschulische Partner:*
    i) *Wie erlebe ich den Umgangston zwischen Leitung und Lehrkräften, Lehrkräften und Schülern, Lehrkräften und Eltern, Schülern und Eltern, Schülern und Schülern?*
    j) *Sind Eltern mit ihren Kompetenzen und Erfahrungen als Bereicherung des Schullebens oder nur für „einfache Dienste“ willkommen?*
6. *Schule als lernende Institution:*
    k) *An welchen Themen arbeitet das Kollegium zur Zeit, z. B. an Studientagen?*
    l) *Welche inhaltlichen Ziele und Visionen hat sich die Schule für die Zukunft gesetzt?*

Tafel 8.1.: Checkliste Eltern

1. *Ganztagsschule:*
   a) *Sind Unterricht, freies Arbeiten (auch Hausaufgaben) und Arbeitsgemeinschaften im Sinne einer rhythmisierten Ganztagsschule über den ganzen Tag verteilt?*
   b) *Oder ist vormittags Unterricht und nachmittags Zeit für Lernen, Hausaufgaben, Üben sowie für Arbeitsgemeinschaften?*
   c) *Werden auch nachmittags Fachkräfte eingesetzt?*
2. *Entspannung:*
   a) *Oder: Welche Möglichkeiten der Entspannung bietet die Schule an? Yoga, Raum der Stille, besonders gemütliche Bibliothek?*
   b) …
   c) …

Tafel 8.2.: Individuelle Fragen

1. *Das finde ich an dieser Schule ganz besonders toll: …*
2. *Das finde ich an dieser Schule nicht so gut: …*
3. *Beim Schnupperunterricht habe ich Folgendes erlebt: …*
4. *Beim Rundgang habe ich Folgendes erlebt: …*
5. *Das kann ich an dieser Schule wahrscheinlich gut lernen: …*
6. *Hierbei möchte ich in dieser Schule richtig gerne mitmachen: …*
7. *Diese Freunde der Grundschule möchten gerne auf diese Schule gehen: …*
8. *Das macht mir ein bisschen Angst an dieser Schule (z. B. die Größe, die älteren Schüler): …*
9. *Und was mir noch besonders wichtig ist:*

Tafel 8.3.: Checkliste Schüler

Die Checkliste Ihres Kindes Falls Ihr Kind Freude hat, auch eine Checkliste zu erstellen, könnte das die häusliche Diskussion nach den Schulbesuchen sehr bereichern. Ihr Kind wird beim Austüfteln seiner Liste andere, ebenso bereichernde Schwerpunkte setzen. Hier das Beispiel einer Schülerliste in Tafel 8.3 auf der vorherigen Seite.

Gemeinsame Auswertung der Schulbesuche Am Ende geht es noch einmal darum, die Erlebnisse der Tage der offenen Tür auszuwerten, um herauszufinden, welche Schule die „richtige" ist.

Welche Themen bei der Auswahl auch immer für Ihr Kind und Ihre Familie im Vordergrund stehen: Achten Sie bei Ihren Beobachtungen nicht nur auf das *Was* sondern besonders auch auf das *Wie* angesichts dessen, was die jeweilige Schule Ihnen darbietet. Hier zwei Beispiele:

> Am Tag der offenen Tür zeigt eine Gruppe von Mädchen aus der Jazzdance-AG ihr Können. Sie tanzen erstaunlich gut und die Musik ist auch ganz aktuell. Auch wenn Ihre Tochter und Sie ganz begeistert sind, sollten Sie sich nicht durch die Aufführung blenden lassen, sondern sich oder noch besser die Lehrkräfte oder auch die Schülerinnen selbst vor Ort fragen, ob diese Gruppe das Tanzen in der Schule oder im Verein gelernt hat. Oder: Ob in der Jazzdance-AG auch Jungen mitmachen. Oder: Was geschieht, wenn ein Mädchen die Schrittfolgen nur schwer versteht oder zu ungelenk für die Figuren ist? Kurz gesagt: *Auf welche Weise* kommt die Schule zu so tollen Ergebnissen?

> Oder betrachten wir die Chemie-Versuche; Nach welchen Kriterien wurden die Schüler dafür ausgesucht? Könnten nahezu alle Schüler der Lerngruppe dasselbe leisten? Wird im Unterricht wirklich viel selbst experimentiert? Fragen Sie doch einmal die Schüler selbst, wie sie arbeiten. Haben sie genügend Zeit, auch einmal Fehler zu machen? Wie geht der Lehrer mit Schülern um, die sich nicht für Chemie interessieren oder die Schwierigkeiten haben? Kurz gesagt: *Wie* wird an dieser Schule Chemie unterrichtet?

Wenn Sie auf einzelne Fragen dieser Art überzeugende Antworten bekommen, dann haben Sie eine wirklich gute Schule besucht!

9. ... oder doch lieber eine Privatschule?

Privatschulen, d. h. Schulen in nichtstaatlicher Trägerschaft, haben zur Zeit Hochkunjunktur, zumindest bei denen, die sie sich leisten können. Damit sind wir beim Thema Kosten, und dieser Punkt sollte vorab geklärt werden.

9.1. Kosten und Gründe

Die Gebühr für Privatschulen richtet sich in der Regel nach dem Einkommen der Eltern.

Am teuersten sind wohl Privatschulen in privater Trägerschaft. Tendenziell kostengünstiger sind Schulen in freier Trägerschaft wie Waldorfschulen oder die meisten Montessorischulen. Schulen in kirchlicher Trägerschaft sind oft sogar kostenlos.

Einige Eltern versprechen sich von der Privatschule eine besonders gute Schulbildung und eine „unvergessliche Zeit“ für ihr Kind. Vielleicht verbinden auch Sie das Privatinternat mit eigenen Erfahrungen oder mit fröhlichen Lese-Erinnerungen: Was durften Enid Blytons „Hanni und Nanni“ doch Spannendes im Internat erleben!

Impuls 9: Privatschulen. — *Wählen Sie nicht „Ihre gute alte Privatschule“ aus, ohne sie noch einmal gründlich besichtigt zu haben. Schulen durchleben wie viele andere Organisationen gute und weniger gute Zeiten!*

Also, die Gründe für die Wahl verdienen eingehende Betrachtung; sie sind in Tafel 9.1 auf der nächsten Seite zusammengestellt.

9.2. Wie finden Eltern eine geeignete Privatschule?

Häufig sind Privatschulen ohne Internat vor Ort nicht zu finden. Wenn Ihre private Wunschschule Platz hat und nicht zu weit entfernt *a. Das schulische Angebot vor Ort überzeugt manche Eltern nicht. Vielleicht haben sie auch Schlechtes über diese Schulen gehört.*

b. Weiterführende Privatschulen sind häufig kleiner und damit überschaubarer als staatliche Schulen. Eltern hoffen, dass ihr Kind nicht so leicht in einer „anonymen Masse“ untergeht, es wird vielleicht besser wahrgenommen, betreut und gefördert.

c. Eltern verbinden bestimmte Privatschulen häufig mit der Zugehörigkeit zu einer erfolgreichen Gesellschaftsschicht. Die wünschen sie auch für ihr Kind.

d. Wenn ein Kind Probleme mit schulischen Leistungen oder dem Sozialverhalten hat, wird es auch gerne auf eine Privatschule geschickt: Die Experten vor Ort, besonders auch im Internat, werden das Kind, so hoffen die Eltern, auf einen guten Weg bringen.

e. Eltern wünschen für ihre Kinder oft auch mehr als „nur“ eine Schule. Sie hoffen, dass ihr Kind das Netzwerk, welches Schulabgänger vieler privater Schulen pflegen, genießt und davon ein Leben lang profitieren wird.

f. Privatschulen verfolgen oft konsequenter als staatliche Schulen ein besonderes Konzept, welches sich Eltern wünschen: z. B. eine katholische oder evangelische Erziehung, eine Ausrichtung nach Maria Montessori oder Rudolf Steiner. In diesen Schulen treffen Eltern und Kinder auf eine ganzheitliche Pädagogik, die den ganzen Menschen in den Blick nimmt und seine akademischen Leistungen nicht so sehr in den Vordergrund stellt.

g. Privatschulen verfügen häufig auch über Internate. Das ist z. B. für Eltern, die beruflich viel unterwegs sind oder auch für Eltern, die getrennt leben, oft ein guter Weg.

h. Viele Privatschulen liegen in idyllischer Natur. Eltern hoffen, dass ihr Kind besonders gesund groß wird und dass es vielleicht eher von Gefahren ferngehalten wird, wie sie z. B. in der Großstadt lauern.

i. Eltern, die selbst eine Privatschule besucht und gute Erinnerungen daran haben, wünschen sich für ihr Kind dasselbe.

j. Dadurch, dass manche Mütter und Väter recht stattliche Summen für die Schule aufbringen müssen, fühlen sie sich als „Kunden“ wahrgenommen, d. h. es kann leichter für sie als für Eltern staatlicher Schulen sein, auch einmal Kritik zu äußern und Veränderungen zu bewirken.

Tafel 9.1.: Gründe für die Wahl einer Privatschule

ist, lässt sich der spätere Schulweg manchmal über eine Fahrgemeinschaft organisieren.

Da private Schulen wie z. B. auch Freie Christliche Schulen oftmals eine besondere pädagogische Prägung haben, lohnt es sich auf jeden Fall, sich vorher gründlich zu informieren und zu prüfen, ob das Schulkonzept zu Ihrem Kind und Ihrer Familie passt. Überdies ist es wichtig für Sie, die jeweils möglichen Schulabschlüsse zu kennen: Sind diese staatlich genehmigt oder staatlich anerkannt? In letzterem Falle kann die betreffende Schule Abschlussprüfungen in eigener Verantwortung durchführen.

Manche Privatschulen bieten auch Schnuppertage für Schüler und Eltern an. Es ist wichtig herauszufinden, inwieweit mit der Mithilfe der Eltern in einigen Bereichen der Schule gerechnet wird oder sie sogar fest zum Konzept gehört.

Wenn Sie eine Privatschule mit Internat suchen, ist die Auswahl schwieriger, weil Sie wegen der Entfernungen wohl nur eine kleine Vorauswahl persönlich besuchen können.

Eine gute Übersicht zu Privatschulen bietet Ihnen der *Verband Deutscher Privatschulverbände e. V.* [69], der weltanschaulich, parteipolitisch oder konfessionell unabhängig ist. Auf der Homepage finden Sie auch einen Link „Hilfe bei der Schulwahl“, wo Sie Ihre Suchdaten eingeben können.

Die beiden großen Kirchen sind in einem jeweils eigenen Privatschulverband, die Waldorfschulen im Bund der freien Waldorfschulen und die Montessorischulen im Montessori Dachverband Deutschland e.V. zusammengeschlossen.

Obendrein finden Sie im Internet zahlreiche Angebote von einzelnen deutschen Schulen über internationale Schulen bis hin zu Privatschulketten mit ganz unterschiedlichen Schwerpunkten.

Impuls 10: Prioritätenliste. — *Am besten, Sie machen eine Prioritätenliste von den Privatschulen, die Ihnen und Ihrem Kind am meisten zusagen und besuchen zwei bis drei dieser Schulen mit Ihrer persönlichen Checkliste!*

9.3. Privatschulen: Nicht für jeden der beste Weg

Ein überschaubares privates Internat strahlt Charme aus. Manche junge Menschen leben und lernen dort besonders gerne, andere fühlen sich in einem familiären Lernumfeld eingeengt. Ich kenne Schüler von Privatschulen oder -internaten, die über eine gewisse „Weltfremdheit“ klagen, die sie dort erleben. Sie wissen die vertraute Lernumgebung und die individuelle Förderung zu schätzen, spüren jedoch, dass die Realität, in der sie sich später bewähren müssen, ganz anders aussieht.

Schwierigkeiten bringt manchmal auch der Wechsel von einer Privatschule besonderer Prägung auf eine staatliche weiterführende Schule mit sich: Schüler, die z. B. eine Montessori- oder Waldorfschule besuchen, sind es z. B. gewohnt, *anders* zu lernen. Sie haben z. T. viel Erfahrung mit dem Lernen in altersgemischten Gruppen, einem selbstbestimmten Lerntempo oder kreativen Lernmethoden.

Diese Lernerfahrungen können besonders zu Beginn ein Hindernis sein, wenn sich diejenigen, die in eine staatliche Schule wechseln, an die dortigen Methoden anpassen müssen. Ihre Individualität findet in einem großen System vielleicht nicht die gewünschte Aufmerksamkeit. Auch kann es für sie im teilweise praktizierten Frontalunterricht unerwartet zügig vorangehen.

Besonders auch Schülerinnen und Schüler mit breit aufgestellten Interessen finden in einer oft größeren staatlichen Schule eine große Vielfalt von Angeboten. In der Oberstufe, an die Sie als Eltern vielleicht auch schon denken möchten, gibt es dort viele wählbare Schwerpunkte oder Kombinationen von Leistungskursen, wie z. B. Informatik mit Spanisch. Daneben laden zahlreiche unterschiedliche Interessensgruppen neben den klassischen sportlichen und musischen Arbeitsgemeinschaften bereits auch jüngere Schüler zum Mitmachen ein: z. B. der Schachclub, die Gruppe Schulhofgestaltung oder die Initiative zur Unterstützung geflüchteter Mitschüler. In kleineren Schulen können nicht immer so viele Angebote gemacht werden.

10. Und nun zur Anmeldung!

Nachdem Sie Ihre Vorentscheidungen geklärt haben, sind Sie für die eigentliche Anmeldung gut vorbereitet.

Wann die Anmeldetermine sind und welche Dokumente Sie dafür mitbringen sollen, wird Ihnen die Grundschule mitteilen. Also: Geburtsurkunde des Kindes und die verlangten Zeugnisse im Original und in Kopie schon einmal bereitlegen!

Da Ihre Wunschschule vielleicht nicht alle Anmeldungen berücksichtigen kann, wird an vielen Orten verlangt, dass die Eltern eine zweite Schule als Alternative angeben.

Viele Eltern möchten gerne ihr Kind zur Anmeldung mitnehmen. Am besten, Sie fragen vorher an, ob dies erwünscht ist. Das ist ein spannendes Erlebnis für alle Beteiligten, kann jedoch zu Frust beim Kind führen, wenn es sich über die Anmeldung schon stark mit der Wunschschule identifiziert und vielleicht doch eine Absage bekommt.

Jedenfalls wird mit der Anmeldung ein Schritt in eine neue Welt vollzogen, die das Leben Ihres Kindes und damit wohl auch das Ihre für die nächsten Jahre prägen wird.

Worauf es dabei ankommt, haben wir daher in Tafel 10.1 auf der nächsten Seite zusammengefasst.

... für Ihr Kind:

a. *Ihr Kind, besonders in der Eingewöhnungsphase, einfühlsam und geduldig begleiten sowie in angemessenem Maß unterstützen.*

b. *Sich über die Arbeitsweisen und sonstigen Themen der Eingangsstufe gut informieren.*

c. *Zusammen mit der Familie ein altersgemäßes Konzept zum Umgang mit digitalen Medien entwickeln.*

d. *Stolpersteine und insbesondere Gefährdungen erkennen und sie beherzt angehen, ggf. professionelle Hilfe suchen.*

e. *Immer im Gespräch mit Ihrem Kind bleiben, besonders auch dann, wenn es sich nicht gerne öffnen möchte.*

... gegenüber der Schule:

f. *Mit der weiterführenden Schule eine gute, verständnis- und vertrauensvolle Partnerschaft aufbauen.*

g. *Die Kommunikation mit der weiterführenden Schule mithilfe des Kompass* **FAIR** *pflegen.*

h. *Sich in der Schule engagieren.*

Tafel 10.1.: Worauf es ankommt ...

Teil III.

Übergang: Ängste, Vorfreude und Chancen!

11. Von der Anmeldung zur Aufnahme

11.1. Zusage oder Absage?

Das Warten auf den Brief von der Wunschschule geht z. T. mit heftigem Bangen einher, denn leider ist es in vielen Fällen mit der Anmeldung bei der gewünschten Schule nicht getan. Vor allem Großstadteltern können ein Lied davon singen, denn der Aufnahmeprozess ist dort, wo Hunderte von Anmeldungen vorliegen, besonders kompliziert:

Manche Schulen haben zu viele Anmeldungen, andere zu wenige. Manche Schulen können zur Not noch ein weiteres Klassenzimmer für eine zusätzliche Klasse frei machen, andere sind räumlich am Limit. Manche Schulen müssen sich wegen eines anstehenden Umbauvorhabens zahlenmäßig beschränken, andere haben bereits drei Klassenräume in Form von Schulcontainern auf ihrem engen Hof in Betrieb genommen und winken ab.

Wenn Sie außerhalb der Großstadt wohnen, haben Sie zwar meist keine große Auswahl an Schulen, jedoch können Sie damit rechnen, dass Ihr Kind einen Schulplatz vor Ort oder in der Nähe erhält.

11.2. Die „Lenkung der Schülerströme“

Es wird oft darüber spekuliert, wie Entscheidungen für oder gegen die Aufnahme eines Schülers an der gewünschten Schule gefällt werden.

Zunächst entscheiden die Schulleitungen nach festgelegten Kriterien, welche Schüler sie aufnehmen möchten:

Die wichtigsten Kriterien für die Aufnahme in eine staatliche Schule sind in der Regel Geschwisterkinder, das Bestreben, Schülergruppen aus einer Grundschule nicht zu trennen, an manchen Orten auch Schulnähe nach dem „Sprengelprinzip“, vielleicht auch eine genügend große Anzahl von Schülern für Profilklassen oder eventuelle besondere Situationen wie ein geplanter Umzug in die Nähe der Schule, falls schon ein Mietvertrag vorliegt. Private Schulen haben vielleicht noch andere Gesichtspunkte, die für die Aufnahme eine Rolle spielen.

Anschließend koordiniert die Schulaufsicht den Lenkungsprozess mit den Schulleiterinnen und Schulleitern. Es wird in nachvollziehbaren Schritten besprochen, welche Schule welche Kandidaten abgeben bzw. zusätzlich aufnehmen soll.

Wichtig für Eltern ist, dass es bei der Zuteilung im Rahmen der staatlichen Schulen nicht um die Leistungen der Schüler geht, falls es sich um ein Bundesland handelt, in dem die Eltern die letzte Entscheidung haben.

Das ist eine wichtige Information, weil viele Eltern bei einer Absage meinen, ihr Kind habe vielleicht zu schlechte Noten oder der Eindruck am Anmeldetag sei nicht so gut gewesen.

Sollten Sie Ungereimtheiten bei der Verteilung der Schulplätze vermuten: Fragen Sie bei der Schule oder Schulaufsicht nach. Es könnte sich vielleicht tatsächlich um einen Irrtum handeln, wenn das Nachbarskind eine Zusage und Ihr Kind eine Absage erhalten haben.

11.3. Was tun, wenn die Wunschschule absagt?

Viele Eltern nehmen es persönlich, wenn Ihnen die Wunschschule einen abschlägigen Bescheid sendet: Warum trifft es mein Kind? Die Freundin aus dem Turnverein wird doch auch aufgenommen! Es ist sicherlich schwer für Eltern, eine solche Entscheidung zu akzeptieren.

Tröstlich für Sie als betroffene Eltern könnte sein, dass die unangenehme Erfahrung einer Absage für Ihr Kind oft nach wenigen Monaten vergessen ist, sobald es sich an einer anderen „neuen Schule“ eingelebt hat.

Natürlich ist es ratsam, sich über die im Absagebescheid vorgeschlagene alternative Schule noch einmal in Ruhe zu informieren, ggf. mit Hilfe Ihrer Checkliste. Gibt es eventuell noch weitere Schulen vor Ort, die freie Plätze haben? Oder fällt die Entscheidung doch zugunsten der Privatschule?

Wenn Ihnen die Absage von Ihrer Wunschschule trotz Erläuterung gar nicht nachvollziehbar erscheint, können Sie auch noch den Weg der Klage gehen. Dieser ist nicht immer angenehm, schon gar nicht für das betroffene Kind, wenn es die Diskussionen dazu in der Familie mitbekommt.

Bedenken Sie dabei, dass für Sie kein Anspruch auf Aufnahme in eine bestimmte Schule besteht, sondern lediglich Anspruch auf Aufnahme in den gewählten Bildungsgang.

Auch dabei kann der Elternwille an Grenzen stoßen: Wenn Sie Ihren Sohn oder Ihre Tochter z. B. an einer Integrierten Gesamtschule anmelden und aufgrund der zu hohen Anmeldezahlen an ein Gymnasium verwiesen werden, so wird dieses Vorgehen von den Verantwortlichen als rechtmäßig bezeichnet, weil hier wie dort ein gymnasialer Bildungsgang angeboten wird, auch wenn Sie als Eltern bei der Wahl ein besonderes pädagogisches Konzept vor Augen hatten.

In recht seltenen Fällen ist eine Klage von Erfolg gekrönt, und nur dann, wenn es ein ganz besonderes Argument gibt, weshalb Ihr Kind unbedingt auf eine bestimmte Schule gehen soll.

Impuls 11: Absage Wunschschule. — *Denken Sie im Falle einer Absage zunächst an Ihr wahrscheinlich enttäuschtes Kind! In einer solchen, für die ganze Familie nicht so einfachen Situation ist es hilfreich, dem Kind mit einem ganz einfachen Satz wie „Wir finden eine gute Schule für dich“ Zuversicht zu vermitteln.*

12. Individuelle Unterstützung für den Übergang

Wir kennen sie zur Genüge, diese wohlgemeinten Ausrufe von Oma, Onkel oder den Nachbarn: „Bald musst du ja *richtig* lernen".

Oder: „Für die Stadtteilschule kaufen wir dir einen neuen Schulrucksack. Ihr müsst ja bald mehr hin- und herschleppen, Ihr Armen!"

Oder: „Im Gymnasium weht ein anderer Wind als in deiner Grundschule. Da ist nicht mehr Pillepalle, da geht's zur Sache!"

Als wären die Monate vor dem Übergang in die weiterführende Schule nicht schon aufregend genug für Eltern und Kinder!

Schenken sie diesen „Sprüchen" keine Aufmerksamkeit!

„Zuversichtlich nach vorne denken und klug handeln", heißt die Devise. In den kommenden Monaten können Sie viel Gutes für Ihr Kind tun und dabei vielleicht auch selbst Spaß haben!

12.1. Den Horizont erweitern

Jede Lebensstufe ist eine große Herausforderung für uns Menschen. Sie birgt auch gleichzeitig eine große Chance für unser inneres Wachstum. Und gerade die Zehnjährigen erstaunen uns immer wieder mit ihrer Fähigkeit, schnell dazu zu lernen und dabei große Reifeschritte zu erleben.

Bereits in der Grundschulzeit haben sich die Kinder mit vielen Themen aus ihrer unmittelbaren Umgebung auseinandergesetzt.

Nun spüren die Viertklässler, besonders in den Monaten, bevor sie auf die weiterführende Schule wechseln, dass auf sie bald eine „größere Welt" zukommen wird. In der Regel freuen sie sich darauf und sind schon ganz gespannt.

Die Zeit vor dem großen Übergang können Sie als Eltern mit spannenden Themen gestalten, die indirekt schon auf die neue Schulphase einstimmen.

Es geht dabei nicht darum, Ihr Kind an einer zusätzlichen Institution anzumelden, wo es z. B. schon einmal ernsthaft Englisch für die 5. Klasse in Wort und Schrift üben soll. Das wäre ja nur eine neue Verpflichtung im Sinne unserer Leistungsgesellschaft.

Es geht vielmehr um einige, zunächst kleine Themen, mit denen Sie bei Ihrem Kind Neugier und Lernfreude wecken können und die sich auch mit der Freizeit berufstätiger Eltern vereinbaren lassen.

Wenn Kinder etwas Neues entdecken dürfen, lernen sie dabei auch Fragen zu stellen, um das Neue in der Tiefe zu ergründen. Fragen stellen und weiterdenken – diese Fähigkeiten gehören neben dem recht sicheren Lesen, Schreiben und Rechnen zu den wichtigesten Voraussetzugen für Erfolg auf der weiterführenden Schule.

So könnten Sie oder auch die Großeltern mit Ihrer Tochter oder Ihrem Sohn Schach spielen, wenn sich das Kind dafür interessiert. Es wird seine Konzentrationsfähigkeit trainieren, vorausschauendes Denken lernen und dabei viel Freude haben, denn es darf *mit* Ihnen spielen und nicht nur alleine am Computer.

Ihr Kind hat vielleicht auch Freude daran, über lebensnahe Aufgaben in einfachere Computeranwendungen eingeführt zu werden: die Lieblingsrezepte der Familie abschreiben, ausdrucken und abheften oder das Mailen lernen. Manche Kinder üben gerne dafür schon das Tippen mit zehn Fingern, aber das ist erst einmal noch Kür.

Die Funktion eines Computers kennenlernen und sich die ersten Schritte zum Programmieren erarbeiten interessiert Ihr Kind vielleicht sehr, besonders wenn Sie es dabei begleiten. Dafür eignet sich der Minicomputer *Calliope*[16], den Ihr Kind vielleicht schon von der Grundschule kennt.

„Reisen bildet“, wie bereits Goethe es sagte. Ihr Kind kann im Internet eine nahegelegene Jugendherberge finden, wo Sie gemeinsam ein spannendes Wochenende verbringen können, und das ganz preiswert!

Ausflüge in die Welt des Altertums bieten sich besonders, aber nicht nur, für Kinder an, die in der 5. Klasse Latein lernen wollen: Römische Münzen und römischer Schmuck finden sich in manch einem Museum und faszinieren Kinder immer wieder.

Viele Museen und Jugendzentren bieten in den Ferien altersgerechte Mitmachprogramme an, worüber Ihr Kind in anregender Gemeinschaft die Welt erkunden kann.

Gartenbegeisterte Eltern oder Großeltern können mit Ihrem Kind ein Hochbeet oder ein traditionelles kleines Gemüsebeet anlegen, am schönsten ist das mit anderen Kindern zusammen! Lassen Sie die Kinder dabei experimentieren und herausfinden, warum ihre Tomaten wachsen, die Kohlrabis jedoch vielleicht klein bleiben ...

Liebe Eltern, bei all diesem Tun geht es nicht um meisterliche Kompetenzen, sondern um die Öffnung für die große Welt, und das in echt und nicht auf dem Smartphone!

Je vielfältiger die Erfahrungen in der Welt sind, die ein Zehnjähriger machen darf, und je mehr dabei das eigene Tun im Vordergrund steht, desto differenzierter wird sich sein Blick auf diese Welt entwickeln und er wird nicht aufhören wollen, Fragen zu stellen.

12.2. Vom Seepferdchen zum Fisch

Beginnen wir mit einer bei Mädchen und Jungen sehr beliebten Übung, die den Einstieg in die weiterführende Schule erleichtern kann, nämlich dem Schwimmen!

Die Medien berichten uns von alarmierenden Fakten: die Hälfte aller Drittklässler kann nicht schwimmen! Und das, obwohl Ertrinken eine der häufigsten Ursachen für den Tod von Kindern ist.

Die Deutsche Lebensrettungsgesellschaft ist besorgt und bietet Hilfe an, Schwimmstar Franziska van Almsick engagiert sich in ihrem Verein Schwimmkids e.V. – All die guten Initiativen reichen nicht: Die Hauptverantwortung liegt immer noch bei den Eltern.

Besonders für die Schüler der 5. und 6. Klassen ist es eine große Belastung, nicht richtig schwimmen zu können. „Nicht richtig“ heißt, allenfalls das Niveau „Seepferdchen“ erreicht zu haben. Das ist zwar schon ein erster guter Ansatz, jedoch wird sich Ihr Kind viel wohler fühlen, wenn es sich schon „wie ein Fisch im Wasser“ bewegen kann. Das erleichtert ihm auch den Einstieg in die weiterführende Schule, in der viele neue Anforderungen warten, der Schwimmunterricht bald einsetzt und auf soliden Basiskompetenzen aufbaut.

Sportlehrkräfte erleben häufig, dass selbst Kinder mit „Seepferdchen“ beim Vorschwimmen für die Gruppeneinteilung äußerst unsicher sind. Nochmaliges Anfängerschwimmen ist für diese nicht zu organisieren, wenn es an geeigneten Schwimmbecken und auch an geschultem Personal fehlt.

Also: Schwimmen üben, spätestens in den Sommerferien vor der 5. Klasse! Ihr Kind wird es Ihnen danken.

Hier haben auch Großeltern, Paten oder andere, dem Kind nahestehende Menschen die Möglichkeit, einen sinnvollen Beitrag zur Erziehung zu leisten. Oft sehen wir in der Schwimmhalle, wie sie mit Geduld und großer innerer Anteilnahme mitverfolgen, wie das Kind schwimmen lernt. Das gemeinsame Erleben schafft eine gute Vertrauensbasis zwischen den Generationen und die Eltern fühlen sich spürbar entlastet.

12.3. Kleine Schwächen aufarbeiten

Es ergibt durchaus Sinn, bereits in der 3. und 4. Klasse durch Gespräche mit den Lehrkräften herauszufinden, wo die Stärken und Schwächen im Lernverhalten eines Kindes liegen. Schließlich lässt sich bis zur 5. Klasse, besonders auch in dem halben Jahr nach der Anmeldung an der weiterführenden Schule, ohne Stress noch ein wenig üben, bevor der Schulwechsel stattfindet.

Lesen, Schreiben, Rechnen – diese Grundfertigkeiten können bei Bedarf in den Monaten vor dem Schulwechsel noch einmal spielerisch, kreativ und mithilfe anregender Materialien angegangen werden.

Bitte denken Sie jetzt nicht, dass Ihr Kind unbedingt ein Computerübungsprogramm absolvieren oder in ein Nachhilfeinstitut gehen muss, um auf der nächsten Schule zu bestehen!

Es ist ganz normal, dass Fünftklässler noch nicht ganz firm in der Rechtschreibung sind oder Textaufgaben in Mathematik nicht immer verstehen.

Es geht beim zusätzlichen Üben nur um die Grundfertigkeiten!

Die gute Nachricht: Es gibt gute Synergieeffekte zwischen Lese-, Schreib- und Rechenkompetenz!

12.4. Lesen und Schreiben

Lesen ist der Schlüssel zum eigenständigen Lernen. Wenn ein Kind gut und gerne liest, kann es sich über Bücher und bald auch über altersgerechte Internetnutzung die Welt erobern.

Lesen hilft auch in der Mathematik: Ein Kind, welches genau liest, hat in der Regel keine Schwierigkeiten mit Textaufgaben. Es kann die wesentlichen vorgegebenen Elemente herausfiltern und für die gesuchte Größe eine Rechnung aufstellen. Wer keine Scheu vor Zahlen hat und super im Kopf rechnen kann, aber nicht gut liest, kann die Textaufgabe nicht lösen. Das ist heute ein häufiges Problem.

Am besten ist es, Sie sind ein gutes Vorbild und haben auf Ihrem Nachttisch immer Bücher liegen, über die Sie auch gerne sprechen. Auch ein neun- oder zehnjähriges Kind freut sich, wenn Sie regelmäßig mit ihm vor dem Schlafengehen eine Reise durch ein Buch machen. Vielleicht möchte es auch einige Passagen gerne selbst laut lesen.

Lesen muss geübt werden und das dauert bei manchen Kindern recht lange. Also nie den Mut verlieren! Viele Kinder gehen gerne mit ihren Eltern in die städtische Bücherei oder den Bücherbus. Großeltern schenken auch gerne ein Abo für eine gute Zeitschrift für Kinder. Sprechen Sie mit Ihrem Kind über die Inhalte der Bücher oder Zeitschriften, wenn es sich anbietet, nicht als Lernprogramm!

Geübter Umgang mit dem Füller und sicherer Umgang mit der Rechtschreibung: Kein Computer kann dem Kind das Lernen dieser Grundfertigkeiten abnehmen. Natürlich lassen sich individuelle Schwächen über Rechtschreibprogramme glätten. Ich kenne allerdings kein Kind, das dies längerfristig gerne tut. Es lohnt sich auf lange Sicht, an den Defiziten gemeinsam mit einer Bezugsperson intensiv zu arbeiten, um möglichst sicher schreiben zu lernen.

„Lesen durch Schreiben“ heißt der Schreiblehrgang, bei dem Kinder über Anlauttabellen angeleitet werden, selbst die richtigen Buchstaben für ihre Texte zu finden. Sie als Eltern können mit Unterstützung der Lehrkraft lernen, wie man Jungen und Mädchen dazu hinführen kann, ihre Fehler zu entdecken und zu korrigieren.

Neuerdings tendieren viele Grundschulen wieder zur lehrgangsmäßigen Vermittlung der Normschrift oder bieten im Sinne eines individuellen Unterrichts unterschiedliche Zugänge zum Schreibenlernen gleichzeitig an.

Ganz gleich, welche didaktisch-methodischen Vorlieben die Grundschule Ihres Kindes hat: Es lohnt sich vielleicht für Sie, sich einmal mit dem von einzelnen Bundesländern empfohlenen Grund- oder Basiswortschatz für die Grundschule zu beschäftigen und stichprobenweise herauszufinden, ob Ihr Viertklässler diese je nach Bundesland zwischen 700 bis 1000 aufgelisteten Wörter wirklich einigermaßen korrekt lesen und schreiben kann. Wenn nicht, tun Sie ihm einen großen Gefallen, wenn Sie mit ihm die noch nicht im Bewusstsein verankerten Wörter ein wenig üben, bevor die weiterführende Schule beginnt.

Im Glücksfall hat die Lehrkraft in der 4. Klasse das Ziel Grundwortschatz im Unterricht immer vor Augen gehabt und zeigte ihre Lerngruppe genügend Konzentration, um daran zu arbeiten. Andernfalls könnten Sie bzw. die Großeltern oder andere Vertraute Ihres Kindes einspringen, am besten über einen spielerischen Zugang mit Kärtchen oder auch als Download zum Basteln eigener kleiner Übungen [39, 60].

12.5. Mathematik: der zuverlässige Freund!

Ein *No-Go* ist es, wenn Erwachsene und vor allem Eltern im Beisein von Kindern stolz behaupten: „In Mathe war ich auch immer schlecht."

Damit können sich solche Eltern vielleicht beim Stammtisch brüsten oder bei ihrem Kind beliebt machen – helfen tun sie ihm keineswegs. Im Gegenteil: Sie verstärken bei ihm möglicherweise die Unsicherheit gegenüber Mathematik bis hin zu einem dauerhaften Minderwertigkeitskomplex. Denn heute ist es keineswegs mehr schick zu behaupten, dass man kein Talent für Mathe hat und trotzdem gut durch's Leben kommt.

Neuerdings wird besonders betont, wie wichtig die MINT-Fächer für das Verstehen unserer komplexen Welt sind, also Mathematik, Informatik, Naturwissenschaften und Technik. Grundlegendes Wissen im MINT-Bereich ist notwendig, um am gesellschaftlichen Diskurs teilnehmen zu können. Man denke nur an MINT-Themen wie Dieselfahrverbot, autonomes Fahren oder die Forderung nach einer Impfpflicht.

Dabei ist Mathematik wichtige Grundlage für alle MINT-Fächer. Denn Mathematik hilft, sich eine faktenbasierte Denkweise anzugewöhnen, und das ist im heutigen postfaktischen Zeitalter wichtiger denn je.

Man kann allerorten lesen, dass jemand, der in der Schule gut in Mathe war, sich um einen späteren spannenden Beruf kaum Sorgen machen muss. Und ganz nebenbei: Ingenieure, Vertreter eines klassischen MINT-Berufs, werden überaus gut bezahlt!

Vergessen Sie, Mathematik habe nur etwas mit Kopfrechnen und Kapieren komplizierter Sachverhalte zu tun. Das war in Ihrer Schulzeit vielleicht noch der Schwerpunkt im Unterricht.

Heute ist das Schulfach Mathematik zu großen Teilen dicht an unserer Realität angesiedelt und daher wohl auch schon in der Grundschule beliebt: Es geht z. B. viel um Schätzen oder auch die Fähigkeit, geometrische Körper zu erkennen. Dieser praxixbezogene Ansatz setzt sich bis in den Unterricht der Oberstufe fort: Schüler lernen, Lösungen für komplexe praktische Fragestellungen mathematisch zu modellieren.

Kaum ein anderes Fach hat eine so große Vielfalt an Themen zu bieten. Natürlich gehört die Beherrschung der Grundrechenarten für all diese Anwendungsbereiche der Mathematik dazu!

Man kann mit gutem Recht sagen: Mathematik gehört wie Lesen und Schreiben sowie Englisch zu den Kulturtechniken, denen sich keiner entziehen sollte.

Also, liebe Eltern: Wenn Ihr Kind von sich aus in der Grundschule nicht allzu viel Begeisterung für Mathematik gezeigt hat und die

Erfolge noch auf sich warten lassen, dann ist die Zeit vor der weiterführenden Schule der ideale Zeitraum, um mit praktischen Übungen Freude am Knobeln und Lösen von Aufgaben zu wecken. Das geht auch ohne Druck und Stress!

Welche Methode die beste für Ihr Kind ist, wird sich bald herausstellen, denn es gibt viele Wege zur Freude an der Mathematik. Sie oder interessierte Familienmitglieder möchten diese vielleicht mit ihm ausprobieren:

Regen Sie Ihre Tochter oder Ihren Sohn immer wieder zu Schätzungen an! Dadurch entwickeln und verfestigen sich korrekte Vorstellungen über Größenordnungen, die dann wiederum helfen, berechnete Ergebnisse auf Plausibilität zu überprüfen.

Wie wäre es z. B. mit realitätsnahen Überlegungen: „Wie lang ist unser Auto“, „wie viele Autos passen auf den Parkplatz“ oder „wie viele Menschen können bequem in diesem großen Becken schwimmen?“. Hier kann man von der Anschauung über das Raten mithilfe von Meter-Schritten und kleinen Überschlagsrechnungen zu vernünftig geschätzten Werten kommen.

Für wiederholendes Üben ist immer wieder das Lernen mit Spielen wie z. B. den LÜK-Kästen beliebt [74]. Kopfrechnen lässt sich häufig im Alltag üben, wenn es ansteht und Sinn macht, z. B. beim Ausrechnen, was man sich mit dem Taschengeld leisten kann oder wie lange man warten muss, bis der nächste Bus kommt.

Einem Kind, welches noch unsicher im Rechnen ist und klare Vorgaben mag, könnte ein Wiederholungsbüchlein mit recht einfachen Übungen und motivierenden Kurztests wie z. B. *Das Förderheft 4* [63] helfen.

Wer gerne zeichnet und der Geometrie auf kreative Weise auf die Spur kommen möchte, wird *Das ist kein Mathebuch* [72] mögen.

Wenn ein Kind gerne handlungsorientiert lernt und dazu noch Freude am Spielen, Nachdenken und Lösen kleiner Aufgaben hat, greift es sicher gerne zu Spielen wie *Spiel, Spaß, Mathe-Ass* [52].

Mädchen und Jungen, die sich für geometrische Figuren interessieren, mögen sicher gerne Bücher wie *Mathe sofort kapiert*[50]: Sie dürfen daraus vorgestanzte geometrische Figuren herauslösen und damit über verschiedene Aufgabenstellungen die Anschauungskompetenz schulen.

Manch literarisch veranlagtes Kind freut sich, wenn Sie ihm vom Zahlenteufel vorlesen. Er ist der Protagonist eines reizenden, schon seit längerer Zeit erfolgreichen Buches, in welchem der Autor ENZENSBERGER in Romanform die Sorgen und Nöte junger Menschen mit der Mathematik aufgreift und ihnen mit Hilfe sorgfältig ausgewählter Erklärungen die Angst vorm Versagen nimmt [22].

Wenn Sie in der Buchhandlung oder im Internet stöbern, finden Sie sicherlich noch weitere Titel, die ihnen zusagen könnten.

Impuls 12: Mathematik. — *Was auch immer sich als geeigneter Weg für Ihr Kind herauskristallisiert: Lassen Sie es beim Wiederholen oder Vertiefen von Mathe nicht nur alleine arbeiten! Nutzen Sie die Chance, selbst Freude an den vielfältigen Themen zu gewinnen und sich auszutauschen!*

12.6. Fremde Sprachen und Kulturen erleben

Manchen Eltern mit lernfreudigen Kindern ist das Grundschulenglisch oder -französisch nicht genug und sie wünschen gerade für die frühen Jahre mehr Anregung.

Wenn es in Ihrer Stadt ein Institut Français gibt, haben Sie die Chance, dass dort ein Französischkurs mit Singen und Spielen für Kinder angeboten wird oder zumindest eine Bücherei mit französischen Büchern und CDs für Kinder.

Natürlich gibt es auch für andere Sprachen Kurse und Gruppen, z. B. machen auch manche Vereine oder Volkshochschulen spezielle Sprachangebote für Kinder. Es geht dabei im Wesentlichen um die Begegnung mit dem Klang einer Fremdsprache, dem Versuch, diesen nachzuahmen und dabei Freude zu entwickeln.

Ein aufgeschlossenes Elternhaus lebt eine offene Grundhaltung gegenüber Menschen aus dem Ausland vor und pflegt mit ihnen vielleicht auch freundschaftliche Beziehungen. Es ermutigt Kinder,

Kameraden aus aller Welt zu sich nach Hause einzuladen, die sie aus der Schule, vom Sport, aus der Musikschule oder von den Ferien her kennen.

Haben Sie schon von der großartigen Möglichkeit gehört, Ihr 11-jähriges Kind an einem internationalen CISV-Ferienprogramm in den Sommerferien teilnehmen zu lassen? Die Organisation hinter dem Camp,„Children's International Summer Villages“, gibt es schon seit 1950 [17]!

Gehen wir doch mit Sophies und Elifs Familie zum Tag der offenen Tür beim CISV-Sommercamp:

Szene 17: CISV-Sommercamp. — *Sophie und Elif sind auf der Autofahrt zum Sommercamp schon ganz aufgeregt. Die Eltern auch ein wenig, denn schließlich geht es darum, dass ihre Töchter im nächsten Sommer vielleicht an einem solchen internationalen Camp teilnehmen können. Dort werden sie sicherlich ein bisschen mutiger und selbstbewusster, denken sie, und sie werden auf natürliche Weise ein wenig Englisch sprechen lernen.*

Nach einer Stunde Fahrt entdecken die Besucher schon die CISV-Fahne auf dem Gelände einer schönen großen Dorfschule, die mit Hilfe zahlreicher ehrenamtlicher Helfer für vier Wochen in ein Camp umgebaut worden ist.

Elif und Sophie springen aus dem Auto und treffen sogleich auf zwei Teilnehmer, die den Empfangsdienst auf dem Parkplatz machen. Elif fragt kichernd: „You are from?“—„Korea“, antwortet der eine, der andere sagt stolz: „Vancouver Island“.

Sophie möchte wissen, wo die Kinder, die aus 12 Nationen zusammengekommen sind, schlafen und fragt mit einer Geste: „Sleep?“ — „We show you“, erwidert der Kanadier und die vier gehen in einen der Klassenräume, in dem mehrere Stockbetten aufgebaut sind. „Cool“, sagen beide Mädchen und sind beeindruckt. Dann zeigen ihnen die Jungen noch den Plan für den folgenden Tag, der in großen Lettern auf ein Poster geschrieben ist: „7am: Flagtime, 7:30: Breakfast, 8:30 – 12:00 Choose your favourite workshop, 12:30: Lunch, 14:00 Excursion to a stalactite cave, 6pm: Presentation of the Bulgarian delegation. 7pm: Dinner and free time, 21:00 Bedtime.“

Auf einmal ertönt ein Gong und die beiden Campteilnehmer eilen davon: „Sorry, we must leave“, rufen sie den Mädels noch fröhlich zu.

Sophie und Elif schauen sich begeistert an und beschließen, dass sie im kommenden Jahr, wenn sie elf sind und schon ein Jahr auf die weiterfüherende Schule gegangen sind, auch in ein CISV-Sommercamp möchten, wenn die Eltern es erlauben und sie einen Platz bekommen.

Die meisten Kinder, die ein solches *summer village* besucht haben, sind total begeistert! Sie haben dort mit Kindern aus aller Welt gespielt und den Alltag gestaltet. Sie haben keinen Sprachkurs besucht, sondern gelernt, mit bescheidenen Sprachbrocken und vor allem Händen und Füßen zu kommunizieren und dabei die Scheu vor dem Fremden zu überwinden.

Wer einmal dabei war, engagiert sich auch gerne in weiteren Jahren für CISV, denn es werden auch internationale Feriencamps für ältere Jugendliche angeboten.

Wenn Sie lieber einen Sprachkurs, verbunden mit kindgerechtem Ferienprogramm buchen wollen, so finden Sie im Internet zahlreiche Angebote im Ausland wie auch in Deutschland.

Nicht nur Frankfurter Schüler haben es gut: Der Verein Wegscheide, im Internet unter [48] zu finden, bietet u. a. recht preiswerte Englischcamps auch für Nicht-Frankfurter an.

Vielleicht finden Sie in der Nähe Ihres Wohnorts ähnliche Möglichkeiten.

Impuls 13: Sommercamp. — *Wenn Ihr Kind und Sie sich für ein internationales CISV-Sommmercamp interessieren, müssen Sie ca. ein Jahr im Voraus mit den Planungen und Vorbereitungen beginnen. Setzen Sie sich mit dem nächstliegenden CISV- Chapter in Verbindung!*

12.7. Vorbild sein: Selbst gerne weiterlernen!

Sie haben die große Chance, Ihrem Kind über Ihre Erziehung im Elternhaus Schätze für die Zukunft mitzugeben!

Viele Eltern meinen es genüge, Ihrem Kind ein Maximum an Lernförderung anzubieten, damit aus ihm ein erfolgreicher Schüler wird. Leider geht diese Rechnung nicht auf. Im Gegenteil: Auf Kinder wirkt es eher befremdlich, wenn sie zusätzlich zur Schule dies und das „für ihre Bildung" lernen oder tun sollen, wenn es nicht in der Familie verankert ist. Eltern, die im Schwimmbad bestenfalls das Brustschwimmen pflegen, werden ihr Kind nur mit Schwierigkeiten ermutigen können, doch auch mal auf dem Rücken zu schwimmen! Ein guter Guide ist immer auch ein gutes Vorbild.

Vielleicht gelingt es Ihnen, Beruf und Alltag hier und dort durch Weiterlernen zu bereichern und darüber nah bei den Themen Ihres Kindes zu bleiben.

Manche Eltern besuchen z. B. einen VHS-Kurs, um ihre eigenen Sprachkenntnisse aufzufrischen.

Einige altsprachliche Gymnasien kommen in der Mittelstufe auf die Eltern zu: Sie bieten Einführungen in Altgriechisch für Eltern an und schaffen damit eine Verbindung zwischen Schule und Elternhaus.

Oder wenn Sie eine Familienreise ins Ausland, z. B. nach Spanien, planen: Zeigen Sie durch Ihr Interesse, dass ein bisschen Spanisch zu lernen einfach dazugehört. Fangen Sie an, ein wenig zu üben! Ihr Kind wird wahrscheinlich gerne in spielerischer Form mitmachen und Freude an einigen Brocken Urlaubssprache haben.

Ihre Aufgeschlossenheit und Ihr Interesse am Weiterlernen sind eine wesentliche Voraussetzung dafür, dass Ihr Kind Lernen nicht nur als ein „Ich muss", sondern auch als ein „Ich darf" begreift.

12.8. Verantwortung zutrauen

Jetzt ist eine gute Zeit, Ihr Kind an verantwortungsvolle Mitarbeit in der Familie heranzuführen und sie hier und dort auch einzufordern. So kann es für die Anforderungen, die in den Jahren an der weiterführenden Schule zunehmen, fit gemacht werden. Allzuviel *Sugarcoating* ist für die neue Phase der Kindheit und bald Adoleszenz nicht mehr angesagt! Denken Sie daran: Ihr Kind will nicht stehenbleiben. Es will weiter wachsen. Es spürt, dass es bald einen großen Schritt nach vorne machen darf und ist bereit dafür.

Sicherlich hat Ihr Kind das ein oder andere schon zum Haushalt beigetragen: Müll hinaustragen, beim Einkauf helfen, Tisch abräumen und ähnliches. Aber mit zehn kann und sollte ein Kind noch weitere Aufgaben verrichten, z. B. die Verantwortung für Ordnung und Sauberkeit im Kinderzimmer übernehmen. Eine solche Aufgabe ist nicht sehr beliebt, jedoch nötig, um Ihrem Kind zu vermitteln, dass ein ordentlich geführter Haushalt nicht vom Himmel fällt und dass man sich darum jeden Tag kümmern muss. Wenn Sie Ihrem Kind bei dieser Arbeit eine größtmögliche Gestaltungsfreiheit einräumen, wird es die Aufgabe lieber übernehmen. So könnte es z. B. in begrenztem Rahmen auch entscheiden, wie die Möbel im Raum platziert werden sollen, wo welches Bild an der Wand passen könnte und wie die Schränke eingeräumt werden. Natürlich muss alles am Ende halbwegs ordentlich und sauber sein. Je mehr Kreativität und Freiheit Sie Ihrem Kind bei der Gestaltung seines Raumes zugestehen und es wirklich einmal alleine ausprobieren lassen, desto selbstständiger wird es dabei. Schließlich soll es nicht nur leistungsstark, sondern vor allem auch lebensstark werden! Dafür braucht es genügend „Gedeihraum", wo es Fehler machen und korrigieren darf.

Ein „attraktiveres" Beispiel könnte sein, einen Familienausflug zu planen. Ihr Kind kann dabei lernen, mit Hilfe des Internets Fahrpläne von Bahn und Bus zu studieren. Es kann am Computer wie auch mit einer echten Landkarte lernen, Wegstrecken herauszufinden oder über eine Tourismus-Webseite einen Wandervorschlag zu finden. Selbstverständlich müssen Sie dabei hier oder dort helfen, jedoch lernen Kinder sehr rasch, mit anwendungsorientierten Aufgaben umzugehen, und sind dann zu Recht stolz, wenn der Familienausflug gut klappt.

Nicht vergessen: Loben Sie Ihr Kind, wenn es sich hier und dort zu einem zuverlässigen Arbeitspartner entwickelt. Das hat es verdient!

Teil IV.

Auf die Eltern kommt es an: Werte wirken Wunder!

13. Elternarbeit lohnt sich!

Ein für Sie vielleicht ungewohntes Bild, besonders auch in einer weiterführenden Schule: Da gehen Eltern ein und aus. Sie nehmen nicht nur an Gremiensitzungen, sondern auch an Arbeitsgruppen rege teil. Vielleicht sind sie auch gerade auf dem Weg in die Direktion, wo die Schulleitung sie zu Kaffee und Kuchen eingeladen hat, um zusammen mit Schülern und Lehrkräften Pläne für das Projekt Schulgarten zu schmieden.

Während sich die Eltern in der Generation Ihrer Eltern noch ganz aus dem Schulbetrieb heraushielten, sind Ihre Eltern vielleicht ein paar Mal in der Schule aufgetaucht, um mögliche Missverständnisse oder Schwierigkeiten zu glätten.

Die Kultur der Elternmitarbeit hat sich in den letzten Jahrzehnten völlig neu entwickelt, zum Segen der Schülerinnen und Schüler und der gesamten Schule.

Impuls 14: Elternmitwirkung. — *Über den Bildungsserver Ihres Bundeslandes können Sie sich umfassend über die Möglichkeiten der Elternmitwirkung informieren, so z. B. in Rheinland-Pfalz auf der Webseite [43].*

13.1. Wer mitarbeitet, kann nur gewinnen

Die gute Nachricht: Sie können dabei nur gewinnen:

1. Sie bekommen über Ihr Engagement in der Schule einen authentischen Einblick in die Themen, die Arbeitskultur und das Betriebsklima der Schule Ihres Kindes. Das kann man sich nicht eben mal erfragen.

2. Sie lernen über Ihr Engagement zahlreiche gleichgesinnte Eltern kennen, die sich auch untereinander unterstützen.

3. Sie tun etwas sehr Sinnvolles: Sie tragen zum Wohl Ihres Kindes, zum Wohl vieler Kinder und damit zum Wohl der gesamten Schule bei.

4. Sie gewinnen Verständnis für innerschulische Vorgaben und Zwänge. Sie lernen den Spielraum einzuschätzen, in dem sich Lehrerhandeln bewegen kann.

13.2. Auch kleine Einsätze helfen

Wenn Eltern gefragt werden, ob sie in der Schule mitarbeiten möchten, ist oft die spontane Reaktion: „Wann soll ich denn das noch machen?“

Hier ein paar Beispiele für kleine Einsätze, die Ihrem Kind und der Schule zugutekommen:

Die Mitgliedschaft im Förderverein Ihr Zeitgeschenk bedeutet etwa drei bis vier Sitzungen im Jahr, wo in einem kleineren Kreis von Eltern und Lehrpersonal beschlossen wird, wie die Mitgliedsbeiträge und Spenden am sinnvollsten auf Schulprojekte oder auch auf finanzschwache Elternhäuser verteilt werden. Drei bis vier Abende auf das ganze Jahr verteilt, dafür gibt es wohl keine Ausrede. Und vergessen Sie nicht: Ihrem Kind kommt es indirekt zugute, wenn Sie über diese Treffen des Fördervereins Informationen über die Schule erhalten und wertvolle Kontakte knüpfen können. Da sitzt z. B. neben Ihnen ein Vater, der schon das vierte Kind an dieser Schule hat und die Abläufe genau kennt. Der ermutigt Sie als Neuvater oder Neumutter, ihn doch einfach mal anzurufen, wenn Sie eine Frage haben.

Falls es mit der aktiven Mitgliedschaft zeitlich nicht klappt: Die Mitgliedschaft alleine ist schon ein Gewinn für die Schule, die jeden Euro für viele Vorhaben und besondere Projekte benötigt. Über die Protokolle können Sie sich auf dem Laufenden halten.

Kleine einzelne Dienste für die Schule übernehmen Wenn Sie im Alltag zu belastet sind, um einen regelmäßigen Dienst in der Schule zu übernehmen, so helfen punktuelle Einsätze. Ihr Kind sagt es Ihnen

1. *Beim Schulbuchbasar Ende des Schuljahres mithelfen.*
2. *Beim Kleiderbasar mithelfen.*
3. *Im Dezember einen Weihnachtsbaum oder einen Adventskranz für die Schule besorgen; in der Regel bezahlt der Förderverein!*
4. *Beim Sportfest mithelfen.*
5. *Bei aktuellen Anlässen wie Sommerfesten Kuchen backen.*
6. *Die eigene Berufskompetenz bei Veranstaltungen zur Berufsberatung für ältere Schüler einbringen.*
7. *Gestaltung des Schulgebäudes.*

Tafel 13.1.: Mithilfe in der Schule

nicht direkt, findet es aber cool, wenn Sie hier und dort mithelfen und dabei seine schulische Lebenswelt entdecken.

Bereits eine *hands-on*-Aktion pro Jahr kann zur Verbesserung der Schulqualität wie auch der Atmosphäre einer Schule beitragen. Ein paar Anregungen dazu sind in Tafel 13.1 zusammengestellt.

Haben Sie vielleicht Erfahrung im Bereich Innenarchitektur? Dann können Sie, vielleicht auch zusammen mit Schülern, die Anordnung neuer Vitrinen im Gang konzipieren und mit den Lehrern und der Schulleitung abstimmen.

Sogar für das vieldiskutierte Thema der verwahrlosten Schultoiletten lassen sich manchmal gemeinsame Lösungen finden.

Einige von Ihnen werden jetzt sagen: „Um all diese Dinge soll sich doch die Kommune kümmern, wir zahlen ja schließlich genug Steuern.“ Ich kann diesen Einwand gut nachvollziehen, doch glaube ich nach vierzig Jahren Schulerfahrung nicht mehr daran, dass unsere Schulen mit einem großzügigen Geld- und Personalsegen rechnen können, zumindest nicht in naher Zukunft.

Regelmäßige Dienste Regelmäßige Dienste für die Schule erfordern durchaus Zeit und Einsatz, sind jedoch vom Umfang her gut planbar.

Wie wäre es mit zwei monatlichen Einsätzen von etwa zwei bis drei Stunden in der Schülerbibliothek?

Das könnte auch eine lohnende Aufgabe für Großeltern sein. In vielen Schulen wirken auch kompetente Großeltern mit, nicht nur, weil der Alltag der Mütter und Väter vom Beruf diktiert ist, sondern auch, weil sie sich recht fit fühlen und die Mitarbeit in einem großen Betrieb und den Umgang mit jungen Leuten genießen.

Der Vorteil von regelmäßigen Diensten gegenüber punktuellen Einsätzen ist, dass über die Jahre feste Unterstützungsgruppen entstehen, so z. B. „die Bibliothekseltern", die in freundschaftlichem Miteinander arbeiten und auch gerne feiern!

Daneben gibt es z. B. auch „die Mensaeltern", die ein- bis zweimal im Monat beim Essen in der Mensa mithelfen. Auch diese bilden an vielen Schulen eine fröhliche Gemeinschaft, die sie für die so wichtige und sinnvolle ehrenamtliche Arbeit belohnt.

13.3. Coole Elternabende – ja, die gibt es!

Elternabende sind bei vielen Eltern nicht so beliebt, vor allem auch, weil sie manchmal „aus dem Ruder laufen".

Sie haben während der Grundschulzeit Ihres Sohnes oder Ihrer Tochter vielleicht auch schon ab und zu diese Erfahrung gemacht: Nach einem langen Arbeitstag kommen Sie ziemlich erschöpft in die Schule gesaust und müssen dann erleben, wie manche Eltern die Rednerliste nicht einhalten, ihre Beiträge viel zu lang sind oder ein Grüppchen von Eltern emotional wird und sich laut empört! Es kann auch vorkommen, dass ein Pädagoge sein neues Lehrwerk besonders ausführlich vorstellt, so dass keine Zeit mehr für andere Themen bleibt.

Ähnlich erging es Elifs Vater.

Szene 18: Segeltörn. — *„Schatz, geh' du heute zum Elternabend der 5c, du weißt ja, Elifs Klasse", ruft Elifs Vater seiner Frau zu, die gerade zur Tür hereinkommt. „Ich bin zwar heute dran mit Elternabend, aber mein letzter Elternabend in der 9. Klasse von*

Aysha war so ätzend: Da wurde ewig lang über das Kochen beim geplanten Segeltörn auf dem Ijsselmeer diskutiert, bis uns der genervte Hausmeister um kurz vor halb 11 erst per Klingelzeichen und dann persönlich rauswarf, die Erlösung! Auch noch im Treppenhaus hat Inez' Mutter ausgemalt, welche gesundheitlichen Risiken auf unsere Kinder zukommen und wie sehr sie sich an Deck langweilen werden!"

Nach einer kleinen Diskussion zieht schließlich Elifs Mutter los und hofft, dass der Abend nicht allzu unerfreulich wird. Sie folgt den Wegweisern im Schillergymnasium, die sie zum neuen Musiksaal führen, und wird dort von den beiden frischgebackenen Elternsprechern, Sophies Mutter und Rolands Vater, begrüßt. Elifs Mutter ahnt schon, dass es heute eine besondere Elternversammlung wird.

Szene 19: Tagesordnung. — *Der Saal ist luftig, die Eltern sitzen im Kreis, vor ihnen auf dem Boden lesbare Schilder mit ihren Namen und denen des jeweiligen Kindes. Unter ihnen sitzt auch das Klassenleitungsteam, stets bereit, Auskunft zu geben.*

Die Elternvertreter machen die Tagesordnung über den Beamer allen Eltern zugänglich.

Zu jedem Tagesordnungspunkt gibt es eine Zeitvorgabe zwischen 5-10 Minuten, Beginn 19:30, Ende 20:30.

Ganz unten ist in kursiver grüner Schrift vermerkt: Anschließend wollen wir in der Ratsstube unsere Versammlung in gemütlicher Runde fortsetzen!

Vom Pult können sich alle eine Broschüre zur Elternmitarbeit mitnehmen.

Tatsächlich läuft der Elternabend wie geplant: Die Elternsprecher machen immer wieder deutlich, dass der Erfolg der Elternarbeit in der 5c von allen Beteiligten abhängt, und werben erfolgreich um Mitarbeit:

Hassans Vater bietet an, eine Namens- und Email-Liste aller Eltern zu erstellen, vorausgesetzt, die Eltern sind mit der Weitergabe ihrer Daten einverstanden. Dann kann man sich unkompliziert miteinander verständigen, z. B. auch, wenn ein Kind krank ist und die Hausaufgaben haben möchte. Applaus!

Max' Mutter wünscht, dass sich der junge Englischreferendar Herr Schwarz alias Mister Black beim nächsten Elternabend vorstellt und sein Konzept genau erklärt, insbesondere verschiedene Methoden des Vokabellernens. Andere Eltern stimmen dem Vorschlag zu. Außerdem meinen einige, der junge Pädagoge komme in letzter Zeit manchmal zu spät in den Unterricht und wirke recht nervös, so sagen es ihre Kinder. Rolands Vater will sich wegen des Vokabellernens mit Herrn Schwarz in Verbindung setzen. Er hebt hervor, dass die Kinder viel bei ihm lernen und ihn mögen. Wegen des Zuspätkommens möchte er erst noch einmal zwei Wochen abwarten, bis Herr Schwarz seine Examenslehrproben hinter sich hat. Applaus!

Mehrere Eltern loben den Musikunterricht und wünschen, dass das Ausleihen von schuleigenen Instrumenten bald auch für die „Neuen“ in Gang kommt. Gülgüns Mutter ist als Bibliotheksmutter öfter in der Schule und wird mit Herrn Zirner sprechen. Applaus!

Fionas Vater möchte einen Grillabend für die Kinder und Eltern organisieren, vier weitere Eltern sagen ihre Hilfe zu. Applaus!

Unter dem Tagesordnungspunkt „Verschiedenes“ werden noch ein paar weitere Themen angesprochen.

Anschließend gehen fast alle Eltern noch mit in die Ratsstube, auch die beiden Leherkräfte. Es wird geplaudert und gelacht.

„Was für nette Väter und Mütter doch in dieser Klasse sind“, denkt Elifs Mutter auf dem Nachhauseweg. „Wir werden alle mithelfen, in der 5c gute Schule zu machen.“ Daheim berichtet sie ihrem Mann von den professionellen Elternvertretern und ihrer positiven Ausstrahlung. Beim nächsten Mal möchte er auch mitkommen!

Sie haben richtig gelesen: So schön kann Schule sein! Nämlich dann, wenn die Elternvertreter, wie im Schulgesetz vorgesehen, die Verantwortung für das Gelingen ihrer Elternversammlungen übernehmen. Sie brauchen nur ein bißchen Grips und Mühe in die Vorbereitung zu stecken, um Punkt für Punkt professionell und zeitsparend abzuwickeln. Anregungen finden Sie in *Elternabend* [42].

Elternthemen 1: Themenspeicher. — *Liebe Elternsprecher: Greifen Sie beherzt ein, wenn ein Elternabend zu zerfasern droht!*

Wenn Sie die anstehenden Themen ökonomisch planen und darüber hinaus nur ganz dringliche weitere Anliegen zulassen, werden Ihnen die meisten Eltern dankbar sein!

Hilfreich dabei ist vielleicht ein Themenspeicher für weitere Elternabende, den Sie während des Elternabends für alle sichtbar als Liste an der Tafel präsentieren. So geht kein Thema verloren!

13.4. Teamplayer in den Schulelternbeirat!

Engagement auf Schulebene bedeutet, nicht nur an das Glück des eigenen Kindes zu denken, sondern das Wohl der ganzen Schulgemeinschaft vor Augen zu haben.

Dafür braucht es, wie auf der Ebene der Klassenelternvertretung, Teamplayer, die sich als tatkräftige und wirkungsvolle Gemeinschaft verstehen.

Wenn Sie einmal auf den Homepages von Schulen stöbern, finden Sie manchmal spannende Seiten, auf denen sich Schulelternbeiräte präsentieren.

Sie finden auf den zweiten Blick oder besser noch auf Nachfrage schnell heraus, ob diese Schulelternbeiräte nur die „Garnierung“ einer Schule sind oder tatsächlich Arbeitspartner auf Augenhöhe!

Ein guter Schulelternbeirat ist immer bestens informiert. Die Beiratsmitglieder sind in allen Servicebereichen der Schule vertreten: im Mensadienst, in der Schulbibliothek, beim *Second Hand* Schulbuchverkauf usw.

Natürlich nehmen gute Elternbeiräte ihre Möglichkeiten der Partizipation ernst, z. B. die Teilnahme an Fachkonferenzen, an der Gesamt- oder Schulkonferenz oder an der Gruppe Schulentwicklung. An manchen Schulen sind sie auch im Krisenteam aktiv. Sie wissen um ihre Einflussmöglichkeiten, die häufig unterschätzt werden.

Schulelternbeiräte berichten immer wieder, dass sie, je tiefer sie in die komplexe Welt der Schule einsteigen, desto mehr Freude an den vielseitigen Aufgaben haben, weil sie sinnvoll sind. Auch nach dem Ausscheiden aus „ihrer“ Schule können Elternbeiräte ihr Engagement fortsetzen, wie sich am Beispiel des Frankfurter Vereins *Eltern für Schule e.V.* [70] zeigt.

13.5. Gemeinsame Schulentwicklung

Gemeinsam an einem Strang ziehen:

Das ist die Königsdisziplin für die Eltern in Partnerschaft mit der Lehrerschaft und den Schülerinnen und Schülern!

Wenn wir uns die Berichte zu den besonders guten Schulen anschauen, die vom Deutschen Schulpreis seit über zehn Jahren zu Siegern gekürt werden, fällt auf, dass all diese Schulen sich auf die „Kunst der Gemeinsamkeit" verstehen.

Keine Schule kann das Siegertreppchen besteigen, wo nur die Lehrer das Sagen haben oder die Schulleitung alles alleine entscheidet.

Auch sind die Preisträgerschulen keineswegs Eliteschulen, in denen es nur um Leistung geht. Natürlich stehen der Unterricht und dessen Erfolg im Vordergrund, jedoch geht es guten Schulen auch darum, dass sich die Schüler angemessen artikulieren und einbringen können und daraus Lebensmut und Lebenskraft gewinnen.

Gemeinsam Kleines und Großes gestalten „Die Kunst der Gemeinsamkeit" beginnt oft mit ganz einfachen kleinen Initiativen und kann am Ende ganz Großes bewirken.

Wenn an der Schule Ihrer Wahl Eltern, Lehrer und Schüler des öfteren gemeinsam musizieren oder singen, dann ist das schon ein sehr gutes Zeichen für eine gute Schulkultur.

Wenn alle Beteiligten sich im Alltag in der Kunst der gemeinsamen Gespräche üben, dann können Sie darauf vertrauen, dass es Ihrem Kind dort gut gehen wird.

Wenn Eltern, Lehrer und Schüler die Sitzungen und Übungen des Krisenteams bereichern und dabei die Sichtweisen aus drei Perpektiven ausgetauscht werden, lebt die Schule ihre Verantwortung in einem gemeinsamen Bewusstsein.

Wenn der Schulelternbeirat zusammen mit Lehrern und Schülern den ein oder anderen Klassenraum nach den Vorstellungen der jungen Menschen gestaltet, so ist das Ergebnis nicht nur ein toller Raum, sondern gleichzeitig die tolle Gemeinschaft, die gemeinsam ein lohnendes Projekt gestemmt hat.

Wenn Eltern zur Mitarbeit beim Schulmusical eingeladen werden, entsteht in ähnlicher Weise Vertrauen. Das gemeinsame Thema, z. B. ein Bühnenbild zu entwickeln und zu bauen, hilft, die Schranken zwischen den Generationen zu überwinden. Eltern können dabei auch Lehrerinnen und Lehrer von einer neuen Seite kennen und schätzen lernen und umgekehrt.

Schule als Staat In manchen Schulen leisten Eltern, Schüler und Lehrer zusammen etwas wahrhaft Großes. Ein Beispiel für umfassende Demokratieerziehung ist das Schülerprojekt „Schule als Staat" [78]. Die ganze Schule plant, wie sie sich für drei bis fünf Tage in einen Schülerstaat verwandeln kann [79]. Es wird eine Regierung gewählt, Betriebe werden gegründet, ebenso öffentliche Einrichtungen wie Theater oder Kirche. Und natürlich gibt es auch eine eigene Währung.

Diese Beispiele zeigen, dass Schule eine sich ständig wandelnde Institution ist, deren Qualität nur so gut sein kann wie die darin wirkenden Kräfte.

Eine große Zahl engagierter Eltern kann maßgeblich dazu beitragen, dass das vielerorts hohe Maß an Aufgaben *und* die gemeinsame Schulentwicklung zu aller Zufriedenheit gestemmt werden können. Anregungen zu gelingender Kooperation in der Schule finden Sie z. B. in *Die Lernende Schule* [61].

Vor allem aber: Eine gut organisierte und frohgelaunte Elternschaft kann das Betriebsklima jeder Schule prägen!

13.6. Die Sorgen der Schule

Schule steht seit jeher für Ordnung und Kontinuität. Schüler erleben diese festen Strukturen und Pläne häufig als langweilig, wenngleich die meisten von ihnen ihre Schule mögen. Sie spüren, dass die dort herrschende Ordnung und das Wohlwollen vieler Lehrkräfte ihnen gut tun. Zuhause geht es vielerorts nicht so harmonisch zu.

Eltern stöhnen gerne über die mangelnde Flexibilität und Kreativität der Schule, wenn es um individuelle Lösungen für ihr Kind geht. Sie wünschen sich z. B., dass ihr Kind in die Parallelklasse umgesetzt wird, weil dort bravere Kinder oder bessere Lehrer seien. Doch die Schule weigert sich, solchen Wünschen nachzukommen.

Was die meisten nicht wissen oder in der Regel nicht bedenken: Im Hintergrund müssen alle, die für die Ordnung der Schule verantwortlich sind, täglich hart arbeiten, um gute Lernbedingungen zu schaffen und Chaos zu verhindern. Schließlich sind viele weiterführende Schulen vergleichbar mit mittelständischen Betrieben. So gehören z. B. zu einer 5-6-zügigen Schule mit Ganztagsbetrieb nicht selten bis zu 1200 Schüler, 2400 Eltern und 150 Mitarbeitende. Täglich laufen darin unzählige unterschiedliche Prozesse ab, die überwacht werden müssen und ggf. Eingriffe erfordern.

Sie als Eltern und Ihre Kinder nehmen es als Störung wahr, wenn eine oder gar mehrere Lehrkräfte Ihres Kindes krank werden oder auf einer Fortbildung sind. Das schafft Unsicherheit: „Wann wird mein Sohn sein Referat halten können, auf das er sich eine Woche lang vorbereitet hat? Wird die Klasse alle Arbeiten termingerecht schreiben können oder gibt es aufgrund der Ausfälle am Ende des Schuljahres eine Ballung der Leistungsnachweise? Wer wird den Englandaustausch begleiten, wenn die verantwortliche Pädagogin plötzlich operiert werden muss? Kann der Austausch überhaupt stattfinden? Wer setzt sich in der Zeugniskonferenz noch einmal für mein Kind ein, wo doch sein Lieblingslehrer nicht dabei sein kann?"

Fragen über Fragen, die alle nachvollziehbar sind. Es passt einfach nicht in das Bild der wohlgeordneten Schule, dass sie mit so vielen personellen und sachlichen Problemen zu kämpfen hat. Jeder wünscht sich entsprechend mehr Lehrer, dazu hilfreiche Sozialpädagogen und große Räume in ausreichender Zahl für all die vielfältigen Aktivitäten.

Schulen bemühen sich stets auf das Beste, die ständig neu aufkommenden Schwierigkeiten zu meistern. Vor allem geht es täglich darum, für den laufenden und den kommendenTag wie auch, soweit möglich, schon Wochen im voraus ausbalancierte Vertretungspläne zu basteln. Es sollen ja möglichst alle Klassen einen sinnvoll eingeteilten Unterricht erhalten.

Dabei sind die Lehrkräfte, die, wie jeder Mensch, mal leichter, mal schwerer erkranken, die größte Sorge. Oft reicht das Vertretungsbudget nicht aus oder es finden sich keine geeigneten Lehrkräfte, die spontan einspringen können. Das kann für Schüler manchmal Notlösungen wie „Stillbeschäftigung“ statt Unterricht bis hin zu Unterrichtsausfall bedeuten.

Oder denken wir an die Schulverwaltung: Krankheit lässt hier schnell ganze Sekretariate für eine Weile zusammenbrechen. Da kann es durchaus passieren, dass in Ermangelung von Vertretungskräften Anleihen bei anderen Schulen gemacht werden, die es sich wiederum eigentlich auch nicht leisten können, auf eine Sekretariatskraft zu verzichten.

Besonders Grundschulen verfügen an manchen Orten über so wenige Sekretariatsstunden, dass nicht selten die Schulleitung ans Telefon muss.

Hier für Sie zum tieferen Verständnis einmal ein Blick hinter die Kulissen des Gymnasiums, welches Sophie, Max und Elif besuchen.

Szene 20: Schulleitungsperspektiven. — *Frau Schwarzhaupt und ihr Stellvertreter Herr Richter treffen sich wie jeden Freitag um 17:00 Uhr zum Wochenabschluss. „War das nicht toll heute Vormittag, als der Justizminister in die Aula kam, um mit unseren Schülern der Jahrgangsstufe 12 über Asylrecht zu diskutieren? Der Kurs von Herrn Baldo war besonders gut vorbereitet. Die wussten ja richtig gut über die Flüchtlingskrise Bescheid.“ Frau Schwarzhaupt will noch weiter schwärmen, aber Herr Richter holt sie sogleich in die raue Wirklichkeit zurück.*

Immer wieder gibt es Beispiele, wie spannend sich Schule gestalten lässt. Aber häufig werden sie von Alltagssorgen in den Hintergrund gedrängt:

Szene 21: Vertretungssorgen. — *„Schauen Sie mal mit auf meinen Bildschirm“, sagt er sichtlich besorgt. „Ich sehe keine Möglichkeit, wie wir die 24 Wochenstunden von Frau Milz ersetzen können.*

Sie wird wahrscheinlich mindestens bis Weihnachten ausfallen, hat sie am Telefon gesagt, und bis dahin sind es ja noch neun Unterrichtswochen. Der Arzt gibt ihr zunächst nur eine Krankschreibung über zwei Wochen und dann muss sie wieder hin. Das heißt für uns, wir können im Augenblick noch keine Langzeitvertretung anfordern."

„Also schon wieder improvisieren", fügt Frau Schwarzhaupt, von der Woche schon ganz schön erschöpft, hinzu, „als hätten wir mit den drei grippekranken Kollegen und der Risikoschwangerschaft von Frau Fissler nicht schon genug Ausfälle und Probleme."

Kurzes Schweigen. Herr Richter geht die Liste der Unterrichtsverteilung noch einmal systematisch durch. „Da ist ja noch Herr Knolle. Wenn der Kollege in seinen vier Klassen der Orientierungsstufe jeweils eine Stunde Englisch weniger erteilt, haben wir vier Lehrerwochenstunden und damit zwei gekürzte Versionen der Grundkurse von Frau Milz. Kurzum, ich sehe mal zu, was ich noch weiter basteln kann, damit wir die Fehlzeit einigermaßen auffangen können."

Frau Schwarzhaupt ist dankbar für die Vorschläge ihres erfahrenen Kollegen. „Allerdings", wendet sie ein, „wird Herr Knolle dieser Lösung nur mit Murren zustimmen, denn er braucht ja im Augenblick alle seine Stunden bei den Kleinen für seine Aufführung des „Canterville Ghost". Ich werde ihm gleich eine Mail schicken und ihm einen Extra-Probentag vor der Aufführung anbieten. Heute Abend werde ich auch noch versuchen, den Schulelternbeirat zu informieren, damit die Eltern wissen, dass wir eine Lösung finden werden."

Wenn man Schulleitungen fragt, was sie am meisten belastet, nennen sie häufig das Vertretungsproblem. Sie möchten allen Klassen und Kursen möglichst guten Vertretungsunterricht anbieten und sie dabei gleich behandeln. Da die Anzahl der Lehrkräfte dafür meistens nicht ausreicht, gehört zeitaufwändiges kreatives Umstrukturieren bei der Lehrer-, Stunden- und Raumzuweisung zur Tagesordnung.

Szene 22: Probleme der Woche. — *Herr Richter nennt noch weitere Probleme, die sich in der Woche angestaut haben: Von den frisch renovierten Schultoiletten ist schon wieder eine Kabinenwand total mit Filzern verschmiert. Der Hausmeister bleibt seit einer*

Woche auf den neu eingeführten Vollkornbrötchen mit Frischkäse sitzen. Die Kinder wollen wieder ihre hellen Salamibrötchen. „Wenn wir das Vollkornkonzept jetzt aufgeben, werden wieder einige Eltern protestieren, zusammen mit der AG Nachhaltigkeit, die eigentlich nur noch Fair-Trade-Produkte zum Verkauf haben will", denkt Frau Schwarzhaupt laut vor sich hin.

Ihr Stellvertreter berichtet noch von den schleppenden Verhandlungen mit dem Schulträger, wann denn endlich die Sanierung des Oberstufentraktes losgehen kann und wie man den Unterrichtsbetrieb dabei am Laufen hält. Auch bei der Gruppe der Referendare gibt es Probleme: Unser „Mister Black" hat ja seine Examenslehrprobe im Leistungskurs der 12 und seine schriftliche Hausarbeit zum 2. Staatsexamen in den Sand gesetzt. Er ist furchtbar deprimiert, weil er ein Semester anhängen muss und fällt erst einmal eine Woche aus.

Und weiter berichtet Herr Richter, dass die Eltern der hochbegabten Sabrina aus der 6c nun ständig bei ihm anrufen und die Schulleitung auseinanderdividieren wollen. Er gehe jetzt nicht mehr ans Telefon.

Frau Schwarzhaupt ist einverstanden: „Ja, das ist ein guter Weg. Ich habe bereits den Juristen der Schulaufsicht eingeschaltet.

Schulleitungen erleben den Alltag vorwiegend als unablässigen Strom von Problemen.

Umso wichtiger ist, auch erfeuliche Momente wahrzunehmen.

Szene 23: Lichtblicke. — *Lasst uns zum Abschluss doch auch an das viele Schöne der letzten Woche in unserer Schule denken: die gute Rückmeldung vom Tag der offenen Tür, dass Johanna aus der 11 nach ihrer Krebs-OP endlich wieder in die Schule kommen kann und dass Herr Zilbert ab nächster Woche an zwei Tagen bei der Erstellung des Vertretungsplans von Frau Meier unterstützt wird. Ach ja, stellen Sie sich vor: Unser Victor aus der 10a hat sich ganz unerwartet nicht nur bei der Klasse und den Lehrern für seinen dümmlichen alkoholisierten Auftritt im Oktober, auf der Radtour an der Mosel, entschuldigt, er will im nächsten Jahr sogar als Tutor für eine neue 5. Klasse mitarbeiten!"*

„Und nun das Wichtigste, liebe Frau Kollegin", ergänzt Herr Richter, „let's call it a week!" Mit diesem Satz schaltet er jeden Freitagabend seinen Computer aus und schmunzelt.

Gemeinsam gehen beide die Treppe hinunter, überprüfen noch einmal kurz, wie viele Eltern und Schüler sich für die Mithilfe beim Adventsbasar in die Liste eingetragen haben, ob der Förderverein seine Einladung an der richtigen Pinnwand aufgehängt und die Schülervertretung ihren Raum aufgeräumt hat. Dann ändern sie die Einstellung der Alarmanlage für die heutige Abendveranstaltung, schalten die Lichter aus und schließen alle Außentüren ab.

14. Mut zur Medienerziehung!

Das ist leichter gesagt als getan, mögen Sie als Eltern mit Recht denken, denn bei der Frage der Medienerziehung gibt es noch viele ungelöste Probleme.

14.1. Auf der Suche nach Lösungen

Ratlosigkeit bei den Eltern

Wie sagte neulich eine Mutter auf einem Elternabend zum Thema Medienerziehung so traurig: „Wenn's die digitalen Bildschirmmedien nicht gäbe, wäre unser Familienleben viel harmonischer. Wir wissen einfach nicht, wie wir das ganze 'Teufelszeug' bei der Erziehung unseres Kindes in den Griff kriegen können. Das überfordert uns als Erwachsene schon täglich."

Und der Vater eines Grundschulkindes klagte: „Seit uns auch so eine geniale Sprachassistentin zuhause unterstützt, kommandiert unser Sohn nicht nur diese in ruppigem Ton herum, sondern auch uns. Das haben wir nun von der künstlichen Intelligenz!"

In der Tat stehen alle, Eltern wie Pädagogen und damit auch die Kinder selbst, vor einer großen Herausforderung, wenn es um die Handhabung der digitalen Medien geht. Und täglich stürmen neue berufliche Anwendungen auf uns ein wie auch neue Forderungen bezüglich dessen, was Kinder auf dem Computer oder mit dem Smartphone beherrschen sollen, um in unserer Gesellschaft mithalten zu können.

Ansätze mit offenen Fragen aus Politik und Wirtschaft

Von Politik und Wirtschaft können Eltern auch keine Orientierungshilfe erwarten. Natürlich wissen alle, dass die neue Generation umfassend computerfit sein muss, doch was das im Einzelnen bedeutet und vor allem, wie eine Gesellschaft diese neue junge Generation ausbilden soll, darüber ist man sich nicht einig und probiert dabei einiges aus wie z. B. Software-gestütztes Lernen im Kindergarten.

Ob der angeleitete Umgang mit digitalen Bildschirmmedien Kindern im Vorschulalter guttut, wird z. T. kontrovers diskutiert [37].

Anhand von Vorzeigeschulen, die, nicht selten durch die Wirtschaft gesponsert, besonders gute Bedingungen haben, wird nach außen kommuniziert, wie gut das mit der Medienkompetenz laufen könnte, wenn doch nur alle Schulen endlich mal mitzögen! Schule wird hier wie so oft in der Öffentlichkeit als „hinterwäldlerisch“ dargestellt, als könne sie mit der Digitalisierung nicht mithalten.

Über Landesprogramme und Finanzierungshilfen wurde die Digitalisierung von Schulen in den letzten Jahren unterstützt. Die Förderungen haben bereits einiges bewirkt, jedoch noch nicht zu einer spürbaren Verbesserung aller Einzelschulen geführt. Ich wünschte mir ein zuverlässiges Konzept dafür, wie alle Schulen und damit alle junge Menschen nachhaltig davon profitieren könnten, denn je nach Standort, technischer Kompetenz und Fördermitteln sind manche Schulen im Vorteil, andere abgehängt. Man denke nur an die verbesserungswürdigen WLAN-Bedingungen in einigen Regionen.

Skepsis und Sorge in der Wissenschaft

In Zusammenhang mit der Medienerziehung ist die Balance zwischen Medienkonsum und Gesundheit der Heranwachsenden in den Fokus der Diskussion gerückt.

Besonders in jüngerer Zeit erreichen uns aussagekräftige Forschungsergebnisse und damit verbunden auch etliche skeptische und besorgte Stimmen.

Ich möchte Ihnen, liebe Eltern, einen kleinen Einblick in einschlägige Studien und Diskussionen vermitteln, Diese mögen Sie dazu anregen, sich mit dem schwierigen Thema auseinanderzusetzen und für Sie und Ihr Kind Lösungen zu finden.

Alarmierende Ergebnisse der BLIKK-Studie: Alarmierende Ergebnisse liefert uns die BLIKK-Studie 2017, welche die Drogenbeauftragte der Bundesregierung MORTLER vorstellt [45]. Sie weist auf die großen Gefahren hin, die bei Kindern und Jugendlichen durch übermäßigen Medienkonsum ausgelöst werden: Von Einschlafstörungen bei Kindern im Babyalter über verzögerte Sprachentwicklung bis hin zu Konzentrationsstörungen bei Schulkindern.

Es gibt eine Korrelation zwischen dem Medienkonsum der Eltern und dem der Kinder. Mortler spricht von digitaler Fürsorge, welche zunächst einmal im Elternhaus geleistet werden muss.

Realistischer Überblick über die KIM- und die JIM-Studie: Hierbei geht es um zwei wissenschaftliche Langzeitstudien über das Kindesalter (KIM) und die Jugendzeit (JIM), durchgeführt vom Medienpädagogischen Forschungsbund Südwest auf Initiative des Bundesministeriums für Familie, Senioren, Frauen und Jugend. Sie kann fundierte Längsschnittergebnisse zum Nutzungsverhalten der digitalen Medien in den unterschiedlichen Altersklassen vorweisen. Hier ein Beispiel der Ergebnisse der KIM-Studie 2016:

> „An einem durchschnittlichen Tag sehen die Sechs- bis 13-Jährigen 88 Minuten fern, nutzen 39 Minuten das Internet, spielen 32 Minuten an PC/Konsole oder online, hören 28 Minuten Radio, lesen 22 Minuten in Büchern, spielen 19 Minuten am Handy oder Smartphone und sieben Minuten am Tablet." [59]

Warnung vor „digitaler Demenz": Mit mahnenden Worten und vielen Beispielen zeigt SPITZER in seinem Buch *Digitale Demenz* [64], wie digitale Medien das Lernen behindern können. So führt er z. B. eine Zahlenvergleichsaufgabe an und hebt in diesem Zusammenhang die Bedeutung der Gehirnbildung im Kindergarten hervor, wo bereits die Basis zum „verräumlichten" eigenen Körper gelegt wird, auf dem auch das Rechnen mit den Fingern beruht. Fingerspiele, so hat SPITZER über wissenschaftliche Versuche herausgefunden, sind eine eminent wichtige Grundlage für den Erwerb von mathematischen Kompetenzen. Das „Begreifen-Lernen" geschieht erfolgreicher über Pantomimen und Lieder als über Computergrafiken [64, S. 169–180].

Zusammengefasst: „Wie gut das Denken mit gelernten Inhalten funktioniert, ist abhängig davon, wie diese Inhalte gelernt wurden!“ [64, S. 179].

Medienmündigkeit vor Medienkompetenz: Ergebnisse empirischer Forschung und einen reichen Erfahrungsschatz finden Sie bei BLECKMANN in ihrem Buch *Medienmündig* [8]. Ihren Leitgedanken fasst die Autorin so zusammen: „Beherrsche die Medien, sonst beherrschen sie dich!“

Sie plädiert dafür, die Medienmündigkeit der Heranwachsenden immer im Auge zu haben, um sie vor Internetabhängigkeit bis hin zu Computersucht zu schützen und warnt vor digitalem Zeitvertreib. Erfahrungen im realen Leben, also „offline-Erfahrungen“, müssten mit den „online-Erfahrungen“ in einem gesunden Gleichgewicht stehen, unter Berücksichtigung des jeweiligen psychosozialen Reifestands eines Kindes oder Jugendlichen.

Spielen und Chatten auf dem Bildschirm mit Folgen Das Spielen auf dem Bildschirm nimmt sukzessive zu, bei Erwachsenen und besonders auch bei Kindern und Jugendlichen.

Aus einer Studie der DAK-Gesundheit und des Deutschen Zentrums für Suchtfragen geht hervor, dass jeder zwölfte Junge zwischen 12 und 17 Jahren computerspielsüchtig ist, Tendenz steigend [18].

Mädchen spielen zwar nicht so viel am Bildschirm wie Jungen, sind aber dafür eher empfänglich für exzessives Chatten in den sozialen Medien [19]. Hier wird auch die alarmierende Korrelation zwischen Internetsucht und Depression angesprochen.

14.2. Schule auf dem Weg ins digitale Zeitalter

Warum wird denn eigentlich die Schule selbst immer als *Showstopper* des Digitalisierungsprozesses genannt?

Schauen wir doch einmal an, welch große Schritte in die Welt der neuen Medien sie in den letzten Jahren gemacht hat.

Beachtliche Meilensteine

Schulen sind grundsätzlich offen für alles, was Medienerziehung und Mediennutzung betrifft.

In den Klassen 5 und 6 werden in vielen weiterführenden Schulen die Basisfunktionen und -programme eingeführt und geübt, soweit dies die technischen Möglichkeiten zulassen und genügend Lehrkräfte zur Verfügung stehen. Dafür werden, besonders im Ganztagsbereich, oftmals auch Schreibkurse zum Erlernen des Zehn-Finger-Systems angeboten.

Längst gibt es an vielen Schulen Kurse zum Erwerb des Europäischen Computerführerscheins [7], besonders auch für höhere Klassenstufen geeignet. Das Angebot an Leistungskursen in Informatik nimmt ständig zu, ebenso wie die Teilnahme an Informatik-Wettbewerben wie z. B. „Biber“. Auch finden Robotik-AGs oder Experimentieren mit Einplatinencomputern wie „Calliope mini“ oder „Raspberry Pi“ an etlichen Schulen guten Zuspruch. Über den Umgang mit letzteren entdecken junge Menschen die Funktionsweise eines Computers und die Kunst des Programmierens.

Aufgeschlossene Schulen haben sich in die nicht kommerzielle *Open Source-Software* eingearbeitet und sensibilisieren ihre Schüler darüber unter anderem für informationelle Freiheit.

In vielen Fächern werden, je nach technischen Möglichkeiten, Lernprogramme eingesetzt. Lehrer und Schüler arbeiten z. B. gerne mit inzwischen weit entwickelter Lernsoftware im Fach Mathematik.

Auch Arbeitsplattformen sind an den Schulen weit verbreitet. Sie erleichtern besonders in Oberstufenkursen die Zusammenarbeit.

Besondere Erwähnung verdienen die vielfältigen Erfahrungen mit Laptop- und Tablet-Klassen.

Experten in diesem Bereich überzeugen uns mit umfassenden Konzepten, dass es längst nicht nur darum geht, Schülern ein Endgerät zur Verfügung zu stellen und ihnen dabei zu suggerieren, dass das Lernen damit nun ganz leicht gehe!

Das Mainzer Willigis-Gymnasium berücksichtigt z. B. die psychosoziale Reife seiner Schüler und bietet erst ab Klasse 7 Tablet-Klassen an, verbunden mit festen Regeln, die Sicherheit und Verantwortung betreffen [76]. Somit ist das Arbeiten mit dem Tablet für den Schüler als Additum zu verstehen: Er muss die Anwendungen auf dem Gerät mit Hilfe des Lehrers sorgfältig üben und darf daneben auch das händische Schreiben und Zeichnen nicht vernachlässigen.

Eine Tabletklasse kann nur erfolgreich arbeiten, wenn alle Fachschaften an einem Strang ziehen und in ihrem jeweiligen Fach neben traditionellen Lehrmethoden einschlägige Anwendungen einsetzen.

Insgesamt betrachtet ist es für Schulen immer noch schwierig und auch nicht immer ratsam, „mit der Zeit“ zu gehen. Hierfür lassen sich neben der großen Frage der Finanzierung insbesondere zwei ungelöste Probleme anführen, die beide im täglichen Schulalltag verankert sind.

Wer wartet die Medien?

Was nützen der Schule Gelder zur Medienausstattung oder wohlgemeinte Spenden ausrangierter Computer von umliegenden Büros, wenn es an personellen Ressourcen zur Wartung und Weiterentwicklung fehlt?

Nur wenige Schulen können sich eine ausreichende technische Assistenz in Form von Support-Firmen oder fachkundigen Personen vor Ort leisten. Oft reicht das Budget noch nicht einmal aus, Lizenzen für notwendige Software zu kaufen.

Das führt dazu, dass die Wartung des Netzwerks, der schulinternen Kommunikation, der Administration, der Arbeitsplattformen und der Endgeräte häufig auf zwei bis vier Lehrerschultern ruht. Jedoch sind diese ein bis zwei Expertinnen oder Experten viel zu wenige, um alle anfallenden Computerprobleme zu lösen, geschweige denn Systeme weiterzuentwickeln.

Es kommt auch nicht selten vor, dass fachkundige Lehrkräfte eigenständig Wände durchbohren, um Leitungen für Computeranlagen zu legen! Das alles, um für ihre Schüler rasch und gezielt bessere IT-Möglichkeiten zu schaffen. Diese Helden verbringen oft auch viele Stunden am Wochenende in der Schule und erhalten für ihre immense

Arbeit nur zwei, drei Wochenstunden Deputatsermäßigung.

Viele Lehrer sind im Umgang mit Medien fit und können sie sinnvoll in ihrem Unterricht einsetzen. Wenn sie jedoch jeden zweiten Tag mit Netzwerkfehlern, schwachem WLAN-Empfang oder defekten Geräten konfrontiert werden, verlieren sie schnell die Lust.

Sie erinnern sich bei diesem Thema vielleicht noch an Ihre Lehrerinnen und Lehrer, die mit oftmals defekten Kassettenrekordern, CD-Playern oder Sprachlaboren ihre liebe Not hatten, den Unterricht zu modernisieren.

Bildungspolitiker rufen den Schulen optimistisch zu: Die Wartung der Computer können doch zu einem guten Teil die Schüler übernehmen! Dabei leisten sie Hilfe, lernen viel dazu und dienen den anderen Schülern als Multiplikatoren!

Clevere und engagierte „Medienscouts“, überwiegend aus den höheren Klassen, können in der Tat eine gute Hilfe sein. Jedoch muss die Schule die dazugehörige Ausbildung und kontinuierliche Begleitung dieser Gruppe leisten können. Die Hilfe ist angesichts der vielen ungelösten Aufgaben nur „ein Tropfen auf den heißen Stein“, denn die Mitwirkungsmöglichkeiten für Schüler sind begrenzt.

Smartphone-Nutzung und Aufsichtspflicht

Nur in Bayern ist gesetzlich geregelt, wenn auch nicht unumstritten, dass die Nutzung digitaler Bildschirmmedien für private Zwecke im schulischen Leben verboten ist, Klassenreisen ausgenommen. Für Ausnahmeregelungen sind die Lehrkräfte zuständig [4]. In Frankreich wurde das frühere Verbot für private Handynutzung im Unterricht nunmehr durch ein generelles Handyerbot in der Sekundarstufe I ersetzt, immerhin ein Wahlkampfversprechen des Präsidenten.

Das mag für manche Eltern brutal klingen, die doch meinen, es gehöre heute zur Freiheit der Heranwachsenden dazu, auf dem Schulhof nach Lust und Laune spannende Spiele auf dem Smartphone zu machen und die Kommunikation mit WhatsApp, Instagram und Snapchat zu pflegen.

Sie meinen, „die Schule“, z. B. die Pausenaufsicht, solle auf dem ganzen Schulhof kontrollieren, dass keine jugendgefährdenden Adressen aufgerufen werden. Sie haben sich jedoch nicht überlegt, wie das im Einzelnen umgesetzt werden soll.

Es gibt sogar Eltern, die Wert darauf legen, dass sie ihr Kind zu jeder Zeit über Smartphone erreichen können und umgekehrt die Kinder ihre Eltern!

Überdies können sich Eltern oft gar nicht vorstellen, dass Schüler nach einer von digitalen Medien gesteuerten großen Pause erst einmal völlig „durch den Wind“ und für die ersten zehn Minuten des nachfolgenden Unterrichts kaum zu gebrauchen sind.

Das Jammern ist groß wie auch das Schimpfen auf die Schule, wenn bei einer liberalen Smartphone-Nutzung im Schulbereich juristische und moralische Grenzen überschritten werden.

Manch eine beherzte Schule hat schon längst ein Smartphoneverbot in ihrer Hausordnung verankert, oftmals unterstützt von klugen Eltern und sogar der gewählten Schülervertretung, die in der real kommunizierenden Schule eine Insel der echten Begegnung erkennen, sozusagen „das letzte gallische Dorf“!

Ich habe viele Schüler als sensibel und lernbereit erlebt: Es macht ihnen Freude, wenn sie sich mit dem Austauschpartner aus Spanien auf der Schultreppe von Angesicht zu Angesicht unterhalten können und dabei die Kommunikation über das Posten von Fotos auch einmal in den Hintergrund rückt.

Elternthemen 2: Smartphoneverbot. — *Unterschätzen Sie Ihren Einfluss nicht, wenn es um die Einführung eines Smartphoneverbots an der Schule Ihres Kindes geht. Sie rennen bei den Pädagogen offene Türen ein!*

Das Hauptargument mancher Miteltern, ihr Kind müsse sie jederzeit telefonisch erreichen können und umgekehrt, lässt sich dadurch entkräften, dass Schulsekretariate bei jeder Art notwendiger Kommunikation behilflich sind und ein Telefon zur Verfügung stellen.

Verschaffen Sie sich über den Schulelternbeirat und über die Schulkonferenz Gehör!

14.3. Sie sind der Medienguide!

Schule kann gewiss ihren Teil zur Medienerziehung beitragen, jedoch findet die eigentliche Hinführung zu einer jeweils dem Alter des Kindes angepassten Nutzung von digitalen Bildschirmmedien zuhause statt!

Wenn Sie sich dieser Verantwortung bewusst sind, können Sie einen guten Weg aus dem Albtraum der uns umgebenden Unsicherheit, der allgegenwärtigen Werbung und dem Dschungel der Gefahren finden.

Auch wenn das Thema gerne verdrängt wird: Eltern haften für Verstöße ihrer Kinder, und ein Urteil, wie es z. B. das Landgericht Darmstadt gesprochen hat [21], kann recht unangenehme Folgen haben.

Scheuen Sie, liebe Eltern, nicht vor der Wahrnehmung Ihrer Rolle zurück!

Es geht im Wesentlichen darum, eine kritische Distanz gegenüber den Medien zu gewinnen und diese dem Kind zu vermitteln. Das gelingt Ihnen am besten, indem Sie lernen, auf den Druck von Seiten des Kindes einfühlsam und vernünftig zu reagieren. Sie sollten, so gut es geht, auf dem Laufenden sein, was die digitale Welt Ihres Kindes betrifft und mit Ihrem Kind über die Anwendungen, ihre Besonderheiten und vor allem über die Inhalte sprechen.

Der erfolgreichste Weg ist jedoch noch immer, Ihrem Kind selbst als gutes Vorbild zu dienen!

Achtung: A.a.d.d.a-Falle!

Wir beobachten heute bereits Dreijährige, die ihre Eltern tyrannisieren, weil sie die lustigen „Tiwimännchen“ anschauen wollen; die Begründung lautet A.a.d.d.a., übersetzt: Alle anderen dürfen das aber!

Wenn Eltern dann klein beigeben und ihrem Kind erstens immer glauben und zweitens jeden Medienwunsch erfüllen, werden solche Erpressungsspielchen in den darauffolgenden Jahren ihre Fortsetzung finden:

„Ich will in meiner Schultüte ein Smartphone haben und damit spielen dürfen, A.a.d.d.a.“, sagt die Sechsjährige.

„Ich will jetzt bei WhatsApp mitmachen, A.a.d.d.a.“, fordert der Zehnjährige.

Und wenn der Vierzehnjährige sein ersehntes Ballerspiel nicht zum Geburtstag bekommt und die Eltern sich nicht weiter kümmern, findet er heimlich einen Weg, es zu erwerben. Es kann sein, dass solche Eltern bald keinen Einfluss mehr auf das haben, was ihr Kind alleine oder zusammen mit Freunden mit den Medien macht.

Also: Mut zur Wahrnehmung der Elternrolle ist angesagt und damit auch die nötige Hartnäckigkeit und Konsequenz für die nicht immer angenehmen Auseinandersetzungen mit dem Kind!

Smartphone-Fight mit Sophie

Der Einschulhype auf der weiterführenden Schule ist vorüber und schon geht das Genöle los:

Szene 24: Einstiegsalter Smartphone. — *Sophie, nun schon eine Woche im Gymnasium, ist untröstlich und liegt seit einer Stunde heulend auf dem Sofa. Fiona, mit der sie sich in der neuen Klasse schon ein wenig angefreundet hat, hat eine WhatsApp-Gruppe für „die Freundinnen der 5c“ gegründet und sie heute gefragt, ob sie mitmachen wolle. Sophie hat ihr verheimlicht, dass sie kein Smartphone besitzt.*

Sie hat sich geschämt dafür, dass ihre Eltern so altmodisch sind: Als einige glückliche neue Fünftklässler neulich bei der Einschulungsfeier ihre neuen Smartphones aus dem neuen Schulrucksack auspackten und herumzeigten, haben Papa und Mama ihr gesagt, dass sie erst mit Zwölf ein Smartphone bekommen wird.

Sophie hebt ihren Kopf vom Sofakissen und fragt schluchzend ihre Mutter: „Warum bekomme ich jetzt kein Smartphone?“

Die Mutter: „Weil du noch nicht richtig damit umgehen kannst. Außerdem überlege dir gut, ob du mit Fiona engeren Kontakt haben willst. Sie fiel mir schon bei der Einschulungsfeier als sehr verwöhnt und eigensinnig auf. Die Mutter machte auch nicht gerade den besten Eindruck.“

Sophies Vater, der gerade aus dem Büro nach Hause gekommen ist, tut seine Tochter erst einmal sehr leid. Er sagt Sophie zu, dass die Eltern noch einmal miteinander über „die Sache mit dem Smartphone“ sprechen werden.

Sophies Stimmung hellt sich im Nu auf. Sie hilft eifrig beim Decken des Abendbrottischs.

Wiederum bewährt es sich, den Kompass **FAIR** in die Hand zu nehmen, um eine sachliche Klärung von Sophies Problem herbeizuführen:

Sophies Mutter war bei ihrer Reaktion nicht auf Sophies Thema fokussiert, sondern stellte Fiona, die vermeintlich „unpassende“ Freundin, in den Vordergrund. Dadurch gewann ein untergeordneter Aspekt an Bedeutung, nicht das eigentliche Thema – also nicht **F** (wie fokussiert).

Sophies Frage nach dem „Warum“ steht im Raum und muss beantwortet werden, z. B. so: „Du kannst zwar technisch mit dem Smartphone umgehen, das könnt ihr jungen Leute oftmals viel besser als wir Eltern. Doch viele Anwendungen können gefährlich werden, wenn man einmal nicht aufpasst. Daher ist z. B. für die sozialen Netzwerke ein Mindestalter festgelegt. Für WhatsApp muss man z. B. mindestens 16 sein. Selbst wenn du mit zwölf ein Smartphone bekommst, wollen wir der Nutzung von WhatsApp nicht ohne genaue Prüfung zustimmen.“

Diese Antwort ist für Eltern natürlich viel unbequemer als immer gleich nachzugeben.

Und: „Was denken denn die anderen Eltern, wenn wir so streng sind?"

Sophie wird nun auch ein wenig schlucken müssen, hat aber eine klare Antwort von beiden Eltern, die sich vorher miteinander beraten haben. Sie kann mit ihren Eltern über ihr Thema sprechen und ihnen vertrauen.

„Sophie, du hast dich bisher immer an die Regeln gehalten. Das ist gut: Wir können uns auf dich verlassen und dir schon eine Menge zutrauen, denk mal an den Reitstall, wo du die Pflege von Hubertus ganz alleine übernommen hast. Aus diesem Grund wollen wir dir ein Smartphone kaufen. Wir verlassen uns darauf, dass du nicht der WhatsApp-Gruppe beitrittst."

Diese Anerkennung hat Sophie verdient – also **A** (wie anerkennend).

Die Eltern können den Vorfall zum Anlass nehmen, sich über die Smartphone-Regeln in der Schule und im weiteren Umfeld ihres Kindes zu informieren.

Welche Spiele und sozialen Medien faszinieren mein Kind und die Freunde meines Kindes? Welche sozialen Netzwerke spielen in der neuen Klasse eine Rolle? Haben die Lehrkräfte schon einmal mit den Jungen und Mädchen darüber gesprochen?

Welche Altersgrenzen gilt es dabei zu beachten? Wie machen es die anderen Eltern? – also **I** (wie interessiert).

Das Schlimmste an der Sache für Sophie war:

Sophies Mutter hat die Gefühle ihrer Tochter in doppelter Weise verletzt: Sie hat der untröstlichen Sophie gegenüber kein Mitgefühl gezeigt und hat dazu noch die neue Klassenkameradin Fiona schlecht gemacht.

Die Eltern könnten Fionas Angebot der virtuellen Kommunikation auch eine echte Begegnung entgegensetzen:

„Wir wollen natürlich, dass du deine neuen Klassenkameradinnen kennen lernst. Fiona darf gerne am Samstag zu unserem Grillabend im Sportverein mitkommen und, wenn ihr wollt und die Eltern von Fiona einverstanden sind, anschließend bei uns übernachten."

Sophie wird nicht unbedingt ganz zufrieden sein, weil sie gerne das dürfte, was die anderen dürfen. Jedoch wird sie spüren, dass ihre Eltern sie respektieren und ihr den Rücken stärken, – **R** (wie respektvoll).

Elternthemen 3: Internetgewohnheiten. — *Die Rolle der sozialen Netzwerke und auch die gängigen Computerspiele in der Klasse sind ein wichtiges Thema, welches sich auf dem Elternabend* *zu diskutieren lohnt. Über den Austausch und vielleicht auch durch Absprachen lassen sich einige Probleme lösen.*

Weniger an digitaler Ausstattung ist mehr!

„Less is more", dieser Slogan ist heute mehr denn je für viele Bereiche des menschlichen Lebens angesagt!

Was die mediale Ausstattung betrifft, so sehen wir in den heutigen Kinderzimmern allerdings häufig eher zu viel als zu wenig: Da prangt auf dem kleinen Tisch am Fußende des Betts ein Fernseher, im hinteren Bereich des Schreibtisches eine Spielekonsole, ein offener Laptop oder ein Tablet ist auf dem Teppich zu finden. Das Smartphone haben die jungen Leute zur ständigen Verfügbarkeit lieber in der Hosentasche!

Je üppiger die Ausstattung ist, desto größer ist auch die Verlockung für die Heranwachsenden, sich ständig damit zu beschäftigen.

Warum haben die 8-12-Jährigen bereits eine so umfangreiche Computerausstattung? Gründe dafür könnten nach meinen Erfahrungen und Einblicken sein:

- Manche Eltern meinen, dass der Umgang mit für Kinder empfohlenen Bildschirmmedien schlau macht, und berufen sich dabei auf Lernprogramme oder sachkundliche Filme, die man ihnen für die Altersstufe ihrer Kinder genannt hat.

- Viele Kinder möchten interessante und möglichst neue Bildschirmmedien haben. Sie wollen damit nicht nur spielen und lernen, sondern auch ihren Freunden imponieren. Sie imitieren dabei oft das, was sie bei vielen Erwachsenen beobachten, die sich gerne gegenseitig mit den neuesten Geräten überbieten.

- Es kostet Eltern weniger Geld und vor allem Zeit, ihren Kindern Bildschirmgeräte zu kaufen und sie damit zu beschäftigen, als ihnen z. B. Instrumentalunterricht zu finanzieren und sie auch noch beim Üben des Instruments zu begleiten. Im Umkehrschluss können es sich manche Eltern mit entsprechend

Zeit und Geld leisten, ihren Kindern nur eine bescheidene Medienausstattung zu kaufen und sich persönlich oder mit Hilfe von Personal um ihre Bildung zu kümmern.

- Oftmals häuft sich Software zum digitalen Zeitvertreib im Kinderzimmer, weil vielleicht Verwandte und Bekannte Jahr für Jahr Computerspiele und Videos dazugeschenken. Die Übersicht geht langsam verloren.

- Einige Kinder bekommen auch von den Eltern die Bildschirmgeräte geschenkt, die sie selbst ausrangieren, wenn sie neue Geräte kaufen. „Damit sie weiter sinnvoll genutzt werden", erzählen mir manchmal Eltern, ohne die Folgen für ihr Kind in den Blick zu nehmen.

Es lohnt sich für Sie als Eltern, die Medienausstattung Ihres Kinder einmal genauer zu betrachten und Ihren pädagogischen Zielen unterzuordnen:

Welche Medien möchte ich meinem Kind zur Verfügung stellen und wie kann es sie sinnvoll nutzen? Ist es vielleicht sinnvoller, angesichts des Instruments, welches mein Kind lernen möchte, die Medien hintan zu stellen? Bleiben Sie auch mit Ihrem Kind darüber im Gespräch!

Sich über das Medienkonzept der Schule informieren

Es ist wichtig für Sie zu wissen, wo die Schule Ihres Kindes zum Thema digitale Medien steht: Was bietet sie an Unterricht zum Thema Medienkompetenz an, über welche Medien verfügt sie und wie geht sie mit dem Thema Medienschutz um?

Finden Sie heraus, welcher Level von Computerkompetenz an der Schule angestrebt wird. Geht es nur um die Standardanwendungen oder können die Schüler auch z. B. den Europäischen Computerführerschein (ECDL) erwerben? Bietet die Schule über die Einübung einschlägiger digitaler Fertigkeiten hinaus auch einen Leistungskurs Informatik an, wo u.a. das Programmieren systematisch gelehrt wird?

Welcher Unterricht wird dazu in welcher Klassenstufe angeboten? Können sich die Schüler in der Schule, z. B. im Ganztagsbereich, auch das Zehn-Finger-System aneignen?

Wieviele Computer stehen den Lernenden in der Schule zur Verfügung? Haben sie im Rahmen des Unterrichts, in Arbeitsgemeinschaften oder bei Projekten Gelegenheit, sich im Umgang mit digitalen Medien zu üben? Gibt es Laptop- oder Tablet-Klassen?

Während an manchen Schulen im Unterricht, in AGs und Projektwochen noch weitgehend händisch gearbeitet wird, setzen andere Schulen ganz selbstverständlich digitale Medien ein. Dort arbeitet die Schülervertretung online in ihrem Schulbüro und wartet ihren Part der Homepage. Andere Gruppen schreiben an der Schülerzeitschrift oder gestalten ein kompliziertes Layout für ein Jahrbuch. Es gibt vielleicht auch eine Technikgruppe, die sich in Veranstaltungstechnik fast schon professionell auskennt und Computer einsetzt. Medienscouts helfen bei der Wartung von Computern und dienen als sachkundige Multiplikatoren.

14.4. Ihr Kind fördern und schützen

Sie wollen Ihr Kind auf dem Weg in die digitale Medienwelt fördern und schützen. Das ist gar nicht schwer, wenn Sie als Mutter oder Vater eine kritische Auswahl inmitten der zahllosen Angebote treffen.

Altersgerechte Anwendungen nutzen

Mit Neugier, Aufgeschlossenheit und etwas Übung führen Sie Ihr Kind zu einer altersangemessenen Medienkompetenz am Computer oder Smartphone.

Es kann bereits viele gängige Rechercheaufgaben mit Ihnen üben und zunehmend alleine übernehmen, z. B. den Umgang mit den Dingen des täglichen Lebens wie das Ausdrucken von Fahrplänen, die Recherche zu Öffnungszeiten, Eintrittspreisen oder Kuchenrezepten.

Es kann, z. B. über Wikipedia, seinen Horizont erweitern. Sie können ihm vielleicht auch Freude an der englischsprachigen Recherche mit Hilfe von *Simple English Wikipedia* [75] vermitteln. Das klappt bei einfachen Begriffen bereits gegen Ende der 5. Klasse.

Was die heißbegehrten Apps angeht, so finden Sie eine Zusammenstellung u. a. auf den Webseiten von *SCHAU HIN! Was Dein Kind mit Medien macht* [54], *Klicksafe.de* [41] und *fragFINN* [24].

Bevor Sie Ihrem Kind eine App anbieten, prüfen Sie sie in Bezug auf Alterspassung, Werbung, Gefahren wie bedenkliche Inhalte, Nutzerinteraktion oder Spieldruck, In-App-Käufe oder andere Kostenfallen!

Weiterhin empfiehlt sich auch das kreative Üben mit dem Minicomputer *Calliope* [16], der auch Anwendungsmöglichkeiten für Kinder bietet, die dem Grundschulalter schon entwachsen sind.

Praktische Empfehlungen zum Medienschutz

Eltern orientieren sich nach meiner Erfahrung gerne an bewährten Regeln. Sie fragen z. B. „Wann sollen wir unserem Kind das erste Smartphone kaufen?“. Natürlich gibt es auf solche Fragen keine allgemein gültigen Antworten, aber doch immerhin Hilfestellungen, die die Eltern für ihre Erziehung und ihr Umfeld heranziehen können.

Solche Hilfestellungen bietet z. B. ein Flyer, der vom Landeselternbeirat in Hessen herausgegeben und stets aktualisiert wird. Er enthält praktische Empfehlungen, die mit freundlicher Genehmigung des Herausgebers in Tafel 14.1 auf der nächsten Seite wiedergegeben sind.

Der Untertitel „Eltern schützen Kinder vor Gefahren. Tun sie das auch im Internet?“ ist wohl als Weckruf zu verstehen.

Denn Sie ahnen es schon: Die Umsetzung dieser Empfehlungen erfordert von Seiten der Eltern konsequentes Verhalten. Aber kennen Sie nicht ein ähnliches Thema, nämlich die Verkehrserziehung? Lassen Sie Ihr Kind ohne Führerschein ans Steuer?

Elternthemen 4: Elternflyer. — *Stellen Sie, z. B. auf einem Elternabend, die 16 Punkte des Elternflyers vor und regen Sie darüber eine Diskussion an!*

a. Erklären Sie das Kinderzimmer mindestens bis zum Alter von 14 Jahren zur bildschirm- und internetfreien Zone.

b. Sammeln Sie Handys und andere tragbare digitale Geräte abends ein, am besten vor dem Abendessen.

c. Ein Smartphone mit mobilem Internet bedeutet permanenten Vollzugang zur Erwachsenenwelt. Ab welchem Alter wollen Sie das Ihrem Kind zumuten?

d. Die wöchentliche Bildschirmzeit sollte maximal 1 Stunde pro Lebensjahr betragen, bei 14jährigen also höchstens 2 Std. täglich.

e. Bildschirme sollten nicht die Freizeit Ihres Kindes dominieren. Fördern Sie bildschirmfreie Aktivitäten: Sport, Musik, Kunst etc.

f. Begleiten Sie die Onlineaktivitäten Ihres Kindes aktiv, entdecken Sie gemeinsam die digitale Welt.

g. Machen Sie sich und Ihr Kind mit den Funktionen von Computern, Tablets, Handys und Spielekonsolen vertraut.

h. Richten Sie Ihrem Kind kein Administratorkonto, sondern ein eingeschränktes Benutzerkonto am Computer ein.

i. Sie sollten wissen, welche Apps Ihre Kinder nutzen, auf welchen Websites sie surfen und mit wem sie online Kontakt haben.

j. Vermitteln Sie Regeln zum Schutz der Privatsphäre.

k. Für Kinder unter 14 Jahren sollten Kinderschutzoptionen genutzt werden. [...]

l. Sprechen Sie mit Ihrem Kind regelmäßig über Onlinerisiken, rechtliche Aspekte und strafbare Handlungen.

m. Halten Sie sich an Altersfreigaben und das Jugendschutzgesetz und zeigen Sie dabei Stärke gegen „alle anderen haben / dürfen das aber!“

n. Vereinbaren Sie klare Nutzungsregeln und seien Sie dabei konsequent.

o. Schließen Sie einen Handynutzungsvertrag mit Ihrem Kind, zu finden auf [65]

p. Posten Sie keine Kinderbilder in sozialen Netzwerken!

Tafel 14.1.: Empfehlungen zum Medienschutz nach [65]

Im Dschungel der vielen kommerziellen Anregungen, die sich gerne mit dem Label „unbedenklich“ oder gar „pädagogisch wertvoll“ präsentieren, ist es für Sie, liebe Eltern, immer wieder nützlich, einschlägige Informationsquellen genauer zu studieren. Das braucht etwas Zeit, doch sind Sie dann auf dem sicheren Weg!

Impuls 15: Professionelle Webseiten. — *Handeln Sie gemäß dem Motto:„ Das Internet ist nicht gefährlich – wenn man sich damit auskennt!“ [66]!*

Webseiten wie SCHAU HIN! Was Dein Kind mit Medien macht *[54],* fragFINN *[24] und* Klicksafe.de *[41] schenken Ihnen hilfreiche Tipps und Orientierung in rechtlichen und pädagogischen Fragen der Internetnutzung Ihres Kindes.*

14.5. Die „Insel der echten Kommunikation“

„Modernes Familienleben“ mit Kindern, die bei Tisch mit Filmegucken auf dem Tablet bei Laune gehalten werden? – Nein danke!

Auch wenn es nicht immer einfach für Sie als Eltern ist, mit Ihren Kindern ein Familienleben mit guter Kommunikation zu pflegen: Ihre Anstrengungen wirken sich positiv auf die gesamte Familie aus.

Denn gute Kommunikation im Familienkreis mit zuverlässigen Zeiten und Ritualen stärkt alle Mitglieder der Familie.

Die Kinder, die schon langsam in der Pubertät angekommen sind, finden es vielleicht nicht „cool“, viel Zeit am Esstisch mit ihren Eltern zu verbringen. Viele würden wohl lieber, wenn sie die Wahl hätten, im Kinderzimmer über Smartphone mit ihren Freunden kommunizieren.

Angesichts der vielen genannten Gesichtspunkte und Probleme mögen Sie sich fragen, wie Sie als Familie trotz des Überangebots an digitalen Medien zu einer Kultur des ungestörten Miteinanders und guten Gesprächs finden können.

Das kann in der Familie gut klappen, wenn alle an einem Strang ziehen, d. h. auch die Eltern ihre Smartphones und Tablets nur dann nutzen, wenn das Familienleben dadurch nicht gestört wird.

Manche Eltern haben „ein enges Verhältnis“ zu ihren Smartphones und wundern sich über ihr Kind, welches auch kaum davon ablassen kann.

Hierzu haben kinderreiche Familien bereits clevere Konzepte auf Lager. So habe ich von einer Familie gehört, in denen vor dem gemeinsamen Abendessen die Smartphones aller Familienmitglieder (auch die der Eltern!) abgeschaltet auf den Kühlschrank gelegt werden, damit die Kommunikation bei Tisch ungestört und von Angesicht zu Angesicht erfolgen kann. Wenn ein Kind ein solches Ritual erlebt, wird es unabhängiger vom Gebrauch seines Smartphones und erlebt seine Eltern als Vorbilder. Wertvolle Anregungen für bildschirmfreie Familienzonen finden Sie auch bei JUUL [35] sowie bei BLECKMANN und LEIPNER [9].

Solcherlei Praxistipps können Sie vielleicht auch in Ihrem Umfeld finden.

Elternthemen 5: Familienregeln. — *Ein Thema beim Elternstammtisch könnten auch einmal die Möglichkeiten einer smartphonefreien Kommunikation in der Familie sein.*

Teil V.

Endlich ist es so weit: Lernen und Leben in der neuen Schule

15. Spannender Einstieg: Die Klassen 5 und 6

15.1. Was lernen wir heute?

Szene 25: Lernfreude. — *Sophie hüpft ganz aufgeregt in der Diele. Sie drängt ihre Eltern dazu, endlich das Haus in Richtung Schillergymnasium zu verlassen.*

Max bekommt beim Frühstück keinen Bissen hinunter und kämmt sich zum dritten Mal die Haare vor dem Spiegel. Gleich geht's endlich los!

Elif sitzt mit ihren Eltern bereits in der ersten Reihe der Turnhalle. Die Familie stand schon um 7:30 vor der Tür und wartete auf den Hausmeister!

Die drei Freunde bekommen von der liebevoll gestalteten Aufnahmefeier vor Aufregung kaum etwas mit, nur, dass ihre Eltern des öfteren begeistert klatschen.

Als sie hören, dass sie zusammen in die 5c kommen, jubeln sie laut und gehen mit den neuen Klassenkameraden die Schultreppe hinauf, das Klassenleiterteam, Frau Reinhardt, mit den Fächern Naturwissenschaften und Sport, und der neue Deutschlehrer Herr Liebmann, voran. Manche Väter japsen mit ihrer Videokamera hinterher, bis sie vor dem Klassensaal gestoppt werden.

Dort ist ein Sitzkreis aufgebaut und der Unterricht beginnt mit lustigen Spielen zum Kennenlernen. Darauf folgt ein naturwissenschaftlicher Versuch mit einem Eimer voll kalten, einem voll heißen und einem dritten voll lauwarmen Wassers. Er heißt „Von der Sauna ins Eisloch“ und die Kinder dürfen mit den Händen von heiß nach lauwarm und kalt nach lauwarm unvermutete Temperaturunterschiede fühlen und sich dazu Hypothesen überlegen.

Plötzlich das Klingelzeichen – Oh nein! Das soll heute schon das Ende des Unterrichts gewesen sein? „Immerhin haben wir schon etwas gelernt!", denkt Elif. Und dürfen bald noch mehr lernen in der Schule, wo schon so viele Große sind.

Die frischgebackenen Fünftklässler stürmen die Treppe hinunter in den Schulhof, wo die Eltern an Biertischgarnituren sitzen und mit den anderen Eltern über Kinder und Schule schwatzen, insgeheim hoffend, dass ihr Kind die erste Unterrichtsstunde erfolgreich übersteht.

Mit hochrotem Kopf erklärt der stolze Max seinen Eltern: „Wir haben einen Versuch gemacht, den mache ich zu Hause gleich nochmal in meinem Zimmer. Wir haben doch drei Eimer?"

15.2. Das viele Neue

Sie lesen richtig: Der Einstieg in die weiterführende Schule wird von den meisten Zehnjährigen zwar als anstrengend, jedoch insgesamt als sehr positiv und spannend erlebt. Und Sie erleben vielleicht am Beispiel Ihres Kindes: Fünftklässler lernen, auch wenn es nicht immer einfach ist, eigentlich gerne und sind vom fachlichen Können ihrer zahlreichen neuen Lehrer beeindruckt.

Manche Eltern fühlen sich vielleicht noch nostalgisch mit der Grundschulzeit verbunden, wo alles so persönlich und nach recht einfachen Regeln zuging: „Das hätten wir uns vielleicht noch etwas länger gewünscht!"

Das viele Neue betrifft auch Sie, liebe Eltern: Damit es für Sie einfacher wird, gibt es empfehlenswerte wegbegleitende Lektüre. In Magazinen wie *SCHULE online* [14] im Netz oder alle zwei Monate als Zeitschrift [13] finden Sie interessante Informationen und Denkanstöße, aktuell aufbereitet.

Schauen Sie mal: Ihr Kind hüpft schon fröhlich voraus, es ist auf einem Entwicklungsstand, in dem es sich in der Regel gerne auf Neues einlässt. Das neue Gebäude, der neue Klassenverband, neue Freunde, neue Lehrer mit neuen Methoden, all das erleben die meisten Kinder als sehr spannend. Es tut sich vor ihnen ein neues Universum auf, verbunden mit mehr Verantwortung und auch mit größerer Freiheit: Es muss sich um viel mehr als nur um das Lernen herum, wie z. B.

um sein Spindschloss oder die Chipkarte für die Mensa. Es wird vielleicht auch ein wenig energischer zur Rechenschaft gezogen als bisher, wenn es nachlässig ist.

Ich kenne nur wenige Fünftklässler, die sich nach drei Wochen in der weiterführenden Schule zurück an ihre Grundschule gesehnt haben. Natürlich erzählen die meisten gerne von ihren überwiegend guten Erfahrungen der ersten Jahre und viele besuchen noch einige Male ihre geliebte Grundschullehrerin in der vertrauten Schule. Doch ihr Blick ist nun nach vorne gerichtet.

15.3. Klassen- und Schulgemeinschaft

Fünftklässler nehmen, zunächst vielleicht noch ein bißchen bange, mit großem Interesse ihre neuen Klassenkameraden wahr. Hinzu kommen bis zu acht neue Lehrkräfte, die alle ganz unterschiedlich sind! Das ist für viele Kinder sehr aufregend, doch sie haben bereits nach zwei Wochen ihre Lieblingslehrer, die sie sich anzusprechen trauen und die ihnen Halt im großen Labyrinth geben.

Was Ihrem Kind vielleicht am ehesten Kummer bereitet ist die Tatsache, dass es plötzlich eines der jüngsten Mitglieder einer großen Schulgemeinschaft ist, in die man sich erst einmal hineinarbeiten muss. In der 4. Grundschulklasse gehörte es zu den „Chefs“, die gerne einmal auf die Jüngeren herabsahen. Nun spürt es auf der Jagd nach einem freien Fahrradständer, in der Warteschlange vor dem Kiosk des Hausmeisters und nicht zuletzt in jeder großen Pause auf dem Schulhof und in den Gängen, dass es noch lange dauern wird, bis es mit den „alten Hasen“ mithalten kann.

Nach und nach fallen zuhause auch neue Namen von Kindern, die Ihr Kind sympathisch findet und die es einmal nach Hause einladen möchte„ auch wenn sie weiter weg wohnen.

Sie tragen viel zum Wohlbefinden Ihres Kindes in der neuen Schule bei, wenn Sie ihm diesen Wunsch möglichst rasch erfüllen.

Am unkompliziertesten ist es, wenn Sie auch bald die Eltern der betreffenden Kinder kennenlernen, gegenseitige Besuche verabreden und die Wege zwischen den Wohnungen üben.

Auf diese Weise lernen Sie nicht nur Schulfreunde Ihres Kindes kennen, sondern können sich auch darauf freuen, wenn Ihnen im Gegenzug auch einmal andere Eltern Freiräume verschaffen.

15.4. Begleitung mit Augenmaß

Sie, liebe Eltern, müssen sich nun auch neu orientieren. Jedoch werden Sie bald spüren, dass Ihr Kind selbstständig sein möchte und mit seinen zehn Jahren viel besser mitdenken kann als vor vier Jahren bei der Einschulung in der Grundschule.

Blicken Sie also all dem Neuen, das Ihr Kind erleben wird, vertrauensvoll entgegen: Ihr Kind wächst ganz alleine an seinen Aufgaben und weiß sich meist selbst zu helfen. Es braucht jetzt ruhige und abwartende Eltern, die erst einmal den Ablauf beobachten und nicht gleich in Prozesse eingreifen, die sich auf den ersten Blick nicht erschließen wie z. B. das Vokabellernen in der ersten Fremdsprache, die Ausleihmodalitäten in der Schulbücherei oder anfängliche Auseinandersetzungen in der Klasse um die Sitzordnung. Das muss sich alles erst einmal „zurechtruckeln" und in der Regel gewähren die Pädagogen Ihrem Kind auch eine angemessene Eingewöhnungszeit. Außerdem liegt wahrscheinlich schon die erste Einladung zum Elternabend in zwei bis drei Wochen auf dem Tisch. Bis dahin lassen sich die ersten Fragen auf einem Blatt Papier sammeln.

Mit geduldigen und gelassenen Eltern im Hintergrund kann sich Ihr Kind am besten einleben und Schritt für Schritt die neuen Regeln und Verfahren verstehen und danach handeln.

Ihrem Kind wird es auch guttun, wenn Sie Rücksicht auf die Anstrengungen der ersten Wochen in der neuen Schule nehmen. Fast jedes Kind möchte in den ersten Herbstferien erst einmal ausschlafen dürfen. Zur Oma fahren, vielleicht einmal ganz alleine, oder vor Ort mit den Eltern oder Klassenkameraden ein paar schöne Unternehmungen planen, das wird ihm zusagen. Gemeinsam Pilze suchen oder ins Schwimmbad gehen ist jetzt vielleicht eher hilfreich für Ihr Kind als ein aufwändiger Cluburlaub auf den Kanaren oder ein Englisch-Förder-Camp.

15.5. Hilfe, mein Kind wird selbstständig!

In der Grundschule wurde vieles eingeübt, was jetzt Früchte zeitigt.

Genießen Sie die Selbstständigkeit Ihres Kindes! Sie dürfen und sollen sich nun zurückhalten, denn Ihr Kind hat einen großen Sprung nach vorne gemacht und will nun möglichst viel ohne die Eltern bewältigen können und von Ihnen „erwachsener“ behandelt werden.

Ranzen packen Die meisten Fünft- und Sechstklässler kommen mit der Aufgabe Schritt für Schritt alleine zurecht. In den ersten Wochen auf der weiterführenden Schule schleppen sie noch alles mit, weil sie nichts falsch machen wollen.

Sie freuen sich dann, wenn Sie weitestgehend von „offiziellen“ Stichproben absehen und lieber mit ihm im Alltagsgespräch über die vielen Dinge, die es täglich benötigt, sprechen. Es wird mit der Zeit das ein oder andere Buch selber aus dem Ranzen nehmen, um sich zu entlasten.

Und ganz wichtig:: Kommen Sie bitte nicht zur ersten großen Pause in den Schulhof oder gar während des Unterrichts in die Klasse, um den vergessenen Turnbeutel zu bringen! Das findet Ihr Kind jetzt oberpeinlich!

Auch wir haben früher gelernt damit zu leben, wenn wir etwas für die Schule vergessen hatten! Wie hätten wir sonst gelernt, unsere „sieben Sachen“ einzupacken?

Der Schulweg Die meisten Eltern sind erstaunt, wie schnell die Zehnjährigen alleine oder, noch besser, mit Schulfreundinnen und -freunden, den Weg zur neuen Schule meistern.

Schüler finden es auch eher peinlich als schick, im Auto vor der Schule abgesetzt zu werden, auch wenn es ein SUV sein sollte! Wenn Sie Ihr Kind aufgrund der großen Entfernung oder in Zusammenhang mit Ihrem Berufsweg mit dem Auto zur Schule bringen, freut sich Ihr Kind, wenn Sie es in reichlicher Entfernung von der Schule aussteigen lassen. Es gibt ihm die Möglichkeit, den ein oder anderen auf dem Weg zu treffen oder sich einfach schon mal alleine der Schule zu nähern und sich gedanklich auf den Tag einzustellen.

Mit zunehmendem Alter wird der Schulweg auch ein Stück Lebenswelt für Ihr Kind, in der es sich erproben kann.

Deshalb lohnt es sich, sich mit diesem Thema zu befassen, wie es folgender Online-Artikel [67] tut:

> „Der 22. September ist jedes Jahr der „Zu Fuß zur Schule“-Tag, nicht nur in Deutschland, sondern weltweit. An diesem Tag werden Kinder aufgefordert sich zu bewegen – also zu Fuß, mit dem Fahrrad oder dem Roller zur Schule zu kommen. Auch Eltern, Lehrerinnen und Lehrer sowie Erzieherinnen und Erzieher sollen mitmachen und an diesem Tag das Auto stehen lassen.“ [1]

Elternthemen 6: Schulweg. — *Besprechen Sie mit anderen Eltern das Thema „Schulweg“. Vielleicht hilft es auch, beim Aktionstag mitzumachen oder die vom Aktionsbündnis entwickelten Materialien zu nutzen.*

Selbstständig vor Ort mit öffentlichen Verkehrsmitteln fahren In der weiterführenden Schule ist es durchaus üblich, dass schulische Exkursionen nicht von der Schule aus starten oder dort enden, sondern dass man sich z. B. an einem übersichtlichen Ort in der Nähe des Bahnhofs verabredet und die Kinder dort auch wieder entlassen werden. Kinder möchten auch in solchen Situationen gerne selbstständig werden und, wenn möglich, auf das Elterntaxi verzichten. Sie finden sich rasch im Liniennetz der öffentlichen Verkehrsmittel zurecht, wenn sie es, auch gemeinsam mit Freunden, ein paar Mal unter Aufsicht üben dürfen.

16. Neue Themen rund um die Schule

16.1. Die Schulmensa ist kein Restaurant!

„Nein, meine Suppe ess' ich nicht," ruft uns der Suppenkasper aus dem Struwwelpeter empört zu, und viele Suppenkasper aus der Mensa ihren Eltern!

Komischerweise glauben manche Eltern die Mensaberichte ihres Kindes unbesehen, die Geschichten von den Kaugummiwürstchen, dem Erbsenmatsch und den halbtrockenen Klebenudeln. „Dazu, Mama, stell dir vor, gab es auch heute wieder nur Leitungswasser zu trinken", setzt der Sprössling seine Aufzählung fort und bekommt auch gleich zum Trost eine süße Limo gereicht.

Natürlich machen Sie sich als Mutter und Vater Gedanken darüber, was Ihr Kind täglich zu essen bekommt. Sie haben auch die Möglichkeit, über die Leitung des Ganztagsangebots oder den Schulelternbeirat Erkundigungen einzuholen.

In den meisten Mensen erhalten die Schülerinnen und Schüler ein recht ausgewogenes Essen, kindgerecht dazu: Statt Salat gibt es fast überall auch täglich kleingeschnittene Tomaten, Paprikaschoten, Möhren und Gurken, zum Nachtisch oftmals Obst oder Joghurt.

Kluge Eltern oder Pädagogen erklären den Schülern, dass Mensa mit Kantine und nicht mit Restaurant gleichzusetzen ist: Es geht hier eben nicht so schick zu. Und die ein oder andere Speise kann auch mal nicht so gut munden, vielleicht auch, weil Papa die Tomatensauce einfach anders würzt als der Koch des Schulessens. Jedoch ist täglich viel Gutes dabei und es kostet wenig. Einen Restaurantbesuch kann man sich nicht täglich leisten! Millionen Menschen gehen daher mittags in die Kantine.

Mit einer solchen Erklärung geben sich nach meiner Erfahrung die meisten Schüler zufrieden. Und eine vorbildliche Gruppe von

Schülern, die nicht nur den Teller leer essen, sondern auch manierlich zu essen gelernt haben, findet sich glücklicherweise auch in jeder Mensa. Essen lernen ist ein Prozess, der im Elternhaus eingeübt werden muss und wozu die Schule nicht viel beitragen kann.

Kinder, die das Ganztagssystem von der Grundschule her kennen, fügen sich in der Regel leichter in die neue Schulmensa ein. Wenn ein junger Mensch gelernt hat, sich in einer Kantine auch mal mit seinen Ansprüchen ein wenig anzupassen, hat er es im späteren Berufsleben und auch auf Reisen leichter.

Was die Qualität der Mahlzeit betrifft, so ist es natürlich berechtigt, diese zu überprüfen und ggf. auch zu reklamieren. An manchen Orten hält das Essen nicht, was der Speiseplan verspricht.

In der Regel fällt der Schulträger die Entscheidung darüber, welche Firma mit der Essenslieferung betraut wird und welches Verfahren im Wettbewerb obsiegt: *cook and chill* oder tiefgefroren? Oft geht es nach dem günstigsten Preis. Am besten ist natürlich selbst gekochtes Essen, wenn die Möglichkeiten vor Ort dafür geschaffen werden können. Es gab schon viele Elterninitiativen, die sich erfolgreich für eine Schulküche engagiert haben und die auch selbst mithelfen.

In unserer Zeit sind erschreckend viele Kinder übergewichtig oder gar adipös, nicht selten mit dem Risiko Diabetes als Folge. Es gibt bereits Qualitätsstandards für Kita- und Schulverpflegung. Diese Empfehlungen werden bereits in Berlin und im Saarland umgesetzt. KÜNAST erläutert in einem Interview [40] die Hintergründe.

16.2. Den Schulalltag planen

Vorsicht vor Überlastung! Heute stürmen im Alltag viele Anforderungen auf die Kinder ein: Sie sollen gut ausgeruht und möglichst schon mit einem Frühstück im Magen in der Schule erscheinen. Sie sollen nicht nur dem Lernprogramm der Schule gut folgen können, sondern sie sollen sich zudem auch noch sportlich und musikalisch betätigen oder gar noch einen Computer- oder Hochbegabtenkurs absolvieren. Schließlich möchten alle Eltern für Ihr Kind das Beste.

Ich kenne kaum ein Kind in der Unterstufe, welches nach der Schule und den Hausaufgaben „nur“ spielt, wie das früher üblich war. Die Zeiten haben sich geändert und damit auch die Anforderungen an unsere Kinder.

Ihre schwierige Aufgabe als Eltern besteht nun darin, den Schulalltag und die zusätzlichen Aktivitäten Ihres Kindes in der Balance zu halten. Oft habe ich erlebt, wie noch recht junge Schüler einen großen Leistungseinbruch erfuhren und die Eltern die Schuld daran erst einmal in der Schule suchten: „Die haben uns nicht gewarnt. Unser Kind kann nichts dafür.“ Ja, Ihr Kind kann nichts dafür. Sie haben als Eltern wahrscheinlich nicht bemerkt, dass Ihr Kind zuhause auch einmal zur Ruhe kommen und Zeit zum Arbeiten für die Schule finden muss. Das kann allen Eltern passieren. Wenn sie die Ursachen erst einmal erkannt und akzeptiert haben, finden sie wie im folgenden Fall auch gute Lösungen.

Szene 26: Tagesplanung. — *Sophie, Max und Elif sind in der fünften Klasse. Die Ganztagsschule läuft montags bis donnerstags bis 16:00, freitags ist um 13:00 Unterrichtsende. Sascha aus ihrer Klasse soll drei Mal wöchentlich eine halbe Stunde früher aus der Ganztagsschule entlassen werden, um direkt im Anschluss zum jeweils zweistündigen Fußballtraining zu gehen, welches ein erfolgreicher Sportverein anbietet. Das bedeutet, dass er an drei Tagen inklusive der Wege von 7:30 bis 18:30 Uhr unterwegs ist. An zahlreichen Wochenenden fallen zusätzliche Trainingseinheiten an. Hinzu kommen die Mannschaftsspiele. Dass ihr Sohn wie ein Jungmanager lebt, fällt den Eltern erst auf, als er plötzlich in den meisten Fächern schlechte Noten schreibt und sich im Umgang mit seinen Lehrern recht aufsässig verhält.*

Das Klassenleitungsteam Frau Reinhardt und Herr Liebmann laden die Familie zu einem Lehrer-Eltern-Schüler-Gespräch ein, bei dem der Fünftklässler gefragt wird, was ihn denn so ärgert, dass er nicht mehr lernen will und warum er oftmals so wütend ist. Er sagt, er sei immer so müde und könne sich nicht mehr auf den Unterricht konzentrieren.

Seine Aggression, meint Herr Liebmann zu den Eltern, ist eine Art Notwehr, weil er im Alltag nicht zur Ruhe kommt. Es wird beschlossen, dass Sascha weiter im Fußballverein spielen darf. Die Eltern nehmen ihn zum nächtsmöglichen Termin aus dem Ganztagsschulangebot heraus. Der Vater organisiert seine Berufstätigkeit so, dass er Sascha mittags nach dem Pflichtunterricht empfangen kann. Der Junge findet wieder zu sich. Die Rettung glückt, nachdem die Eltern einen bewussten Kurswechsel vorgenommen haben.

Dies ist eine am Kind orientierte Lösung, die allerdings vom Vater einfordert, dass er, zunächst auf unbestimmte Zeit, in den frühen Abendstunden seinen beruflichen Pflichten nachkommt, z. B. in Form von *Home Office*. Alleinerziehende haben es ungleich schwerer mit solchen flexiblen Lösungen. Da hilft manchmal ein zuverlässiges Netzwerk oder eben doch wieder die gute Oma.

Es geht bei diesem Beispiel darum, dass die Eltern an ihrem Leben etwas ändern, damit es ihrem Sohn gut geht. Solche Entscheidungen sind natürlich nicht in allen Familien möglich, jedoch lässt die Lebensgestaltung oft mehr Flexibilität zu, als man zunächst denkt. In der Regel geht es auch nur um zwei bis drei Jahre, bis das Kind selbstständiger geworden ist.

Auch wenn sich Ihr Kind nicht einem so zeitaufwändigen Hobby wie Sascha verschreibt: Es empfiehlt sich, jeden Tag genau anzuschauen und daraus eine vernünftige Planung zu entwickeln. Dabei sollten Sie in erster Linie die Wünsche Ihres Kindes mit einbeziehen. Vielleicht will es nach zwei Jahren wirklich nicht mehr Geige spielen. Vielleicht ist es hochzufrieden, wenn es in der Kindergruppe der Gemeinde zum Tischtennis und zur Gruppenstunde gehen darf.

Auch bei der Tagesplanung ist es für Ihr Kind hilfreich, wenn Sie als gutes Vorbild vorangehen. Das bedeutet, dass auch Sie, wo möglich, Ihren Terminkalender nicht zu dicht planen und dass Sie dabei an Quellen der Kraft und Kommunikation im Familienleben denken:

Es gibt Eltern, die z. B. sonntags grundsätzlich nicht arbeiten, sondern den Tag als Oase im turbulenten Alltagsgeschehen feiern.

Das ist zugegebenermaßen nicht immer einfach, jedoch kann es auch für Ihr Kind zu einer wunderbaren Erfahrung werden, die sein ganzes weiteres Leben prägen wird.

Impuls 16: Tagesplanung. — *Beobachten Sie Ihr Kind, ob und vor allem, wie es all seine Vorhaben schafft!*

Nehmen Sie sich genügend Zeit, den Tagesablauf Ihres Kindes immer wieder zu durchdenken und mit ihm darüber zu sprechen!

16.3. Gemeinsam ein Ordnungssystem einrichten

Es ist schon für uns Erwachsene eine anspruchsvolle Aufgabe, all die vielen Papiere, Informationen und Broschüren, die täglich auf uns einstürmen, und erst recht die Flut an digital übermittelten Informationen so zu ordnen, dass wir einen guten Zugriff darauf haben. Für Zehnjährige ist das Problem kaum alleine lösbar.

Wenn Max dienstags nach Hause kommt und vormittags fünf verschiedene Fächer gehabt hat, sitzt er jetzt, in den ersten Wochen auf der weiterführenden Schule, oft ganz ratlos auf dem Boden, umgeben von losen Papieren, Büchern, Blocks, Vokabelkartei und leerer Brotdose.

Wie sagen französische Manager in einer vergleichbaren Situation doch so treffend: „Ich kann jetzt nicht, *je suis dans les papiers* ...“ Solange die Arbeit nicht irgendwie aufgeräumt ist, geht gar nichts mehr.

Ordnung ist das halbe Leben! Was das Lernen in der weiterführenden Schule betrifft, so macht den Kindern oft das Einstürmen unterschiedlicher Lernmethoden und Ordnungssysteme zu schaffen. Manche kommen mit den Inhalten der Aufgaben viel besser zurecht als mit der Ablage!

In der weiterführenden Schule hat Ihr Kind plötzlich acht bis zehn Fächer und kommt täglich mit einem neuen Stapel von Arbeitsblättern nach Hause. Für manche Fächer hat es ein mehrteiliges Lehrwerk: Zum Englischbuch gehört ein *Workbook* zum Hineinschreiben und vielleicht noch ein Grammatikbuch, welches zur Anschaffung empfohlen wurde. Glücklicherweise werden die Materialien für Kunst in der Regel in der Schule aufgehoben.

Für die meisten Fächer eignen sich Schuber zum Hineinschieben des Lernmaterials. Die neuen wie auch die entliehenen Bücher müssen erst einmal eingebunden werden. Lose Blätter sollten abgeheftet oder eingeklebt sein! Falls ein Lehrer bereits gelochte Arbeitsblätter ausgibt: Loben Sie ihn! Anstelle von Schubern lassen sich auch eine Hängeregistratur mit Hängeboxen verwenden oder gestapelte Ablagekörbchen, nach Fächern sortiert.

Drei Taschen für den Sport! Für Sport benötigt Ihr Kind ein Set für die Halle und eines für draußen. Im Sommer kommen die dafür nötigen Dinge in eine Tasche, denn oft entscheidet die Sportlehrkraft je nach Wetter erst am Tag selbst, wo der Unterricht stattfinden soll. In einzelnen Klassenstufen kommt der Schwimmunterricht hinzu. Also bedarf es eines gepackten Schwimmsets, damit man nicht frühmorgens auf Kosten des Frühstücks in aller Eile alles zusammensuchen muss!

Das Wichtigste nah bei der Tür! Und wenn dann auch noch die Bus- und die Mensakarte ihren Platz, z. B. in der Anoraktasche, haben und der Spind- und der Hausschlüssel griffbereit am Haken neben der Tür hängen, kann nichts mehr schiefgehen!

Wenn es Ihnen und Ihrem Kind gelingt, die häusliche Ordnung so einigermaßen hinzubekommen, werden Sie bald die Früchte der Mühen genießen: Ein entspannntes morgendliches Frühstück mit rechtzeitigem Aufbruch in die Schule. An nichts muss mehr gedacht werden!

Getrennt lebende Eltern tun sich mit einem Ordnungssystem manchmal besonders schwer: Sonntag gegen Abend kommt ihr Kind mit seinen Schulsachen von Freitag nach Hause, nachdem es, wie alle 14 Tage, den Vater oder die Mutter besucht hat. Es wurde verwöhnt, gemeinsamer Spaß stand im Vordergrund. Also finden sich im unangetasteten Ranzen vielleicht nicht nur das angebissene Brötchen, sondern auch unerledigte Matheaufgaben, die der Lehrer als Anregung zum Üben vor der Klassenarbeit mitgegeben hat. Das

Kind gerät in Panik: „Ich habe ja nur noch einen Tag Zeit zum Üben bis Dienstag.“, mag es denken. In solchen Fällen muss auch zwischen den getrennt lebenden Eltern die ein oder andere Absprache getroffen werden, denn es geht um das gemeinsame Kind!

Auch in der Schule klappt das mit der Ordnung oft nicht so gut: Viele Kinder, nicht nur Ganztagsschüler, haben Spinde, in die sie ihre Materialien einfach schnell hinein werfen! Kein Wunder: Manche dieser Spinde sind ohne Einteilung, weil darin ja auch häufig der ganze Schulrucksack oder die Turntasche Platz finden müssen. Da hilft nur, die Spinde alle vier bis fünf Wochen einmal vollständig leeren zu lassen, sonst verstecken sich dort zu viele unerwünschte Dauergäste wie Apfelbutzen, zerdrückte Gummibärchen oder angebissene Müsliriegel inmitten eines Papierwustes.

Wenn es um kleinere überschaubare Ordnungsaufgaben geht, können Sie Ihr Kind getrost seine eigenen Erfahrungen machen lassen, indem Sie z. B. nicht selbst den Karteikasten für Englisch basteln oder die losen Blätter für Musik einordnen.

Und wenn auch der von Ihrem Kind gebastelte Karteikasten alles andere als praktisch, z. B. viel zu groß, ist, wird es, wenn es ihn so in die Schule bringt, selbst seine Erfahrungen damit sammeln. Und wenn der Musiklehrer sagt, dass Ihr Kind den neuen Ordner nur mit korrekt gelochten Blättern ohne Eselsohren ausstatten soll, dann beginnt ein wichtiger Lernprozess. Ihr Kind wird auch sehen, dass andere Kinder ähnliche Probleme haben. Das ist ganz normal und das wird es auch trösten.

Wenn Sie allerdings den Eindruck haben, dass die meisten anderen Eltern die Arbeitsmittel ihrer Kinder verwalten und diese immer perfekt ausgestattet in die Schule kommen, macht es Sinn, bald einmal ein Gespräch mit dem Musiklehrer zu vereinbaren. Vielleicht möchten Sie auch den Klassenelternsprecher informieren, damit das Thema „Elternhilfe“ – ein heißes Eisen! – zeitnah besprochen wird.

Elternthemen 7: Ordnung. — *Sie können als Tagesordnungspunkt für den Elternabend doch einmal die Ordnung der Schulmaterialien vorschlagen! Auch wenn einzelne Eltern vielleicht nicht mit der*

Wahrheit über ihre Schwierigkeiten mit der Ordnung herausrücken, könnte ein Gedankenaustausch einige Anregungen zutage fördern.

16.4. Umgang mit den Schulregeln

Ihre Korrektheit und Fairness helfen Ihrem Kind Schule wird besonders dann als „uncool“ eingeschätzt, wenn es um individuelle Entscheidungen für das eigene Kind geht. Oft hören Schulleitungen von Eltern Sätze wie: „Warum stellt Ihr Euch so an, wenn es doch nur um zwei Unterrichtsbefreiungen am Nachmittag wegen zwei Kindergeburtstagen geht? Darf unser Kind etwa keinen Spaß mehr haben?“ Oder: „Warum habt Ihr noch eine altmodische Schulglocke, die den Ablauf genau vorschreibt? Unser Kind kommt morgens schlecht in die Gänge und wir wollen daher Gleitzeit wie in der Nachbarschule.“ Oder: „Warum darf mein Kind nicht seinen neuen Hamster in die Schule mitbringen, wenigstens einmal, um ihn allen zu zeigen? Ihr seid ja sowas von unflexibel und freudlos, an der Welt der Kinder vorbei.“ Oder: „Warum darf sich mein Kind auf dem Ausflug nur das Eis kaufen, was sich alle kaufen? Das ist doch eine unerlaubte Bevormundung!“ Oder: „Warum sollen wir in die Schule kommen und das Smartphone unseres Sohnes abholen? Schließlich könnt Ihr das ja mit ihm direkt regeln, ich hab nichts damit zu tun, wenn er es im Unterricht verwendet. Ihr stehlt mir meine wertvolle Zeit.“

Über all diese Fragen kann man natürlich diskutieren und ggf. auch individuelle Entscheidungen finden.

Wichtig ist jedoch immer, sich als Eltern vor Augen zu halten, dass es in der Schule nie allein um ihr Kind geht: Der Gesamtablauf des Unterrichtstages soll möglichst ungestört sein und jede Extraregelung wird zum Präzedenzfall für weitere Wünsche, auch von anderen Eltern.

Und: Der Ton macht die Musik! Schließlich liebt man im Restaurant ja auch nicht unbedingt die Gäste, die in ruppigem Ton jede ihrer Bestellungen individuell verändert haben wollen.

Pünktliche und korrekte Krankmeldung dient der Sicherheit Ihres Kindes Auch wenn alles zuhause drunter und drüber geht, weil Sie mit Ihrem kranken Kind zum Arzt gehen und gleichzeitig eine Regelung an Ihrem Arbeitsplatz finden müssen: Die Schule muss rechtzeitig Bescheid wissen, dass Ihr Kind nicht kommen kann. Jede Schule hat dafür ihre Kommunikationswege, z. B. über Anruf im Sekretariat oder E-Mail an eine bestimmte Schuladresse, wo alle Krankmeldungen zusammenlaufen. Die Klassenleitung freut sich bestimmt darüber, nur im Notfall angerufen zu werden!

Kranke Kinder zuhause lassen Berufstätige Eltern kennen das Problem allzu gut: „Ich hab ganz arges Ohrenweh!“, jammert Ihr Kind, wenn Sie sich morgens gerade alle abmarschbereit machen. Sie kennen Ihr Kind und können einschätzen, ob Ihr Kind „nur“ Angst vor der Englischarbeit oder wirklich Schmerzen und vielleicht sogar Fieber hat. Im letzteren Fall ist es unbedingt ratsam, entweder selbst zu Hause zu bleiben oder für das Kind eine Betreuung zu finden, auch wenn Ihr Berufsalltag beim Organisieren ein wenig ins Schleudern gerät. Wenn Sie sich im Vorfeld schon ein paar Gedanken gemacht haben, wer von Ihrem Netzwerk kommen könnte bzw. zu wem Sie Ihr Kind bringen könnten, ist die Lösung einfacher, als wenn Sie durch die neue Situation völlig überrascht werden.

Manche von Ihnen meinen vielleicht, dass es sich bei der Regel „Kranke Kinder zuhause lassen“ um eine Selbstverständlichkeit handelt. Allerdings machen wir in der Schule die Erfahrung, dass Eltern immer häufiger ihr krankes Kind in die Schule schicken und die Schule dann ihre liebe Not hat, es angemessen zu beaufsichtigen. Oft wird ein beginnender Infekt schlimmer und langwieriger dadurch, dass ein Kind stundenlang zwischen bisweilen lauten Mitschülern im Klassensaal oder gar in einer zugigen Sporthalle sitzen oder alleine im Sanitätsraum liegen muss, statt sich zuhause zu entspannen.

Außerdem schaden Sie Ihrem Kind, wenn es sich nicht wohl fühlt und daher vielleicht eine schlechte Mathearbeit schreibt. Die Note und die damit verbundene Enttäuschung Ihres Kindes lassen sich nicht mehr rückgängig machen.

Keine Beurlaubungen aus privaten Gründen vor den Ferien Ein beliebter „Trick“ von Eltern ist es, günstige Flüge ein oder mehrere Tage vor den Ferien zu buchen. Das Argument dafür ist häufig: „Es passiert vor den Ferien ja eh nichts mehr in der Schule. Die Noten sind gemacht. Das Zeugnis können die von der Schule uns ja später zuschicken. Und überhaupt: Sonst kommt unser Sohn ja immer ganz brav, er ist gut in der Schule und wir machen der Schule keinen Ärger.“

Rein formal kann die Schulleitung Ihnen den Antrag auf vorzeitigen Urlaub abschlagen und ich kenne Schulen, die das grundsätzlich so handhaben. Damit würde die Fehlzeit im Zeugnis als unentschuldigt vermerkt werden.

Manchen Eltern ist das unangenehm, andere setzen sich fast jedes Jahr, besonders vor den Sommerferien, darüber hinweg, oft mit der Begründung, dass Tante x in Kalifornien mal wieder 90. Geburtstag feiert und die ganze Familie pünktlich zum Fest da sein sollte.

Keiner wird die Hintergründe Ihres Beurlaubungsantrags erforschen wollen. Das ist nicht Aufgabe der Schule.

Die Schule möchte vor den Ferien gerne besondere Unterrichtsformen wie z. B. Projektwochen und Exkursionen anbieten, bei denen die Schüler unbeschwert von Noten und Leistungsdruck etwas lernen und vor allem die Klassengemeinschaft in gelöster Stimmung erleben dürfen. Dazu gehört auch das Eisessen mit der Religionslehrerin, die die Schüler bisher noch nie von ihrer privaten Seite kennen gelernt haben. „Die ist ja richtig cool, bei der möchte ich im neuen Schuljahr besser mitarbeiten“, kann man dann durchaus mal hören.

Als wir selbst noch Schüler waren, haben viele von uns diese letzten Tage geliebt, vor allen Dingen vor den „großen“ Ferien. Da war die Schule plötzlich im Ausnahmezustand: Es war heiß, wir durften daher manchmal früher nach Hause und außerdem gab es gemütliche Arbeits- und Gesprächsgruppen rund um den Abschlussgottesdienst am letzten Tag oder darüber, wer die Klassenpflanzen mit nach Hause nimmt und die nächsten sechs Wochen gießt. Der Musiklehrer hatte einmal Zeit, uns in kleiner Runde seine zahlreichen Instrumente ausprobieren zu lassen.

Heute ist der Alltag mancher Familien in vielen Bereichen auf Effizienz getrimmt: Wenn in den letzten Tagen „nichts Richtiges“ mehr stattfindet, kann man ja auch gleich wegfahren.

Ihr Kind mag das ganz anders erleben, selbst wenn es das noch nicht selbst formulieren kann. Es genießt es, dass das z. T. anstrengende Schuljahr nun recht gemütlich zu Ende geht. Viele Kinder, selbst Kinder mit Migrationshintergrund, gehen nach meiner Erfahrung gerne zum Abschlussgottesdienst. Er gibt ihnen die Möglichkeit, zusammen mit den Schulkameraden in die Ferienruhe zu finden und sich schon auf die kommenden Wochen einzustimmen.

Oft findet in der letzten Schulwoche auch noch eine große Schulaufführung statt, z. B. die des großen Musicals, für die über 80 Kinder intensiv geprobt haben. Daran darf das Kind, welches schon frühzeitig mit den Eltern an die spanische Küste aufgebrochen ist, dann weder als Akteur noch als Zuschauer teilnehmen.

Vielleicht veranstaltet die Schule ja noch eine große Ehrung in der Turnhalle? Das wird noch einmal richtig spannend für die Schüler, wenn sie erleben, wie die erfolgreiche Hockeymannschaft der Schule nach vorne gerufen wird, um einen großen Siegerapplaus zu bekommen. Oder es darf sich die tüchtige Gruppe der Garten-AG präsentieren, die den Schulgarten nach ökologischen Grundsätzen beackert hat.

Kurz gesagt: Seien Sie ein Vorbild, indem Sie vorgegebene Regeln einhalten, und gönnen Sie ihrem Kind das gemütliche Auslaufen eines langen Schuljahres!

Elternthemen 8: Abschlusswoche. — *Erkundigen Sie sich nach dem pädagogischen Konzept, nach dem die Schule die Woche vor den Ferien gestaltet! Falls Sie von der ein oder anderen Gestaltungsidee der Schule nicht überzeugt sind, bleiben Sie darüber mit dem Schulelternbeirat im Gespräch, so dass eine konstruktive Diskussion über das Thema auch mit der Schulleitung stattfinden kann.*

16.5. Gute Gespräche mit Lehrkräften

„Oh je, mit der Lehrerin reden, das machst lieber du“, mögen Sie zu Ihrem Partner sagen, besonders, wenn das ein oder andere Gespräch in der Grundschule nicht so gut gelaufen sein sollte.

Liebe Eltern, erfolgreiche Gespräche lassen sich gut vorbereiten. Wenn es vom Thema her passt, ist es immer ein Gewinn für alle Beteiligten, wenn Ihre Tochter oder Ihr Sohn mit dabei sein kann.

In der Schule Ihres Kindes gibt es dafür vielleicht Vorbereitungsbögen für Lehrer, Eltern und Schüler. Wenn nicht, können Sie sich zuhause mit Ihrem Kind in Ruhe hinsetzen und Fragen an die Lehrkraft formulieren.

Mit dem Kompass **FAIR** im Hinterkopf fällt es Ihnen sicherlich leicht, sich auf diese einzustellen, vielleicht auch mit einem Feedback dazu, was sie der Klasse oder speziell Ihrem Kind Gutes tut. Damit verleihen Sie dem Gespräch eine positive Grundlage. Besonders wenn Eltern oder Kinder sehr enttäuscht von einem Vorfall in ein solches Gespräch gehen, ist es für sie manchmal schwierig, die Meinung der Lehrkraft zur besprochenen Thematik in Ruhe anzuhören und zu versuchen, ihren Standpunkt und ihre Wahrnehmungen nachzuvollziehen. Doch in Ruhe und im gegenseitigen Vertrauen lassen sich sicherlich Lösungen für Ihr Kind finden.

Und wenn es nicht so gut läuft wie erwartet, können Sie den Elternsprecher um Rat fragen oder die Stufenleitung einschalten.

Es ist durchaus üblich und schafft Klarheit für beide Seiten, wenn die Lehrkraft ein kurzes Gesprächsprotokoll erstellt, welches alle Gesprächspartner unterschreiben.

Manche Eltern haben Vorurteile oder gar Ängste gegenüber Lehrern. Häufig hören wir: „Mit dem kann man nicht reden“. Oder: „Die Lehrer haben sich untereinander abgesprochen und geben uns Eltern nie Recht.“

Es lohnt sich, sich mit diesen Gefühlen auseinanderzusetzen, z. B. mit Hilfe des Skripts von TRÄBERT *So reden Eltern erfolgreich mit Lehrerinnen und Lehrern* [68].

Sie werden bald merken: Mit der Schule lässt sich meist gut reden!

17. Lernen in Klasse 5 und 6

Drei wichtige Erkenntnisse mögen Sie sich als Eltern bewusst machen:

1. Ihr Kind ist ein individueller Lerner mit individuellen Voraussetzungen und einem individuellen Lerntempo!

2. Wachstum braucht Zeit!

3. Sie sind für Ihr Kind neben guten Lehrern der beste Schul-Begleiter!

17.1. Neue Aspekte des Lehrens und Lernens

Während früher eher das schrittweise Vorankommen der ganzen Lerngruppe im Mittelpunkt stand, orientiert sich der Unterricht heute zunehmend auch an den individuellen Bedürfnissen der Schülerinnen und Schüler [2]. Überdies wird heute die Lebenswirklichkeit in vielen Bereichen des Lehrens und Lernens häufig miteinbezogen.

Individuelle Ansätze Sie haben die individuellen Ansätze und Angebote bereits in der modernen Grundschulpädagogik kennen gelernt: Viele Lehrkräfte bieten heute immer mehrere Wege an, um dem Einzelnen einen Zugang zum Lernen zu ermöglichen.

Hier ein Beispiel: Sie kennen aus Ihrer Schulzeit sicher noch das verpflichtende Vokabelheft, mit dem fast alle Sprachlehrer arbeiteten. Heute werden im Fremdsprachenunterricht oft über das Vokabelheft hinaus vielfältige Zugänge zum Vokabellernen angeboten: Manche Schüler üben mit Freude und Erfolg neue Vokabeln mithilfe von Lernprogrammen am Computer, andere lernen sie besser ohne digitale Unterstützung, z. B. mit *Mindmaps* oder Vokabelkarteien. Manche Pädagoginnen oder Pädagogen setzen auf die Findigkeit ihrer Schüler:

Sie dürfen für sich selbst eine eigene Lernmethode entwickeln und sie der Klasse vorstellen.

Arbeiten im Team Heute ist es am Arbeitsplatz erforderlicher denn je, ein guter Teamplayer zu sein, der oder die es versteht, mit anderen zusammen ein Projekt voranzubringen. Bei der Mitarbeit und dem Erledigen von Aufgaben in der Schule kommt auch der sozialen Kompetenz eine große Bedeutung zu, nämlich dem Zuhören, Nachfragen und dem Eingehen auf den Anderen. Nur so können Aufgaben im Team gelöst werden.

Komplexere Aufgaben Neu in den Klassen 5 und 6 ist, dass die Aufgabenstellungen zunehmend komplexer werden. Es geht nicht nur darum, einen Aufgabentyp, z. B. in der Mathematik, so lange zu üben, bis man ihn kann. Es geht auch darum, Transferaufgaben zu lösen, d. h. das Gelernte auf andere Fachgebiete zu übertragen. So benötigt man im Fach Geographie z. B. für den Umgang mit Karten und Maßstäben einfache Rechenprozesse, für die Auswertung von Klimadiagrammen ein Grundverständnis für Diagramme aus der Mathematik.

Selbstbestimmtes und selbstständiges Lernen Eigeninitiative beim Lernen ist heute besonders gefragt und je nach Schule und Fach mehr oder weniger stark gefordert. Das Methodenspektrum reicht von angeleiteter Selbstständigkeit wie z. B. beim Stationenlernen bis hin zu offenen Lernforen, wo Schüler sich nach individuellen Plänen gleich ab der ersten Stunde morgens an die Arbeit machen, ohne dass eine Person sagt, was nun zu tun ist.

17.2. Hausaufgaben

„Was ist das alles kompliziert!“

In der Grundschule kamen die meisten Kinder recht gut mit ihren Hausaufgaben zurecht. In der Regel waren es nicht so viele und außerdem war es einfach, die Bearbeitung zu strukturieren, weil ein großer Teil davon für den nächsten Schultag bestimmt war.

In der weiterführenden Schule wird die Erledigung der Aufgaben komplizierter: Es gibt Schulen mit Wochenplänen, wie es auch in einigen Grundschulen Methode ist. Andere arbeiten konventionell, d. h. zu einem bestimmten Tag muss eine einzelne schriftliche oder mündliche Aufgabe gemacht sein. Manchmal muss auch eine besonders aufwändige Aufgabe innerhalb eines längeren Zeitraums erledigt werden, z. B. ein Poster mit englischer Beschreibung eines europäischen Landes gestaltet oder ein Herbarium für den naturwissenschaftlichen Unterricht angelegt werden.

Puh! – Die Hausaufgaben können ein ganz schöner Stress für alle Beteiligten werden: Für die Schüler selbst, die die Komplexität noch nicht managen können, für die Lehrkräfte, die auf die Erledigung, Auswertung und Kontrolle achten müssen und natürlich auch für die Eltern, die die neuen Strukturen oft auch noch nicht richtig durchschaut haben.

Hausaufgaben „auf Kommando“ in der Ganztagsschule Beim Erledigen der Hausaufgaben in der Lernzeit gelten feste Abläufe: z. B. zu Beginn das Einrichten von Plätzen mit den nötigen Materialien, um ungestörtes Arbeiten zu ermöglichen, und eine kurze Klärung aller anstehenden Aufgaben. Dazu auch spezielle Hausaufgabenhefte, in denen die betreuende Lehrkraft jede erledigte Aufgabe abhakt, auch als Möglichkeit für die Eltern, Einblick in die Arbeit ihres Kindes zu bekommen.

Nach meiner Erfahrung gibt es immer wieder einzelne Schüler, die zum Trödeln neigen oder gegen die angeordnete „Lernzeit“ in der Ganztagsschule aufbegehren. Auffallend langsame Kinder haben vielleicht mit ihrem Biorhythmus zu kämpfen und würden sich daher gerne nach dem Essen erst etwas ausruhen, bevor sie wieder ihre Hefte aufschlagen müssen. So geht es auch unserer Sophie:

Szene 27: Biorhythmus. — *Sophie, seit fünf Wochen in der neuen Schule, wirkt blass und traurig. Sie berichtet, dass sie meist als Letzte ihr Mittagessen aufgegessen hat, während die anderen schon aufstehen, um vor der Lernzeit noch ein wenig auf dem Hof zu toben. Wenn es läutet, räumt sie noch schnell den Teller ab und kommt* *als Letzte in den Klassensaal. Der nette Lehramtsstudent Tobi will wissen, was die Klasse an Hausaufgaben machen soll. Ein Kind liest die Liste der Pflichten für den nächsten Tag vor und schon währenddessen kämpft Sophie mit dem Schlaf und mit Unlust.*

„Darf ich noch ein wenig malen? Ich kann noch nicht mit Englisch anfangen", fragt sie. Tobi schüttelt den Kopf, denn er hat die Anweisung, dass alle gemeinsam beginnen und keine Präzedenzfälle entstehen sollen.

Sophies Mutter ist besorgt und vereinbart mit der Klassenlehrerin und Tobi ein Gespräch. Sie einigen sich darauf, dass Sophie in den nächsten drei Wochen in der Mensa noch etwas sitzen bleiben darf, um zu malen. Wenn sie sich entspannt fühlt, darf sie leise zur Gruppe der Schüler hinzukommen, die schon mit den Hausaufgaben begonnen hat. Mit dieser Regelung soll diskret umgegangen werden.

Bereits nach zwei Wochen ist Sophie pünktlich zur Stelle, wenn die Lernzeit beginnt. Sie isst inzwischen etwas zügiger, hat sich an den neuen Tagesrhythmus gewöhnt und vor allem fühlt sie sich nicht mehr gedrängelt.

Was die Gestaltung der Lernzeit oder Hausaufgabenzeit in der Ganztagsschule betrifft, so weichen die Konzepte der einzelnen Schulen z. T. voneinander ab: Die einen haben einen rhythmisierten Ganztag, d. h. Unterricht und Übungs- bzw. Hausaufgabenzeiten sowie Arbeitsgemeinschaften sind abwechselnd über den Tag verteilt. Andere Ganztagsmodelle, wie das an der Schule von Max, Sophie und Elif, bieten am Vormittag den Unterricht an und am Nachmittag die Lernzeit und anschließend Arbeitsgemeinschaften oder auch umgekehrt.

Wie auch immer die Ganztagsschule organisiert ist: Die Schüler müssen lernen sich den Anforderungen anzupassen, also dann ihre Aufgaben zu machen, wenn es angesagt ist.

Aus diesem Grund ist es für Sie hilfreich, wenn Sie sich bei der Wahl der weiterführenden Schule nach deren Konzept zum Thema Hausaufgaben und Üben erkundigen und sich überlegen, ob sich Ihr Kind in einem solchen System gut zurechtfinden wird.

Häusliche Unterstützung und Nachhilfe Ich habe viele Schüler der Klassen 5 und 6 in einer Ganztagsschule erlebt, die während einer gut organisierten und professionell begleiteten Lernzeit den Großteil ihrer Hausaufgaben erledigen können. Den fehlenden Teil, besonders das Vokabellernen in der weiterführenden Schule oder mündliche Aufgaben wie ein Gedicht auswendig zu lernen, erledigen sie zuhause. Auch an individuellen Projektaufgaben arbeiten sie gerne in Ruhe zuhause.

Es ist empfehlenswert, dass Sie als Eltern diesen häuslichen Anteil im Tagesplan Ihres Kindes einkalkulieren.

Ganz gleich ob Halbtags -oder Ganztagsschule: Es ist hilfreich, wenn Ihr Kind lernt, sich auch zuhause ruhig hinzusetzen, um eine Aufgabe durchzuarbeiten. Es ist dann mit sich alleine und kann zunächst einmal keinen fragen, wenn es etwas nicht verstanden hat. Auf diese Weise stärkt es seine Arbeitsdisziplin und übt sich auch in Frustrationstoleranz. Beides hilft ihm, eine schriftliche Leistungsüberprüfung zielstrebig alleine zu bewältigen. Natürlich können Sie ihm Tipps geben, wenn er nach einiger Zeit zu Ihnen kommt, um etwas zu fragen.

Der mehrfach wöchentliche Besuch in einem Nachhilfeinstitut ist für Schüler oft eine Belastung, die auch nicht immer den gewünschten Erfolg bringt. Das Kind bekommt mit der Zeit vielleicht das Gefühl: „Ich schaffe die Schule nicht alleine.“ Gezielte punktuelle Nachhilfe hingegen kann einem Kind durchaus helfen.

Unterstützung im Elternhaus ist hin und wieder allerdings wünschenswert, ja in manchen Situationen auch nötig und normal. Über das Vertrauen zu den Eltern kann das Kind wohldosierte Maßnahmen annehmen und erfolgreich umsetzen, besonders, was die Wiederholung der Grundfertigkeiten aus der Grundschule wie Rechtschreibung und Kopfrechnen betrifft.

Mit einem solchen „Polster“ wird es bald alleine zurechtkommen!

Elternthemen 9: Nachhilfe. — *Das Thema Nachhilfe bzw. häusliche Unterstützung beim Lernen ist ein wichtiges Elternthema, denn auch Lehrkräfte wünschen sich darüber ein Feedback. Manche*

Eltern möchten auf Elternabenden nicht zugeben, dass sie zuhause mit ihren Kindern üben. Eine offene Aussprache beim Elternstammtisch oder eine Umfrage über Email können eine gute Basis für Gespräche sein, die Elternsprecher mit den jeweiligen Lehrkräften führen können.

Impuls 17: Ganztagsschule. — *Lassen Sie sich von Ihrem Kind genau erklären, wie die Erledigung der Hausaufgaben in der Schule organisiert ist und was ihm anschließend vielleicht noch fehlt!*

Impuls 18: Halbtagsschule. — *Planen Sie mit Ihrem Kind für jeden Tag ein festgelegtes Zeitfenster für die Erledigung der Hausaufgaben! Eine Stunde, in besonderen Fällen auch einmal zwei Stunden, sind ein realistischer Ansatz.*

17.3. Unterschiedliches Verhalten in der Klasse

Im Unterricht verhalten sich Schüler oft recht unterschiedlich. Die Beschreibung verschiedener Schülertypen möge Ihnen Impulse dafür geben, Ihr Kind besser zu verstehen, ohne es auf ein bestimmtes Verhalten festlegen zu wollen. Denn viele Kinder ändern sich über die langen Entwicklungsjahre in ihrem Lernverhalten.

„Coole", erfolgreiche Schüler Sie können sich als Eltern glücklich schätzen, wenn Ihr Kind mündliche wie schriftliche Leistungsüberprüfungen „cool“ bewältigt.

Ein solcher Schüler ist in der Regel aufmerksam und bringt sich in angemessener Form in den Unterricht ein.

Wie bei den Hausaufgaben gilt auch hier: Wenn Sie tatsächlich so ein „geniales“ Kind haben, welches sich alles merken und sich bestens auf seine Weise organisieren kann: einfach nur freuen und nichts ändern wollen!

Auch wenn Sie meinen, das ein oder andere könnte Ihr Kind dabei besser machen: Solange die Ergebnisse einigermaßen stimmen, ist es für Ihr Kind besser, wenn Sie sich nicht einmischen. Viele Kinder merken von ganz allein, im Vergleich mit anderen in der Klasse oder auch über das Feedback der Lehrkraft, warum die ein oder andere Arbeit hätte besser ausfallen können.

Wenn Sie ein solches Kind haben, reicht es für Sie als Eltern völlig aus, sich mit Ihrem Kind über schulische Themen auszutauschen und sich für das Studium einzelner Klassenarbeiten und des Zeugnisses in Ruhe Zeit zu nehmen.

Verunsicherte Schüler Und wenn Sie nun nicht ein so „cooles“ Kind haben, welches seine Leistungsüberprüfungen glänzend organisiert und besteht? Wenn Ihr Kind z. B. ein wenig verunsichert wirkt und nicht immer zielführend an seine Aufgaben geht?

Glücklicherweise gibt es auch für diese Fälle gute Lösungen. Wenn Sie wissen, wodurch Ihr Kind verunsichert ist, können Sie es erfolgreich unterstützen.

Ihr Kind hat vielleicht Angst vor Überprüfungen. Oder hat es schon schlechte Erfahrungen damit gemacht? Es mag erlebt haben, dass es nur einen Teil der Rechenaufgaben in der Arbeit schafft und den Eltern weinend erklärt: „Zuhause habe ich doch alles gekonnt.“ Vielleicht ist es auch zu sorgfältig darauf bedacht, alles richtig zu machen und verliert sich darin?

Sie können Ihrem Kind helfen, indem Sie erst einmal an das **R** (wie respektvoll) im Kompass **FAIR** denken und es mit seinen Sorgen respektieren und annehmen, so z. B. seine Zeitnot in der Klassenarbeit: „Ja, ich kann dich verstehen, es ist manchmal schwierig, die Rechenaufgaben zügig zu lösen“, könnten Sie sagen und es dabei vielleicht in den Arm nehmen.

Etwas später, wenn Ihr Kind Abstand gewonnen hat, können Sie das **I** (wie interessiert) im Kompass **FAIR** aktivieren und Interesse zeigen: „Zeig mir mal die Aufgaben aus der Mathearbeit!“

Ein weiterer Schritt könnte die Küchenwecker-Methode sein: Sie bieten Ihrem Kind an, es möge seine Hausaufgaben in Mathematik oder geeignete Zusatzaufgaben einmal eine halbe Stunde lang in Ruhe am Schreibtisch machen. Es darf den Wecker entsprechend einstellen und nach Ablauf der Zeit schauen, wie viel es von den Aufgaben geschafft hat.

Diese Methode wirkt oft Wunder: Ihr Kind fühlt sich ernst genommen in seinen Sorgen, es will sich selbst daraus befreien und probiert aus, wie es ist, sich zielstrebig und diszipliniert mit den Aufgaben zu befassen.

Hinter der Küchenwecker-Methode steckt die angelsächsische Praxis der *mock examinations*, einer Methode, mit der man sich auf Prüfungen vorbereiten kann. Man stellt sich vor, man schreibt eine Arbeit und schafft sich dafür einen entsprechenden Rahmen: Ein Aufgabenblatt und ein Stift auf dem Schreibtisch und ein Küchenwecker oder Smartphone mit der eingestellten Zeit im Hintergrund: Schon kann das Üben losgehen!

Zielstrebiges Lösen von Aufgaben lässt sich schon früh üben. Manche Schüler, die sich auf solche Probearbeiten einlassen, verlieren die Angst vor Klassenarbeiten.

Wenn das bei Ihnen zu Hause nicht so gut klappt, bleibt immer noch die Möglichkeit, in einem Hintergrundgespräch ohne Einbeziehung des Kindes die Lehrkraft zu fragen, was sie vorschlägt. Liegt es wirklich nur daran, dass das Kind ein „Träumer“ ist? Hat es Konzentrationsschwierigkeiten? Verfügt es vielleicht noch nicht ausreichend über Basiskompetenzen wie die Beherrschung der Grundrechenarten? Mit solch konkreten Anhaltspunkten können Sie dann nach weiteren Lösungen suchen, von denen einige in diesem Buch beschrieben sind.

Ein weiteres Thema, welches viele Kinder auch noch in der weiterführenden Schule unsicher macht, ist die Rechtschreibung. Auf der weiterführenden Schule gibt es zwar Schwerpunktthemen für die Diktate, jedoch keine „geübten Diktate“ mehr. Sie oder eine andere geeignete Person Ihres Vertrauens können auch hier helfen, z. B. über Diktat- oder gezielte Rechtschreibübungen. Selbstverständlich gelingt das nur, wenn Ihr Kind gerne mitmacht und sich nicht überfordert fühlt. Geeignete Materialien finden Sie in zahlreichen Übungsbüchern nach Klassenstufen sortiert, z. B. in [20].

Impulsive, „übersichere“ Schüler sind genau das Gegenteil: Ein solcher Schüler schreibt erst einmal etwas in sein Klassenarbeitsheft, ohne die Fragestellung genau studiert zu haben. Manchmal merkt er gar nicht, dass er „am Thema vorbei“ schreibt oder kommt, wenn er es schließlich merkt, gegen Ende der Zeit ins Trudeln.

Mitarbeit im Unterricht verwechseln manche impulsiven Kinder und auch Eltern mit „sich melden“. „Zeig dem Lehrer, dass du es kannst“, das ist der Rat vieler Eltern, denen ich begegnet bin, und der ist ja nicht falsch. Allerdings tendieren besonders die impulsiveren Kinder dazu, sich ständig zu melden, ohne ihre Beiträge vorher richtig durchdacht zu haben. Diese Kinder halten es manchmal auch nur schwer aus, dass ein Mitschüler aufgerufen wird. Sie meinen, sich zu melden bedeutet, ein guter Schüler zu sein. Sie mögen auch nicht gerne zuhören und innerlich einem Unterrichtsgespräch folgen und sich dabei vielleicht auch Notizen machen.

Hier ist Ihre Geduld ganz besonders gefragt! Es geht um Ruhe und Konzentration. Beides können Sie des öfteren üben, wenn Ihr Kind Hausaufgaben macht. Hilfreiche Fragen könnten dabei sein: „Worum geht es in dieser Textaufgabe? Welche Werte sind angegeben, welche sollst du errechnen?“ Oder: „Gib noch einmal mit deinen Worten wieder, was die Frage zum Englischtext bedeutet.“ Dann: „Aha, du sollst in dieser Geschichte Textstellen dafür finden und markieren, wo Mary sagt oder zeigt, dass sie traurig ist. Das kannst du ja jetzt gut alleine hinkriegen.“

Ruhige Schüler fühlen sich von den tonangebenden Schülern der Klasse oft in die Ecke gedrängt. Dabei ist ein ruhiger Lerner eine wertvolle Stütze für jede Lerngemeinschaft. Im schriftlichen Bereich liefert er in der Regel ordentliche Arbeit ab. Wenn kein anderer sich meldet, wird er drangenommen und zeigt, dass er etwas kann. Bei Gruppenarbeiten bekommt er, wenn überhaupt, von den anderen nur einen kleinen Redepart zugeschoben oder er soll eine möglichst aussagekräftige Grafik auf dem Poster für die Präsentation zeichnen...

Wenn Ihr ruhiges Kind zufrieden ist und sich bei mündlichen Leistungsmessungen wie z. B. beim Aufsagen eines Gedichts oder bei einem Kurzreferat gut präsentieren kann, sollten auch Sie zufrieden sein. In der Regel sind ruhige Schüler später gute Oberstufenschüler, wenn es nicht mehr so sehr auf spontane Beiträge, sondern verstärkt auf solides Fachwissen ankommt.

Sie können Ihr ruhiges Kind auch ein wenig aus der Reserve locken, indem Sie ihm vorschlagen, dass es eine Zeitlang selbst oder dass der Sitznachbar einen Strich auf ein Blatt Papier macht, wenn es sich gemeldet hat. Diese Methode schafft Klarheit über das eigene Verhalten und in der Regel freuen sich besonders jüngere Schüler, wenn sie ein paar Striche gesammelt haben. Wenn das Kind einen guten Kontakt zum Lehrer hat, wird es ihm auch von seiner Methode erzählen wollen.

Schüchterne Schüler tun sich besonders bei mündlichen Leistungsüberprüfungen schwer. Auch trauen sie sich oft vor den schriftlichen Arbeiten gar nicht zu fragen, wenn sie etwas nicht verstanden haben.

Schauen wir uns einmal Elif an, die schon in der Grundschule sehr zurückhaltend war und, seit sie in der 5. Klasse ist, gar nicht mehr „an sich glaubt".

Szene 28: Schüchternheit. — *Elif kommt weinend nach Hause, weil sie für ihre englische Präsentation zum Thema „My Family" im Rahmen der Reihe* Show and Tell *nur eine mäßige Beurteilung bekommen hat, obwohl sie der Klasse zwei schöne große Fotos zur Veranschaulichung gezeigt und diese dabei leise in fehlerfreiem Englisch erläutert hatte.*

Die anderen Kinder, ja selbst ihre Freundin Sophie, haben nur gelacht. Sie meinten, es fehle mindestens ein großes Poster für eine gute Note. Hassan rief sogar laut in die Klasse: „Ich hätte dafür Powerpoint *genommen, mein Onkel macht mir sowas."*

Glücklicherweise hat Elifs Mutter gleich einen Gesprächstermin mit der Englischlehrerin ausgemacht.

Vielleicht ist Elif ganz verunsichert, weil sie nicht versteht, was mit „Präsentation" gemeint ist?

Vielleicht hat sie bereits in der Grundschule eine ähnliche Aufgabe bekommen, die sie nicht gut gemeistert hat?

Vielleicht hat sie Angst, alleine vor der Klasse zu stehen, und schaut beim Sprechen immer auf den Boden oder zappelt hin und her?

Vielleicht liefern die anderen Kinder „perfekte" Präsentationen ab, welche die Eltern mit ihnen zusammen vorbereitet haben, vielleicht auch mit Hilfe des Computers? Wenn das viele Eltern so machen, wird die Leistungserwartung der Lehrkraft an die Kinder vielleicht zu hoch. Abgesehen davon hilft eine solch gut gemeinte Elternunterstützung dem Kind nicht wirklich!

Was auch immer Elifs Hauptproblem ist:

Gegen die Angst, frei zu sprechen, hilft meist das Üben zu Hause. Am besten gelingt das mit kleinen Karteikärtchen, auf die man Stichwörter oder Satzanfänge schreibt, wie wir es z. B. bei den Moderatoren im Fernsehen oft beobachten können. Es ist ganz normal, dass auch ein kurzer mündlicher Vortrag geübt werden muss. Manche Menschen, auch Erwachsene, müssen das eben mehr üben als andere.

Also: Warum nicht einmal den Großeltern den Vortrag halten oder der freundlichen Nachbarin? Ihr Kind und Sie werden staunen, welch gute Ergebnisse dabei entstehen können und mit welcher Sicherheit Ihr Kind am nächsten Tag vor der Klasse steht! Vielleicht hat es selbst noch eine weitere Idee, wie es die Angst vor einem größeren Publikum überwinden kann?

Viele Eltern berichten mir über die heute schon in der Grundschule geforderten „Präsentationen", die sich in der weiterführenden Schule fortsetzen. Meist sind diese nicht nur ein einfaches *show and tell*, welches die altersgerechte Kreativität des Schülers anspricht. Besonders von Elternseite kommt oft schon der Wunsch, man möge in der Schule frühzeitig „Erwachsenen-Methoden" wie Power Point einüben. Natürlich gehören computergestützte Präsentationsprogramme zum heutigen Medienunterricht dazu, sollten aber nicht bereits als Standard für Klasse 5 eingefordert werden.

Als vielleicht betroffene Eltern hilft es Ihnen vielleicht, in dieser Sache ein offenes Wort mit der Lehrkraft sprechen, am besten unterstützt durch die Klassenelternvertretung.

Theater-AG Was Ihrem ruhigen oder schüchternen Kind nach meiner Erfahrung wirklich gut tun könnte, wäre eine Theatergruppe. Am besten eine Schultheatergruppe, weil es darüber auch Kontakt zu neuen Schulfreunden und besonders engagierten Lehrkräften bekommt.

Dort kann es ein selbstbewussteres Auftreten und das Sprechen mit fester Stimme spielerisch üben, ganz ohne Notendruck.

Wenn es Hemmungen hat, gleich als Schauspielerin oder Schauspieler einzusteigen, bietet sich auch zunächst eine Tätigkeit hinter den Kulissen als Souffleuse oder im Bereich der Beleuchtungstechnik an. Darüber wachsen Theaterneulinge in die Welt der Bühne hinein.

Theaterspielen ist Pädagogik *par excellence*: Schüler, die sich im Unterricht fast nie melden, geschweige denn gerne nach vorne treten, um etwas zu präsentieren, bewegen sich plötzlich sicheren Schrittes und frohen Mutes durch den Raum. Über die theaterpädagogischen Übungen haben sie ein Gefühl für ihren Körper, ihre Stimme und den Raum gewonnen.

In der Theatergruppe ist man als Compagnie zusammengeschweißt, da muss am Ende einfach alles klappen, besonders auch das deutliche Artikulieren. Jeder ist wichtig und alle steuern auf ein wertvolles Ergebnis zu. Und wenn die Aufführung gelingt, ist die ganze Gruppe glücklich und stolz!

17.4. Leistungsüberprüfungen

Übersicht bringt Klärung, Klärung Erfolg

Unabhängig davon, wie sich Ihr Kind im Unterricht zeigt: Eine übersichtliche Ordnung hilft allen!

Anders als in der Grundschule gilt auf der weiterführenden Schule, dass es viele Fächer gibt, deren Inhalte in mehr oder minder regelmäßigen Abständen in Form von Klassenarbeiten, Tests, Referaten, Präsentationen oder Hausaufgabenüberprüfungen schriftlich und mündlich abgeprüft werden.

Ein ganz entscheidender Faktor für das Gelingen ist daher erst einmal eine gut gepflegte Terminübersicht: Wann findet welche Überprüfung statt?

Viele Neulinge auf der weiterführenden Schule fallen nämlich erst einmal auf die Nase, weil sie noch nicht wissen, wie sie das mit der Organisation ihrer Tests hinkriegen können.

Und manche Eltern bekommen Probleme, wenn ihre Kinder ihnen die Termine der Leistungsmessung vorenthalten. Vielleicht wollen sie dadurch „lästige Nachfragen" umgehen...

Hier hilft nur, dass Sie sich durchsetzen: Sie sind der Guide und haben ein Anrecht darauf zu erfahren, wann Klassenarbeiten usw. geschrieben werden und bis wann die Kunstlehrerin das fertiggestellte Bild wünscht.

Lassen Sie Ihr Kind selbst eine praktikable Lösung finden! Das kann ein Überblick auf einem großen Poster im Kinderzimmer sein oder auch ein selbst erstelltes Word-Dokument am Kühlschrank. Das übersieht keiner!

Wenn Ihr Kind die Liste der anstehenden Leistungsüberprüfungen betrachtet, wird es ein Gespür dafür entwickeln, worauf es sich wann besonders vorbereiten muss. Sie können auch von Zeit zu Zeit mit Ihrem Kind vor die Liste treten und sich den Sachstand erklären lassen.

Gezielte Vorbereitung

Gute Mitarbeit ist eine wichtige Voraussetzung dafür, dass ordentliche Ergebnisse erzielt werden. Auf der weiterführenden Schule heißt das: Im Notenbereich 2-3, denn Einser gibt es leider nicht mehr so viele!

Was den Anfängern in der weiterführenden Schule häufig noch fehlt, ist ein Gespür dafür, worauf es bei den Leistungsüberprüfungen ankommt. Sie beschäftigen sich vielleicht mit Nebensächlichkeiten, die im Aufgabenkatalog der Klassenarbeit kaum eine Rolle spielen. Hier hilft Ihrem Kind, im Unterricht genau nachzufragen. Sie können es unterstützen, indem Sie es auch ab und an mal fragen, was denn eigentlich der Gegenstand der Prüfung oder des Referats sein wird.

Und dann gilt natürlich: Üben hilft! Kinder meinen, mit einmal „Durchlesen“ oder dazu vielleicht noch ein bisschen Textmarkern sei das getan! Nach dieser Methode kann sich kaum ein Mensch die Teile eines Cellos für den Musiktest merken! Es könnte auch Ihrem Kind helfen, die wichtigsten Themen und Fachbegriffe auf Kärtchen zu notieren. Vielleicht möchte es Ihnen diese auch mal zeigen. Bei der Vorbereitung auf mündliche Prüfungen hilft es, über die Themen mehrfach laut zu sprechen, am besten vor Zuhörern! Beim Sprechen merkt man am besten, wo die Inhalte noch nicht sicher sind.

17.5. Zeugnisse

Ihr Kind darf in Ruhe ankommen Nach Eintritt in die weiterführende Schule steht Ihr Kind unter wohlwollender Beobachtung. Es wird einerseits von ihm erwartet, dass es konzentriert und diszipliniert mitarbeitet. Andererseits zeigen die neuen Lehrer gegenüber ihren neuen Schülern besonders in der Eingewöhnungszeit in der Regel großes Verständnis, wenn das ein oder andere Kind Schwierigkeiten hat, die Lerninhalte zu bewältigen oder sich in der neuen Klasse zurechtzufinden.

An vielen Schulen wird die Kultur der pädagogischen Konferenzen gepflegt, d. h. nach einigen Unterrichtswochen, spätestens zum Halbjahresende, setzt sich die Klassenkonferenz mit der Stufenleitung zusammen, um die ersten Eindrücke zum Lern- und Sozialverhalten ihrer neuen Schülerinnen und Schüler auszutauschen und ggf. hilfreiche Maßnahmen zu besprechen.

Eltern von Schülern, die „glatt laufen“, werden oft nicht persönlich über die Ergebnisse dieser pädagogischen Konferenzen informiert. Natürlich können Sie sich auch selbst nach den ersten Beobachtungen zu Ihrem Kind erkundigen.

Kopfnoten sagen viel aus Manche Eltern schauen zunächst auf die Hauptfachnoten, wenn ihr Kind ihnen das Zeugnis vorlegt. „Mathematik, Deutsch, Fremdsprachen, Naturwissenschaften – das zählt im Leben, der Rest ist Kür“, denken sie vielleicht.

Dabei verraten die Kopfnoten, also die Noten zum Arbeits- und Sozialverhalten, viel über Ihr Kind und daher sind sie dem Zeugnis auch oben vorangestellt.

Eine Drei oder gar eine Vier kann bis zu einem gewissen Grade erklären, warum die eine oder andere Zeugnisnote nicht so gut ausfällt: Das Problem liegt vielleicht nicht so sehr am mangelnden Verständnis der Unterrichtsinhalte, sondern könnte z. B. auch auf eine unzureichende Arbeitshaltung oder ständiges Stören der anderen und dabei Sich-Selbst-Stören im Unterricht zurückzuführen sein.

Dann ist es höchste Zeit für ein klärendes Gespräch mit dem Kind und dann auch mit den Verantwortlichen der Schule, möglichst mit Beteiligung des Kindes!

Wenn die Fachnoten gut sind, die Kopfnoten dagegen nur befriedigend oder ausreichend, drängt sich die Frage auf:

Warum arbeitet mein Kind nicht kontinuierlich mit? Interessieren es die Inhalte nicht oder empfindet es das Unterrichtsgepräch als „Pillepalle“, wenn man doch alles schnell nachschlagen kann?

Oder gehört das Kind zur Gruppe der „begabten Randalierer“ der Klasse, die eine hohe Auffassungsgabe haben und sich schnell langweilen? Auch das gilt es herauszufinden, um eine ungünstige Weiterentwickung zu verhindern.

Viele Eltern denken beim Begriff „Sozialverhalten“ nur an „Kämpfchen“ mit den Klassenkameraden, gespickt mit unflätigem Vokabular. Schauen wir einmal in einem ministeriellen Erlass aus Niedersachsen nach, was damit alles gemeint sein kann. So heißt es in *Zeugnisse in den allgemein bildenden Schulen* [47, Abschnitt 3.8.2].

> „Die Bewertung des Sozialverhaltens bezieht sich vor allem auf folgende Gesichtspunkte:
>
> - Reflexionsfähigkeit
> - Konfliktfähigkeit
> - Vereinbaren und Einhalten von Regeln, Fairness
> - Hilfsbereitschaft und Achtung anderer
> - Übernahme von Verantwortung
> - Mitgestaltung des Gemeinschaftslebens.“

Es genügt also nicht, für eine gute Note in Sozialverhalten zum Klassensprecher gewählt worden zu sein, wie manche Kinder und Eltern denken! Es kommt darauf an, *wie* der Klassensprecher sein Amt ausgeführt hat.

Ein Schüler ohne Amt verfügt vielleicht in höherem Maße über die oben genannten sozialen Kompetenzen.

Und wenn das Sozialverhalten nicht gut beurteilt worden ist, bleibt, wenn Sie sich früh darum kümmern, immer noch viel Zeit, um Verbesserungen zu erzielen. Es gilt jedoch, diese Zeit für positive Veränderungen auch zu nutzen!

Die Klassenleitung wird Ihnen genauere Auskunft dazu geben: Bezieht sich die Note „nur" auf einen sehr unliebsamen Vorfall, der keineswegs noch einmal passieren darf, oder sollte Ihr Kind viele kleinere Punkte mehr in den Fokus rücken: die Aufmerksamkeit für die anderen oder auch die Übernahme von Aufgaben für die Klassengemeinschaft?

Wie sind die zahlreichen Fachnoten zu deuten? Zeugnisse mit guten Noten im sprachlichen Bereich und schlechteren Noten im mathematisch-naturwissenschaftlichen Bereich oder umgekehrt lassen zunächst einmal auf die Grundveranlagung eines Schülers schließen wie auch besonders gute Noten im künstlerisch-musischen Bereich oder in Sport.

Das muss aber nicht so bleiben und kann sich in den nächsten Schuljahren noch völlig ändern:

Es ist also ratsam, wenn Sie Ihr Kind nicht schon früh auf bestimmte Begabungen oder gar auf Defizite festlegen.

Das Zeugnis ist zunächst einmal eine Momentaufnahme.

Wenn sich das Notenbild nicht so eindeutig lesen lässt, d. h. wenn Ihr Kind in Englisch eine 1 und in Deutsch eine 4 hat, wird ein Gespräch mit Ihrem Kind und den jeweiligen Lehrkräften Aufschluss bringen.

Lassen Sie uns daher einen Blick auf den Zeugnistag werfen, der sehr erkenntnis- und hilfreich sein kann, vielleicht sogar ein schönes Ritual für Kind und Eltern.

Es lebe der Zeugnistag!

Rituale wie „der Zeugnistag“ bleiben für Ihr Kind unvergesslich und gehören einfach ins Familienleben, auch wenn Ihr Kind noch so „cool“ tut und behauptet, sein Zeugnis sei ihm gerade mal egal.

Ein solcher Tag schenkt allen Beteiligten Klarheit und oftmals gemeinsame Freude und der Hauptperson dazu hoffentlich noch Orientierung und Zuversicht.

Wenn Sie sich, liebe Eltern, Zeit und Geduld für dieses Ritual nehmen, werden Sie das Zeugnis nicht nur wie ein Generaldirektor überfliegen, um es eilig zu unterschreiben und wieder einpacken zu lassen. Sie werden vielmehr die Gelegenheit nutzen, mit Ihrem Kind zu sprechen, was die einzelnen Noten für es bedeuten könnten, besonders im Hinblick auf das vorausgegangene Zeugnis. Seine Fragen mögen sein:

- „Warum bin ich trotz Übens in der Rechtschreibung nicht besser geworden?“
- „Was mache ich jetzt anders beim Lernen in Mathe als noch vor einem halben Jahr? Da hatte ich noch eine Zwei.“
- „Für 'Nawi' habe ich kaum etwas getan und eine gute Note, das ist ja merkwürdig!“
- „Ich melde mich so oft in Sachkunde und komme nicht von der Vier weg. Gabriel meldet sich nie und hat eine Eins. Das ist total unfair.“
- „Warum habe ich in Sport nur eine Zwei, wo ich doch unter die besten Leichtathleten meiner Altersklasse im Verein zähle? Ich trainiere drei Mal in der Woche und habe schon fünf Urkunden.“

Da kann ja ganz schön viel an Gesprächsstoff zusammen kommen! Über Ihr interessiertes Zuhören und manchen Denkimpuls wird Ihr Kind vieles besser verstehen und neue Anregungen für das nächste Halbjahr mitnehmen können.

Lassen Sie gezieltes Lob und Anerkennung dabei nicht zu kurz kommen, denn Ihr Kind hat sich angestrengt, auch wenn das Ergebnis manchmal noch nicht so recht dafür spricht!

Sie könnten z. B. sagen: „Sieh mal, du bist ein toller Leichtathlet, das stimmt. Für eine Eins in Sport muss man noch breiter aufgestellt, z. B. auch besonders gut im Geräteturnen sein. Eine Zwei ist eine prima Note."

Oder: „Du machst seit einigen Wochen deine Rechtschreibaufgaben richtig gut. Für eine ganze Note besser braucht es eben noch etwas Zeit."

Ihr Kind wird dann vielleicht noch ein bisschen unzufrieden sein. Doch mit der Zeit wird es verstehen, worauf es beim Mitmachen im Unterricht und beim Lernen zuhause ankommt.

Jedes Zeugnis, egal wie es ausfällt, ist es wert, in besonderer Weise gewürdigt zu werden: Eine einfach zu realisierende Unternehmung, sei es der Besuch der Eisdiele oder des Tierparks, ist für die kleine „Zeugnisfeier" angemessen.

Dabei kann das gegenseitige Vertrauen wachsen, was besonders für die Kinder wichtig ist, die schlechte Zeugnisse haben, nicht versetzt werden oder die Schulform wechseln müssen. Hier ist besondere Sensibilität gefragt, denn Sie können immer davon ausgehen, dass Ihr Kind gute Noten haben wollte, es jedoch im vorausgehenden Halbjahr einfach nicht besser schaffen konnte. Es wird das Vertrauen, dass Sie ihm schenken, für eine gute Weiterentwicklung nutzen können.

Gestatten Sie am Ende noch einen kritischen Hinweis:

Der harmonischste Zeugnistag kann darunter leiden, wenn Sie gute Leistungen mit Geld vergüten. Wenn die Großeltern das ab und an tun, ist es nicht so folgenreich.

Ein Belohnungssystem z. B. nach der Regel „Für jede Eins zehn Euro, für jede Zwei fünf Euro", wie es manche Eltern eingeführt haben, kann die intrinsische Motivation untergraben: Ihr Kind könnte Gefahr laufen, sich nur des Geldes wegen anzustrengen und nicht aus sich heraus Lernfreude zu entwickeln.

Und stellen Sie sich einmal vor: Ein Kind erhält 50 Euro, das weniger talentierte Geschwisterkind vielleicht nur 5 Euro...

Eltern und Noten

Auch wenn Noten und Zeugnisse nicht das Wichtigste in der Welt der Schulkinder sein sollten: Scheuen Sie sich nicht, die zuständige Lehrkraft anzusprechen, falls Sie sich eine Note einmal gar nicht erklären können.

Ein Elternsprechtag eignet sich z. B. gut dafür, bei einem Lehrer einmal nachzufragen, warum er sich im Halbjahreszeugnis für die 4 in Erdkunde entschieden hat. Manche Eltern wollen auch wissen, ob es stimmt, dass die Sportnoten der Klasse insgesamt recht mäßig ausfallen.

Schauen wir mal, wie es da zugeht, und was Hassans Vater zur Notenkontrolle eingefallen ist:

Szene 29: Notenkontrolle. — *Den ersten Elternsprechtag im Schillergymnasium wollen sich die Eltern der 5c nicht entgehen lassen.*

Musiklehrer Herr Zirner hat die größte „Kundschaft“: 24 Eltern bzw. Elternpaare, darunter die meisten aus der 5c, wollen ihn heute aufsuchen!

„Der kann sich ja noch nicht einmal an den 10-Minuten-Takt halten.“, schimpft Sophies Vater, der seine Arbeit heute früher beenden musste und seit zwei Stunden von Lehrer zu Lehrer läuft, „Kein Wunder, dass er auch keine fairen Noten machen kann!“

Sophies Mutter ist der laute Auftritt ihres Ehemannes super peinlich. Was sollen die anderen Eltern von ihnen denken! Außerdem erzählt Sophie zuhause immer, wie lustig Herr Zirner ist, der zwar manchmal ein wenig streng wirkt, aber alle Kinder mag. Zu Sophie hat er letzte Woche gesagt: „Du bekommst nur eine Drei im Zeugnis, weil du bei der Musiktheorie nicht richtig aufgepasst hast. Dafür kannst du schön singen und ich freue mich, wenn du freitags in der 7. Stunde in den Chor kommst.“ Was hat sich Sophie gefreut!

Auch Elifs Eltern sitzen wartend im Gang, denn Elif möchte gerne Posaune lernen und Herr Zirner hat ihr ein preiswertes Leihinstrument angeboten und einen jungen Musikstudenten für den Unterricht empfohlen. Die Details müssen jetzt noch geklärt werden.

Endlich geht die Tür zum Musiksaal auf und Hassans Vater kommt wutschnaubend heraus, in der Hand eine riesige Excel-Liste.

„Hier wird man übers Ohr gehauen!“, schreit er laut in die wartende Runde. „Mein Sohn sagt mir alle Noten und fragt die Lehrer auch immer nach ihrer Gewichtung: Hier habe ich die Noten aller Fächer eingetragen, schriftlich und mündlich und mit dem Faktor der Gewichtung multipliziert, anschließend durch die Anzahl der Leistungsnachweise dividiert. Was kommt für Musik heraus: eine 2,4352..., gerundet also eine Zwei. Das habe ich diesem Musikmann gesagt – der hat wohl keine Ahnung von IT!

Stellt euch vor, was er geantwortet hat: „Hassan provoziere ihn häufig und darüber habe er mit ihm auch gesprochen. Er hat behauptet, dass mein Sohn seine Unterrichtsmaterialien entweder nicht dabei hat oder sie nur im Zeitlupentempo hervorkramt. Und dass er deshalb manchmal nicht weiß, worum es gerade im Unterricht geht. – Wenn mein Sohn das Zeug für Musik gar nicht braucht und trotzdem auf Zwei steht, heißt das, dass er besonders intelligent ist.“

Und dann entfernt sich der genervte Vater grußlos und eilt ins Büro der Direktorin.

Liebe Eltern, nach meiner Erfahrung gibt es solch herausfordernde Eltern, die nur auf die Noten als Ziffer schauen und sich wenig für den pädagogischen Kontext interessieren, in dem sie entstanden sind. Wenn ein Kind in einem Fach zwischen zwei Noten steht, überlegt sich ein Pädagoge, welche Note er ihm erteilt und erklärt in der Regel auch dem Kind, warum er sich so entschieden hat. Wenn es die schlechtere Note ist, so teilt er ihm mit, dass es mit etwas Anstrengung gute Chancen hat, im folgenden Halbjahr die bessere Note zu bekommen.

Wenn Sie den Eindruck haben, dass eine Lehrkraft seine oder ihre Noten den Schülern nicht verständlich erläutert, können Sie die Elternsprecher informieren. Diese werden das Gespräch mit dem betreffenden Lehrer suchen, wenn mehrere Eltern denselben Eindruck gewonnen haben.

18. Herausforderungen

„Erziehung ist Knochenarbeit“, sagen nicht nur die konservativen Pädagogen!

Gemeint ist, dass sich Eltern aller ernsthaft vorgetragenen Sorgen ihres Kindes annehmen müssen und die Lösung vieler Probleme Arbeit macht und Zeit benötigt.

Apropos: Gab es vielleicht auch „Knackpunkte“ in Ihrer Schulkarriere?

Manchmal hilft es schon, sich wieder einmal in die eigene Schulzeit zurückzuversetzen, wo auch nicht immer alles so einfach war. Und es mag Sie in aufreibenden Situationen trösten, dass die meisten Kinder in der Schule ab und an vor Herausforderungen stehen, bei denen sie alleine nicht weiter kommen. In einem halben Jahr kann es schon wieder ganz anders aussehen!

Das folgende Kapitel ist zum Nachschlagen gedacht: Mögen Sie beim Lesen den ein oder anderen nützlichen Hinweis für Ihre persönliche Fragestellung finden!

18.1. „Die Schule ist ja soo langweilig“

Viele Schüler finden die neue Schule in den ersten Wochen superspannend: Alle, Eltern, Lehrer wie Schüler, geben sich riesige Mühe, damit der Einstieg klappt.

Und dann holt sie der Alltag ein. Der flotte Englischlehrer lässt nicht mehr jeden Schüler „Good morning, how are you?“ nachsprechen, kommentiert mit einem „well done“ aus seinem lächelnden Mund. Jetzt heißt es, diese komischen Wörter auch schreiben zu können! Damit haben ja sogar die zwei *native speakers* der Klasse Schwierigkeiten, die sonst die ganze Stunde fließend Englisch sprechen und alle anderen einschüchtern, die noch üben müssen, beim

„th“ die Zunge herauszustrecken! Das Schreiben üben, besonders in einer anderen Sprache, ist eben eine langwierige Aufgabe und dabei kann auch die flotteste Lehrkraft nicht immer nur ein „well done“ beisteuern.

Die Reaktion mancher Schüler auf all die neuen Anstrengungen ist dann manchmal: „Die Schule ist soo langweilig.“ Wenn Ihr Kind das zuhause häufig bemängelt, kann sich dahinter auch seine Schwierigkeit verbergen, dem Unterricht mit Aufmerksamkeit und Engagement zu folgen.

Schauen wir einmal in eine typische Lernsituation aus dem Musikunterricht in Klasse 5 hinein:

Szene 30: Mundstück. — *In der Unterrichtseinheit „Instrumentenkunde“ ist auch die Begegnung mit Blechblasinstrumenten vorgesehen. Herr Zirner hat in der vorausgegangenen Stunde die drei Schüler vorspielen lassen, die Trompete oder Posaune spielen können. Heute geht es um die Wirkungsweise dieser Instrumente.*

Der Lehrer gibt jedem Fünftklässler ein Mundstück. Die meisten in der Klasse probieren es mit Begeisterung aus, und einige bekommen beim Hineinblasen sofort einen Ton heraus.

Hassan trötet laut und ausdauernd und meint dann: „Das ist toll, ich werde vielleicht ein Louis Armstrong, cool!“

Im Klassenraum herrscht ein ohrenbetäubendes Getute und Gekicher.

Doch manche Schüler „kämpfen“ vergebens und bekommen keinen Ton heraus.

Sophie legt ihr Mundstück nach einer Minute frustriert auf den Tisch, mit den Worten: „Das ist ja soo langweilig!“ Selbst der freundliche Herr Zirner vermag sie nicht zu trösten.

Vielleicht hat Sophie einfach nur Schwierigkeiten mit einer Aufgabe, die nicht jedem liegt. Dann könnte man das kleine Vorkommnis *ad acta* legen und hoffen, dass Sophie in der nächsten Musikstunde wieder besseren Mutes ist.

Schauen wir noch eine weitere typische Lernsituation aus dem NaWi-Unterricht in Klasse 6 an:

Szene 31: Ameisen. — *Stolz der Fachgruppe Biologie ist die lebendige Ameisenkolonie, die den Sommer über in der Schule artgerecht gehalten wird und eine große Lernattraktion der Schule darstellt.*

Nawilehrerin Frau Reinhardt schiebt einen großen Wagen mit Mikroskopen in den Fachsaal und lässt für je zwei Schüler ein Mikroskop auf den Tisch stellen: In der vorherigen Stunde hat man sich schon mit der Konstruktion und Funktionsweise eines Mikroskops beschäftigt. Nun geht es mit einer echten Aufgabe los! Die Schüler finden das prima und drehen geduldig an den Einstellrädern, bis sie die zu untersuchenden Ameisen genau erkennen können.

Hassan verkündet laut: „Mein Papa will mir auch so ein Mikroskop kaufen, er sagt, ich werde vielleicht ein Forscher, so wie Einstein." Alle lachen. Sie beobachten interessiert die Ameisen unter dem Mikroskop: „Wie süß!"

Nun geht es an die Beobachtungsaufgabe: Jedes Kind soll eine Ameise mit Bleistift ins Heft zeichnen.

Sophie ist in ihrem Element: Sie zeichnet so emsig und dabei ganz akkurat, dass Frau Reinhardt des Lobes voll ist und ihre Zeichnung vor der Klasse hoch hält und die Genauigkeit heraushebt. Die Klingel zur 5-Minutenpause hört Sophie gar nicht vor lauter Freude am Zeichnen. Max hat Probleme mit der Aufgabe: Seine Ameise sieht aus wie ein Maikäfer und er lässt sich dankbar von Sophie helfen. Elif traut sich die Aufgabe erst gar nicht zu. Sie tut weiter so, als müsste sie die Linse scharf einstellen, bis Frau Reinhardt vorbeikommt und sie ermutigt. Hassan beginnt schon nach drei Minuten nervös herumzuzappeln, greift immer wieder nach seiner Trinkflasche und spitzt drei Mal seinen Bleistift. In der Pause jammert er laut: „Oh je, wie ist das langweilig.!" Sophie bietet Hilfe an, Hassan verspricht ihr dafür ein Eis.

Wenn Ihr Kind die Schule „soo" langweilig findet, lohnt es sich für Sie, liebe Eltern, erst einmal genau nachzufragen: „Was findest du langweilig?"

Ihr Kind könnte dann z. B. sagen, dass es keine Lust hat, die mikroskopierte Ameise zu zeichnen. Vielleicht weiß es nicht, wie man das macht? Vielleicht hat es keine Geduld? - Die Ursache wäre herauszufinden. Der Fachlehrer weiß in der Regel Rat, denn er hat den Unmut Ihres Kind wahrscheinlich schon erkannt.

Was zudem Ursache der häufig aufkommenden Langeweile sein könnte, ist, dass Schule nicht andauernd „locker und easy“ daherkommt.

Manche Kinder sind es vom Fernsehen her gewohnt, dass in Wissenssendungen pausenlos etwas Aufregendes oder Lustiges passiert. Wie auch manche Eltern verwechseln sie das rezipierende Gucken mit Lernen. Sie haben die Inhalte der Sendungen nicht „be-griffen“, denn sie erleben sie nur aus der Distanz.

Eine Ameise zeichnen heißt jedoch, sie aus der Nähe genau zu betrachten und die Besonderheiten ihres Körpers herauszuarbeiten. Das ist bewährte Pädagogik, die Schule leisten kann: Lernen, aktiv zu beobachten, Einzelheiten zu benennen und Unterschiede selbstständig zu erfassen.

Wenn Sie Ihrem Kind positives Feedback zu seinen Anstrengungen geben und sich dann über das Gelingen mit ihm freuen, versteht es bald, was es bedeutet, sich selbst etwas zu erarbeiten. Es erlebt dabei inneres Wachstum und Selbstwirksamkeit.

18.2. Lernschwierigkeiten sind keine Krankheiten

Lernschwierigkeiten sind alles andere als ungewöhnlich. Viele von uns hatten schon einmal unter der ein oder anderen Lernschwierigkeit bis hin zur Lernblockade zu leiden und setzen sich manchmal bis ins Erwachsenenalter damit auseinander.

Lernschwierigkeiten scheinen auf den ersten Blick zu den „Stolpersteinen“ in den Klassen 5 und 6 zu gehören. Wir zählen sie jedoch bewusst zu den „Herausforderungen“, denn Schwierigkeiten gehören zum Lernen dazu. Ein echter Stolperstein liegt erst dann auf dem Weg, wenn es besonders schwierig wird, Lösungen zu finden oder wenn ein Kind in Gefahr geraten kann.

Wenn Ihr Kind spürt, dass Sie so denken, haben Sie ihm bereits geholfen. Niemand kann in die Zukunft blicken. Manch eine Lernhürde ist schnell genommen, bevor sie zu einem Dauerthema wird. Oft hilft dem betroffenen Kind schon eine kleine Maßnahme. Es fühlt sich verstanden und kann sich entspannen.

Roberts Einstieg in das Gymnasium ist nur ein Beispiel für die Sorgen und Nöte, die manche Fünftklässler nach kurzer Zeit in der neuen Schule belasten.

Szene 32: Konzentrationsschwäche. — *Robert kann sich nur noch schwer konzentrieren. Dabei war er in den ersten Wochen so glücklich auf dem Gymnasium: Er hat gleich in den ersten Tagen zwei neue Freunde, Hassan und Max, gewonnen, die auch schon zweimal zu ihm nach Hause zum Spielen gekommen sind. Außerdem mag er die vielen neuen Lehrerinnen und ganz besonders auch die Lehrer. In der Grundschule gab es nur eine männliche Lehrkraft.*

Doch seit einigen Tagen spürt er, dass er sich oft nicht konzentrieren kann. Dann spielt er immer mit seinem Mäppchen oder wackelt auf dem Stuhl, bis die Lehrkraft ihn ermahnt oder Mitschüler eine blöde Bemerkung machen.

Vor allem ist da der neue Kunstlehrer Herr Stöcklin. Vor dem hat er regelrecht Angst. Der hat seiner Mutter und ihm gesagt, dass er es bald nicht mehr ertragen kann, wenn er weiterhin so unkonzentriert ist. Das habe sich in der letzten Zeit gehäuft. Was wird Herr Stöcklin tun? Ihn rauswerfen? Robert hat Angst. Er hat doch seinen Eltern versprochen, dass er sich auf der neuen Schule anstrengen wird. Nun merkt er immer stärker, wie ihn das beim Lernen belastet.

Seit gestern verbringt er, wenn ihm danach ist, die großen Pausen sitzend vor dem Aquarium im 1. OG und schaut ganz ruhig den Fischen zu. Zu dieser kleinen Meditation hat ihm die Psychologin, eine Freundin seiner Mutter, geraten. Robert ist dankbar, dass die Schule ihm das erlaubt. Dann kann er mal ab und zu allein sein und in Ruhe vor sich hin träumen, ohne dass ihn gleich jemand aufschreckt. Aber wie finden es Max und Hassan, dass er jetzt nicht mehr mit auf den Hof kommt? Er muss ihnen das erklären.

Es kommt durchaus vor, dass Kinder die ersten Tage auf der weiterführenden Schule total begeistert sind und dann schon nach wenigen Wochen die Stimmung umschlägt.

In Roberts Fall hat die Mutter die Not bei ihrem Sohn beobachtet und mit ihm gesprochen. Dann hat sie sich bei ihrer Freundin Hilfe geholt.

Die Gründe für Roberts Schwierigkeiten sind nicht eindeutig.

Es kann gut sein, dass er noch mit der Aufregung des Neuanfangs zu kämpfen hat und seine Konzentrationsschwierigkeiten und Angst drei Wochen später vergessen sind.

Damit wäre die erste Maßnahme erfolgreich. Es würde keiner längeren Gespräche mit den Lehrkräften bedürfen, außer, dass man ihnen, vor allem Herrn Stöcklin, von den anfänglichen Schwierigkeiten berichtet.

Es könnte leider auch sein, dass sich Roberts Situation nicht nachhaltig verbessert:

Vielleicht hatte er bereits in der Grundschule Probleme mit der Konzentration, die ihn erst unter den erhöhten Lernanforderungen in der weiterführenden Schule belasten?

Es könnte sich hinter seinen Schwierigkeiten auch eine komplexe Ursache verbergen, die sich den Eltern manchmal erst nach vielen Gesprächen mit Lehrern, der Stufenleitung, dem Arzt oder Schulpsychologen erschließt.

Auch dann können Eltern und Schule zusammen mit dem Kind in der Regel gute Lösungen finden.

Robert hat einen ersten Ansatz für sich gefunden: Wenn er mit den Schulkameraden spricht, zu denen er Vertrauen hat, wird er sich in der Klassengemeinschaft wohler fühlen. Er möchte ja wie alle Kinder dazugehören und lernt gerne.

18.3. Wider die Testeritis

Roberts Form der Konzentrationsschwäche ist mir so oder ähnlich häufig begegnet und scheint typisch für die heutige Zeit zu sein. Solch schwierige Schulerfahrungen, besonders zu Beginn an der weiterführenden Schule, verunsichern die meisten Eltern.

Medizin und Psychologie überschütten uns mit Informationen darüber, wie man Schulkinder testen kann und welche Therapien helfen, „wenn etwas nicht stimmt."

Eltern möchten sich nicht später den Vorwurf machen, dass sie Auffälligkeiten bei ihrem Kind ignoriert haben.

Also folgen sie vielleicht dem Rat des Nachbarn oder des besorgten Großvaters und melden sich zum Test an.

Damit kann ein langer Leidensweg beginnen, der ihrem Kind und ihnen nicht nur unendlich viele Zusatztermine beschert, sondern manchmal noch mehr Unsicherheit als zuvor.

Natürlich ist unbestritten, dass die richtige Therapie zur richtigen Zeit für betroffene Kinder äußerst hilfreich sein kann. Es ist also schwierig für die Eltern, hier den passenden Weg zu wählen.

Empfehlenswert ist daher bei Fragen zu mehr oder minder auffälligen Symptomen bei Kindern die Sicht des erfahrenen Kinderarztes HAUCH [29] oder auch die Erfahrung eines guten Schulpsychologen.

Aus schulischer Sicht gilt immer: Testen kann helfen, gemeinsame Lösungen zu finden; dass diese sich möglichst unkompliziert im Unterricht umsetzen lassen, ist jedoch das Wichtigste!

Impuls 19: Lernschwierigkeiten. — *Es ist hilfreich, eine neu auftretende Lernschwierigkeit erst einmal durch kleinere praktische Hilfsmaßnahmen anzugehen und abzuwarten. Wenn sie länger andauert, empfiehlt sich eine multiperspektivische Analyse, um ggf. eine Maßnahme oder eine Therapie zu finden, die auch mit den Möglichkeiten in der Schule vereinbar ist.*

18.4. Besondere Ausgangslagen

Verhaltens- und emotionale Auffälligkeiten

Schüler mit Verhaltens- und emotionalen Auffälligkeiten sind mir in vielen Klassen begegnet. Häufig sind ihre individuellen Schwierigkeiten von Konzentrationsschwäche begleitet.

Betroffene Schüler erfordern von Eltern und Pädagogen ein besonderes Einfühlungsvermögen, denn sie lassen sich oft nur mit großer

Anstrengung im Klassenverband integrieren.

Die Schule hat sich in den letzten Jahren mehr und mehr auf diese besonderen Ausgangslagen eingestellt. Individualisierte Lehr- und Lernmethoden können dabei dem einzelnen Schüler entgegenkommen.

Jedoch habe ich häufig auch erlebt, dass die Schule überfordert ist, weil sie sich nicht zu helfen weiß. Das ist dann besonders der Fall, wenn sich ein Schüler übermäßig impulsiv zeigt.

Manchmal lässt sich das Verhalten des Schülers nicht eindeutig diagnostizieren.

Für Sie als vielleicht betroffene Eltern ist es dann hilfreich, sich aus mehreren Perspektiven Rat und Hilfe zu suchen. So bietet etwa der bundesweit tätige Verein *ADHS Deutschland e. V.* [27] wertvolle Hinweise und Hilfe zum Thema AD(H)S an. Vielleicht gibt es an Ihrem Wohnort eine Elterngruppe, die sich mit AD(H)S und ähnlichen Themen befasst?

Auch Schulpsychologen könnten für Sie gute Gesprächspartner sein, um die Auffälligkeit bei Ihrem Kind zu analysieren oder eine Maßnahme zur Verbesserung seiner Situation vorzuschlagen.

Oftmals lassen sich nach guter Vorbereitung gemeinsam mit der Schule Lösungen finden, die dem Kind ein angenehmes Leben und Lernen in der Schulgemeinschaft ermöglichen. Allerdings ist es in diesem Zusammenhang auch wünschenswert, dass die betroffenen Eltern Verständnis für die notwendige Arbeitsruhe in der Klasse haben.

Lese- und Rechtschreibschwäche

Da der Grad der Beeinträchtigung von Kind zu Kind verschieden ist, wird mit Zuordnungen von Begriffen wie Legasthenie oder LRS in der Schule vorsichtig umgegangen. Man filtert an manchen Schulen, ggf. auch unter Hinzuziehung des behandelnden Therapeuten, mithilfe einer bewährten professionellen Methode wie z. B. [23] spezifische Lese- und Rechtschreibprobleme heraus und bietet im Rahmen der schulischen Möglichkeiten einen Nachteilsausgleich an. Am besten, Sie erkundigen sich nach den Vorgaben in Ihrem Bundesland. Wichtig bei jeder schulischen Maßnahme ist, dass die Eltern dahinter stehen und sie mit unterstützen. Ziel ist, dass Schüler lernen, über die Jahre der Mittelstufe ihre Schwächen aufzuarbeiten. Dabei wird der Entwicklungsstand immer wieder überprüft.

Stolpersteine für lese- und orthographieschwache Schüler können auch im Fremdsprachenunterricht auftreten, man denke besonders an die englische Orthographie, die sich nicht immer über Regeln erschließt. *Write*, *right* und *rite* haben uns ja auch schon zur Verzweiflung gebracht!

Vieles lässt sich mit viel Geduld und Übung lösen. Manchmal hilft es auch, Latein statt Französisch zu wählen oder sich nur auf eine Fremdsprache zu konzentrieren, was in der Realschule oder in integrierten Systemen möglich ist.

Rechenschwäche

So wie besondere Schwierigkeiten mit dem Lesen und Schreiben nicht gleich Legasthenie bedeuten, so ist auch Rechenschwäche nicht mit einer ausgewiesenen Dyskalkulie zu verwechseln. Eine ausgeprägte Rechenschwäche ist mir in der Schule seltener begegnet als Rechtschreibschwäche.

Ich habe erlebt, dass Schüler ihre Rechenschwäche ähnlich wie Schwächen beim Lesen und Schreiben in guter Partnerschaft mit der Schule angehen und, je nach Ausprägung, aufarbeiten können. Auch hierbei tragen kooperative Eltern zum Gelingen bei.

Wenn Ihr Kind von einer ausgeprägten Schwäche im Rechnen betroffen ist, kann es hilfreich sein, sich mit der Diagnostik und Therapie vertraut zu machen. Dabei kann Sie der BUNDESVERBAND LEGASTHENIE UND DYSKALKULIE [15] unterstützen, der in jedem Bundesland eine Vertretung hat. Möglichkeiten des Nachteilsausgleiches in Ihrem Bundesland finden Sie auch auf dem jeweiligen Bildungsserver wie z. B. für Hessen [30]. Einzelne Maßnahmen im Rahmen des Nachteilsausgleichs, die Ihr Kind bereits beim Lernen in der Grundschule unterstützt haben, lassen sich vielleicht in Absprache mit den Fachlehrern auch auf der weiterführenden Schule durchführen. In der Regel werden sie nach einem halben oder ganzen Schuljahr den jeweils veränderten Bedingungen angepasst. Eine Therapeutin oder auch ein Schulpsychologe kann Sie dabei gut unterstützen.

Hochbegabt durch die Schule

Auch Hochbegabung lässt sich nach meiner Erfahrung oft gut in den Schulalltag integrieren, wenn Eltern sie nicht ständig thematisieren und ihr Kind dadurch in die Rolle eines Außenseiters bringen. Hochbegabte gibt es an vielen Schulen. Die meisten hochbegabten Schüler habe ich als recht zufrieden erlebt. Sie wollen, zumindest im Kontext der Schule, keine Extrarolle spielen. Sie wollen ihre besondere Begabung nicht als Stolperstein auf dem schulischen Weg erleben.

In diesem Sinne ist es für die betroffenen Kinder besonders wichtig, dass Eltern und Schule vertrauensvoll zusammenarbeiten, denn gemeinsames Nachdenken und Diskutieren führt oft zu guten Lösungen. Im Idealfall wird das Kind in die Gespräche mit einbezogen wie auch der Arzt, Therapeut oder ein sonstiger Begleiter des Vertrauens. Eine Schulpsychologin oder ein Schulpsychologe kann dabei vermittelnd wirken.

Verheerend für das Kind kann es nach meiner Erfahrung werden, wenn Eltern die Schule dafür verantwortlich machen, dass ihr hochbegabtes Kind keine adäquaten Lernfortschritte macht. Fälle wie der im Folgenden skizzierte führen nur in die Kampfzone und können durch besonnenes Vorgehen im Vorfeld vermieden werden:

Szene 33: Nachteilsausgleich. — *Die Eltern der hochbegabten Sabrina aus Klasse 6c haben mit dem Anwalt gedroht, damit ihrem Kind endlich die individuelle Förderung in einem Extra-Raum zu Teil wird, die ihr laut Schulgesetz zustehe.*

„Ach, wie traurig für das nette Mädchen, dass die Eltern immer so ein Theater machen! — Vielleicht sind sie ja ganz verunsichert angesichts einer Tochter, die sich beim Lernen oft anders verhält als ihre Mitschüler?“ denkt die Schulleiterin Frau Schwarzhaupt. Sie und

ihr Orientierungsstufenleiter Herr Blank überlegen zum wiederholten Male, wie die Schule mit den Eltern umgehen könnte, damit sich Sabrina beim Lernen in ihrer Klasse wohl fühlt. Sabrina erhält bereits von einzelnen Fachlehrern besondere Aufgaben, die sie gerne während des Unterrichts oder manchmal auch ganz für sich in der Bibliothek erledigt. Doch die Eltern wünschen ein noch intensiveres Eingehen auf ihre Hochbegabung.

Herr Blank berichtet: „Auf der Klassenreise letzte Woche war sie endlich einmal außerhalb der elterlichen Kontrolle. Sie hat sich sogar die Frechheit herausgenommen, ihre Eltern abends nicht anzurufen, obwohl diese es angeordnet hatten. Zwei ihrer Klassenkameradinnen, Sophie und Elif, kamen heute zu mir und haben das grinsend erzählt. Sie haben traurig hinzugefügt, dass Sabrina ihnen anvertraut hat, sie wolle keine Extrawürste, sie wolle nur Sabrina aus der 6c sein und Freunde haben. Die beiden Klassenkameradinnen scheinen recht gut zu wissen, wie es Sabrina zuhause geht. Unsere beiden Kollegen, die die Klasse begleiteten, berichteten, das Mädchen sei auf einmal richtig fröhlich gewesen."

Frau Schwarzhaupt wirkt ziemlich ratlos: Einerseits würde sie am liebsten gleich die Eltern anrufen und die guten Nachrichten von der Klassenreise weitergeben. Hier könnte man doch einen neuen gemeinsamen Ansatz finden. Dann träte das Thema der Hochbegabung endlich einmal etwas mehr in den Hintergrund und es bestände die Hoffnung, dass Sabrina auch im normalen Schulalltag fröhlicher würde.

Andererseits scheut sie ein erneutes Telefonat mit den Eltern, weil diese sich seit Wochen unkooperativ und abweisend verhalten und der Schule gegenüber Drohungen aussprechen. Die guten Nachrichten von der Klassenreise wollen sie vielleicht nicht wahrhaben und stattdessen die juristische Auseinandersetzung suchen. Sie wollten ja bisher immer nur auf ihrer Sonderrolle beharren. Kürzlich haben sie von der Englischlehrerin gefordert, Sabrina anstelle der normalen Hausaufgaben eine kleine Lektüre zu geben, weil sie sich Englisch wohl besser über eine Ganzschrift erschließen könne als über kleinere Texte im Englischbuch. Nachdem die Englischlehrerin dem Druck der Eltern nachgegeben und Sabrina eine Lektüre gegeben hatte, forderten die Eltern ein, diese doch lieber in kleineren Abschnitten mit Sabrina durchzugehen. Diese Sonderbehandlung war der Fachlehrerin in der Klasse mit 27 Schülern nicht möglich. Sie hat ja noch zusätzlich die durch Legasthenie beeinträchtigte Fiona zu betreuen, deren Nachteilsausgleich darin besteht, dass sie bis zum Ende des Schuljahres Teile jedes schriftlichen Leistungsnachweises in mündlicher Form erbringen darf, mit der Auflage, regelmäßig am Rechtschreib-Förderunterricht teilzunehmen.

Das alles hat Frau Schwarzhaupt den Eltern erklärt. Daraufhin schickten diese einen Brief ans Ministerium mit der Androhung einer Dienstaufsichtsbeschwerde für die Schulleiterin. Dieser Vorgang ist noch nicht abgeschlossen. Schweren Herzens beschließt Frau Schwarzhaupt, über die neue Forderung der Eltern am Wochenende noch einmal nachzudenken und zudem am Montagmorgen sicherheitshalber den juristischen Rat der Schulaufsicht einzuholen.

Dieser Blick hinter die Kulissen möge Ihnen zeigen, wie schwierig die Schulsituation für ein Kind werden kann, wenn Eltern nicht konstruktiv mit der Schule kommunizieren wollen.

Wie aber können Eltern konstruktiv mit Hochbegabung umgehen?

Zunächst hilft eine zuverlässige Diagnose, die Sie als möglicherweise betroffene Eltern über eine bewährte Institution erstellen lassen können. Sicherlich werden Sie, wenn Sie sich vor Ort genau erkundigen, eine versierte Fachkraft finden, die schon Erfahrung mit den einschlägigen Tests hat. Oft kann auch der Kinderarzt einen Kollegen oder eine Kollegin nennen, der oder die sich auf den Bereich der Diagnose und Umgang mit Hochbegabung spezialisiert hat.

Hilfreich sind außerdem die zahlreichen Vereine und Elterninitiativen, die es zu diesen Themen gibt, z.B .die „Deutsche Gesellschaft für das hochbegabte Kind“ (DGhK) oder der Verein „Mensa in Deutschland“ (MinD), der international ausgerichtet ist. Es gibt vielleicht auch einen „Elternstammtisch Hochbegabung“ in Ihrer Nähe, wie ihn z. B. das Familienzentrum Nieder-Olm anbietet. Überall dort finden Sie nicht nur fachliche Unterstützung, sondern auch andere betroffene Eltern als wertvolle Gesprächspartner.

Solche Initiativen und Vereine stellen dabei immer das einzelne Kind in den Mittelpunkt: Seine besonderen Fähigkeiten, sein Selbstwertgefühl und seine soziale Kompetenz sollen entwickelt werden.

Darüber hinaus verfügen sie über viel Erfahrung und können Adressen und Anlaufstellen nennen, die Ihrem Kind wertvolle Förderung schenken. Im Sinne eines *enrichment* außerhalb des schulischen Alltags gibt es besonders am schulfreien Samstag Extraangebote wie z. B. das eigens für Hochbegabte eingerichtete „Kinder-College Neuwied Begabtenzentrum Rheinland-Pfalz“ oder eine Veranstaltung wie „Physik am Samstag“ an einigen Universitäten wie z. B. an der TU Darmstadt.

Wenn Sie sich auf dem Bildungsserver Ihres Bundeslandes ein wenig umschauen oder sich direkt an das für Hochbegabung zuständige Referat Ihres Bildungsministeriums wenden, werden Sie wahrscheinlich auch Angebote in Ihrer Nähe finden.

Manchmal ist der Weg auch gar nicht so weit: An vielen Gymnasien gibt es Ansprechpartner für besondere Begabungen und Wettbewerbe sowie anspruchsvolle Arbeitsgemeinschaften wie z. B. „Englisches Theater“ oder „Einblick in die Funktionen des Computers mit dem Raspberry Pi“. Viele hochbegabte Kinder engagieren sich auch gerne im Bereich der Musik und blühen auf, wenn sie im Orchester der Schule oder gar des Konservatoriums mitspielen können.

Es gibt auch Kinder, die sich in einem Schulprofil für Hochbegabte wohl fühlen. Z. B. gibt es in Rheinland-Pfalz solche in Mainz, Trier und Koblenz. Auf dem Bildungsserver Ihres Bundeslandes finden Sie sicher ähnliche Angebote. Auch besonders auf Hochbegabte spezialisierte Internate wie z. B. das Landesgymnasium Sankt Afra zu Meißen in Sachsen oder das Gymnasium für Hochbegabte in Schwäbisch Gmünd in Baden-Württemberg können ein guter Weg sein, wenn Sie als Eltern und vor allem Ihr Kind dahinterstehen. In der Regel bieten diese Institutionen auch „Schnuppertage“ an.

Es gibt viele gute, individuelle Lösungen für das hochbegabte Kind. Die Herausforderung für Sie als Eltern besteht darin, die richtige für Ihr Kind zu finden.

Verschlossene Kinder

Manche Eltern sind verunsichert, weil ihr Kind gar nichts aus seinem Leben und schon gar nichts aus der Schule erzählen möchte. Besonders Eltern von Jungen berichten mir oftmals darüber. Dazu ein kleiner Einblick in den Alltag der Familie von Max.

Szene 34: Einsilbigkeit. — *Max ist ein typischer Junge: Während Sophie und Elif wie viele Mädchen zuhause oft ohne Punkt und Komma von der Schule erzählen, sitzt Max seit einiger Zeit jeden Tag am Abendbrottisch und schweigt.*

DIE MUTTER fragt: *„Wie war's denn heute in der Schule?"*
MAX: *„Ganz okay."*
DER VATER: *„Was ist denn jetzt anders als in der Grundschule?"*
MAX brummt: *„Weiß ich nicht".*
DIE MUTTER: *„Was habt ihr gemacht?"*
MAX brummt: *„Weiß ich nicht".*

Nach dem Essen ruft Oma an, die heute in der Schulbücherei mitgeholfen hat. Nachdem sie sich kurz mit den Eltern über den nächsten Besuchstermin verständigt hat, will sie mit Max sprechen.

DIE OMA *zu* MAX: *„Das war ja heute aufregend in der großen Pause. Da kamen ja so viele neue Fünftklässler in die Bücherei gestürmt. Die haben uns Löcher in den Bauch gefragt: wann wir aufhaben, ob die Ausleihe wirklich nichts kostet, warum die Großen in der Bibliothek sitzen und was sie am Computer machen, ob wir auch Bücher für Jungs hätten.*

MAX unterbricht sie: *„Oma, ich war schon gestern oben in der Bücherei, da hattest du keinen Dienst, ich hab die Jungsbücher geseh'n, die sind links unten im Regal und dann gibt's auch noch „Robin Hood" auf Englisch und Deutsch. Ich hab mir ein Buch über Ritter und einen Comic mitgenommen, weißt du, von den coolen Abenteuercomics im Ständer! Wann bist du wieder in der Bücherei?"*

Die Eltern schauen sich verdattert an: *„Warum erzählt der Junge uns das nicht?“*

Eigentlich ist es ganz einfach, sich mit Max über die Schule oder auch erst einmal ganz allgemein auszutauschen, sobald Eltern einen echten Anknüpfungspunkt haben.

Der lässt sich leicht über gemeinsame Themen finden, die z. B. über Engagement in der Schule entstehen.

Manches Kind erzählt plötzlich gerne etwas aus der Schule, wenn Mutter oder Vater etwas Schönes wie z. B. Sport oder einen Ausflug mit ihm macht. Es genießt einen der seltenen Momente, wo es mit einem Elternteil alleine sein und sich neues Vertrauen aufbauen kann.

„Standardfragen“ beim Abendbrot empfindet Max allerdings wie die meisten Kinder als „Ausfragen“. Apropos: Erzählen Sie gerne „auf Kommando“ von Ihrer Arbeit?

Nicht alle Kinder, die sich nicht gerne anderen gegenüber öffnen, reagieren so positiv auf gemeinsame Themen wie Max.

In solchen Fällen wäre herauszufinden, ob betroffene Mädchen und Jungen in der Schule oder mit Freunden ein ähnliches Verhalten zeigen.

Vielleicht ist das Kind auch schon in der Pubertät angekommen und braucht nun Rückzugsmöglichkeiten und gleichzeitig viel Verständnis von Seiten der Eltern?

Warum auch immer es sich „verschlossen“ zeigt: Es freut sich über Ansprache, denn es sucht den Kontakt, auch wenn das für seine Umgebung nicht immer deutlich erkennabar ist. – Bleiben Sie, liebe Eltern, mit ihrem Kind immer in Verbindung!

Gesundheitliche Einschränkungen

Manchen Eltern ist es unangenehm, über gesundheitliche Beeinträchtigungen ihrer Kinder offen zu sprechen. Das ist nachvollziehbar.

Für die Schule ist es jedoch wichtig, dass Sie von Anfang an wichtige Informationen zur Gesundheit Ihres Kindes melden, die für Ihr Kind eine Beeinträchtigung bedeuten.

Vieles können Sie als Eltern dazu beitragen, dass Ihr gesundheitlich beeinträchtigtes Kind gute Lernbedingungen in der Schule vorfindet. Nicht jede Schule hat mit allen Beeinträchtigungen Erfahrungen gesammelt und sie ist darauf angewiesen, von den Eltern zu erfahren, was das betreffende Kind braucht.

Die Schule und Ihr Kinderarzt können in der Regel mit Ihnen und vor allem dem Kind genau besprechen, wie es den schulischen Alltag meistern kann.

So kann die Schule z. B. Rücksicht auf die besonderen Bedürfnisse eines gehbehinderten oder muskelgeschwächten Schülers nehmen, indem sie der Klasse einen Klassensaal im Parterre zuweist und der Sportunterricht durch eine attraktive Alternative ersetzt wird, wie z. B. freies Lesen in der Bibliothek oder Musikunterricht in der Parallelklasse.

Sie können als Eltern in manchen Fällen auch direkt auf das Wohlergehen Ihres Kindes in der Schule einwirken. Hier ist ein gelungenes Beispiel aus der Praxis: Ein besonders engagierter Vater hat für sein hörbehindertes Kind Schallschutzplatten gekauft, die im Klassenraum montiert wurden. Die akustische Wirkung war äußerst hilfreich: Nicht nur sein Kind, sondern alle Kinder der Klasse und auch die Lehrer haben davon profitiert.

Aber so viel Engagement ist bei Hörbeeinträchtigung gar nicht immer nötig: Manchmal lässt sich eine gute Lösung im Klassenraum über Funkübertragung für den betroffenen Schüler einrichten.

Im Sinne Ihres Kindes ist es nicht klug, gleich zum Schulgesetz zu greifen und Nachteilsausgleich zu beantragen. Ihr Kind will doch so sein wie die anderen und gibt sich in der Regel große Mühe! Solange es gut mitkommt und keine unfaire Beurteilung erfährt, ist das der beste Weg.

Wenn dies allerdings nicht der Fall ist, sollten Sie, immer im Einvernehmen mit den Lehrkräften und der Schulleitung, geeignete Möglichkeiten aus dem Katalog der rechtlichen Vorgaben ausschöpfen, um einem beeinträchtigten Kind dieselben Chancen zu geben wie allen anderen. Die für das betroffene Kind geltenden Sonderregeln sollte der Klassenlehrer vor der Klasse erläutern. Kinder sind in der

Regel verständnisvoll, wenn man ihnen die Gründe für besondere Behandlung erklärt.

Für einzelne Beeinträchtigungrn können auch innerhalb der Klasse Lösungen gefunden werden. Positive Beispiele habe ich z. B. bei Diabetes erlebt: Gut informierte Klassenkameraden nehmen das Befinden ihres erkrankten Mitschülers ernst und einzelne Freundinnen oder Freunde des Vertrauens begleiten ihn auch gerne in einen Extraraum zum Spritzen.

Sie haben als betroffene Eltern auch die Möglichkeit, z. B. in der Anfangsphase auf der neuen Schule in den Pausen nachzuschauen oder nachzufragen, ob eine bestimmte Medikation ordnungsgemäß erfolgt ist oder nicht. Selbstverständlich sollten solche Kontrollbesuche vorher mit der Schule abgestimmt sein.

In diesem Zusammenhang sei noch einmal darauf hingewiesen, dass Lehrkräften verboten ist, medizinische Leistungen zu erbringen, also z. B. Medikamente zu verabreichen, nicht einmal Aspirin oder Ähnliches.

Dahinter verbirgt sich eine berechtigte Angst vor der Haftung.

Betroffene Eltern können vor einer Klassenreise den begleitenden Lehrkräften eine Erklärung anbieten, in der sie auf die Haftung von Seiten der Schule verzichten. Diese Möglichkeit muss mit der Schulleitung besprochen werden. So könnte eine Vereinbarung getroffen werden, dass die Lehrer keine Medikamente verabreichen, sondern lediglich die Einnahme nach den Vorgaben der Eltern überwachen.

Wenn es vor Ort ein freies Zimmer gibt, können Eltern oder Betreuer auch mit auf die Klassenfahrt gehen und, wo nötig, für ihr Kind sorgen, vorausgesetzt, die Lehrkräfte und auch das Kind können sich mit der Lösung arrangieren.

Zeigen Sie, liebe Eltern, in diesem Zusammenhang auch Verständnism dafür, dass nicht alle Wünsche erfüllbar sind: Die betroffenen Lehrkräfte sind auf Klassenfahrten, die mit durchgehenden Tag- und Nachtschichten verbunden sind, oft extrem belastet. Sie tragen die Verantwortung für das Geschehen in der gesamten Klasse!

18.5. Veränderungen zulassen

Szene 35: Faule Socke. — *Sophie, Max und Elif sind seit einigen Wochen in der weiterführenden Schule und haben bereits wie in der Grundschule entdeckt: „Das Schönste an der neuen Schule sind die Pausen!“*

In jeder großen Pause sausen sie zur freistehenden Boulderwand auf dem Schulhof. Boris ist ihr neuer Freund, der in einer anderen Grundschule war als sie. Er klettert immer flink nach oben und ruft: „Elif, Sophie, Max, kommt mit hoch, ich zeig euch, wie's am besten geht.“

Die drei schaffen es mit seiner Unterstützung auch schon recht gut. Bald sitzen sie dann zu viert rittlings auf dem Kletterdach und jauchzen:

„Wir sind die Kletterasse aus der fünften Klasse!“

Die Klassenlehrerin Frau Reinhardt ist hochzufrieden: Boris ist wirklich ein patenter Kamerad, immer gut aufgelegt und hilfsbereit. Er lernt schnell. Wenn er mit einer Aufgabe schon fertig ist, während die anderen noch arbeiten, stiftet er ein wenig Unruhe, bis sie ihn neben ein Kind setzt, welches sich über seine Hilfe freut.

Boris' Vater jedoch ist nicht so glücklich mit seinem Sohn: Schon bei der Anmeldung sprach er im Beisein seines Kindes immer von seiner „faulen Socke“, die nur das Nötigste zuhause macht, nachdem man ihn drei Mal gebeten hat.

Heute kommt er aufgebracht in Frau Reinhardts Sprechstunde: „Meine faule Socke *hat nie Hausaufgaben, er trägt auch nichts ins Hausaufgabenheft ein, er ist maulig, wenn ich ihn auf Schule anspreche und rennt dann immer gleich aus dem Zimmer.“*

Daraufhin rät Frau Reinhardt: „Nennen Sie Ihr Kind nie wieder faule Socke, *das ist Boris für uns in der Schule ganz und gar nicht. Und wenn er wirklich besonders faul wäre, hätte das seinen Grund. Wir möchten das gerne herausfinden, aber oft ändert sich die Situation auch rasch von alleine.“*

Boris' Vater verlässt erleichtert die Schule. Er und auch seine Frau hatten sich so auf das *Label* „faule Socke“ festgelegt, dass sie aus sich heraus keinen neuen Blick auf ihr Kind bekamen. Boris reagiert positiv auf die entspanntere Stimmung im Elternhaus und wirkt auch zunehmend fröhlicher. Zwei Monate später möchte er an die Spitze der Unterstufenvertretung gewählt werden und bereitet sich eifrig auf den „Wahlkampf“ vor.

Eltern legen ihr Kind gerne auf einzelne Charaktereigenschaften fest, besonders, wenn sie mehrere Kinder haben: Da gibt es „die Schnecke“, die sich immer Zeit lässt, den „Tüchtigen“, der immer alles sofort zur Zufriedenheit aller erledigt, die „Perfekte“, die so lange Schreiben übt, bis das Werk tadellos aussieht, den „Oberschlauen“, der den anderen intellektuell überlegen zu sein scheint, und leider auch „die faule Socke“. Solche Labels sind für das betroffene Kind oft eine Hypothek, denn sie zementieren ein starres Weltbild und lassen keine Entwicklung zu.

Eltern neigen auch gerne zu Übertreibungen, die vielleicht ihrem Wunschbild entsprechen. Sie sagen gerne: „Du bist ja soo musikalisch!“ oder „Du bist ja ein Supersportler!“. Solche Festlegungen setzen manche Kinder enorm unter Druck.

Besonders auch für die schulische Entwicklung ist ein stets unvoreingenommener Blick hilfreich: Der „Oberschlaue“ macht Fehler wie jeder andere Schüler auch, die „Perfekte“ hat vielleicht eine Zeitlang überhaupt keine Lust, immer für jeden Vokabeltest zu üben und die „faule Socke“ überrascht alle in der Oberstufe mit seinem herausragenden Engagement beim Wettbewerb „Jugend debattiert“ oder als Schülersprecher für 1200 Schulkameraden.

Besonders bei Kindern ist noch alles im Fluss. Eltern, die eher beobachten als bewerten, geben dem Kind das Gefühl: „Ich bin so in Ordnung, wie ich gerade bin.“ Diese Kinder können selbstbewusst und erfolgreich ihren Weg gehen.

18.6. Fehlende Motivation für die Schule

Es gibt Kinder, die, aus welchen Gründen auch immer, das Üben „für die Schule“ als so lästig und unangenehm empfinden, dass sie zuhause bockig werden, wenn sie daran erinnert werden.

Das Thema der fehlenden Motivation gehört nur dann zu den Stolpersteinen, wenn es sich bei Kind und Eltern verfestigt und für die weiteren Jahre zu einer unveränderlichen Grundannahme wird, „an der man ja doch nichts ändern kann“. Dann könnte das Thema nicht nur Leistungseinbrüche oder gar -verweigerung mit sich bringen, sondern dazu noch Dauerkonflikte zuhause. Siehe dazu auch den Passus „Veränderungen zulassen“ im Abschnitt 18.5 auf Seite 190.

Wichtig ist für Sie als vielleicht betroffene Eltern, dass Sie sich dessen bewusst sind, dass Ihr Kind ein Lern- oder Motivationsproblem hat und unglücklich ist. Denn jedes Kind möchte gerne lernen wie die anderen Kinder auch.

Auch in diesem Fall ist es gut, wenn Sie sich zunächst den Rat der zuständigen Lehrkräfte einholen, die Ihr Kind täglich im Klassenverband beobachten. Wenn Ihr Kind zu diesem Beratungsgespräch dazukommen möchte oder zumindest teilweise dabei sein möchte, dann ist das ein gutes Zeichen. Vielleicht kann es selbst formulieren, warum es oft keine Lust zum Lernen hat.

Wenn die Lehrkraft keine konkreten Tipps geben kann, können Sie versuchen, für Ihr Kind einen individuellen Zugang zum Lernen zu finden. Manchmal muss man auch einfach mehrere Wege ausprobieren, bis man den richtigen gefunden hat: z. B. können eine Familienreise nach England ebenso wie kindergeeignete Videofilme in englischer Sprache das Tor zur englischen Sprache öffnen.

Gute Erfahrungen machen Eltern auch damit, dass sie ihr Kind ermutigen, einen Schulfreund nach Hause nicht nur zum Spielen einzuladen, sondern überdies zum gemeinsamen Erledigen von Hausaufgaben. Das ist oft ein hilfreicher Weg, das gemeinsame Lernen zu üben und dabei auch Freude am Vorankommen zu entwickeln.

18.7. Plötzlich schlechte Noten

Wenn Ihr Kind in eine schwierige schulische Situation gerät, so ist diese nicht immer mit Nachhilfe zu lösen.

Entwicklungspsychologische Ansätze wie *Unsere Kinder brauchen uns!* [46] weisen uns auf die Bedeutung der Bindung zwischen Eltern und Kind hin. Diese ist die wichtigste Bindung für die gute Entwicklung eines Kindes. Darüber hinaus ist die Bindung zwischen Schule und Kind auch ein maßgeblicher Faktor: Jedes Kind möchte gerne in gutem Einvernehmen mit der Schule leben. Es will nicht nur gut mit seinen Klassenkameraden auskommen, sondern sucht auch Orientierung über den Lehrer.

Die gute Beziehung zwischen Kind und Lehrkraft kann natürlich nur gelingen, wenn der Lehrer ebenso die Bindung wünscht und professionell sucht und pflegt. Es ist davon auszugehen, dass die meisten Lehrkräfte über diese Kompetenzen verfügen, natürlich in unterschiedlicher Ausprägung.

Ihr Kind steht also im Spannungsfeld zwischen Elternhaus und Schule. Wenn Sie sich diese Position vor Augen halten, können Sie die meisten schulischen Konflikte lösen.

Schauen wir uns einmal ein typisches Beispiel an:

Szene 36: Leistungseinbruch. — *Max hat schon nach wenigen Wochen im Gymnasium eine Fünf in Englisch geschrieben und ist gerade dabei, es seiner Mutter zu beichten:*

MAX (schluchzend): *„Mama, ich hab in Englisch eine Fünf geschrieben, ich weiß gar nicht, wie das passiert ist, mir geht es so schlecht.“*

MUTTER (entsetzt): *„O je, das ist ja furchtbar, wir haben doch so viel geübt.“*

MAX (schluchzt immer noch): *„Ich weiß nicht, was ich machen soll, Üben hilft nichts, ich kann das nicht, die Schule ist zu schwer.“*

MUTTER (hilfsbereit): *„Zeig mir mal deine Arbeit. — O je, das „s“ am Verb haben wir doch so oft geübt: He, she, it, das „s“ muss mit! Das ist doch wirklich kein Hexenwerk. Und die fünfte Aufgabe* „Write five sentences about your school“ *fehlt ganz. Für diese Aufgabe haben wir doch oft zusammen Sätze hier auf den Küchenblock geschrieben. Was hast du dir denn bei der Arbeit gedacht? Mal seh'n, was Papa heute Abend dazu meint.“*

Max verlässt heulend das Zimmer und ruft dabei noch laut: „Mit Papa will ich nicht sprechen, der gibt ja immer so blöd an damit, dass er schon mit Zehn super in Englisch war!“

Wenn Sie gemütlich im Sessel sitzen und diesen Dialog lesen, werden Sie wahrscheinlich sagen: „So gehe ich nie mit meinem Kind um.“ Aber seien wir doch mal ehrlich: Die Enttäuschung von Max’ Mutter können wir nachvollziehen. Sie scheint überfordert zu sein von der Nachricht über das Ergebnis der Arbeit, für die doch beide so viel geübt haben.

Ich habe bei Rollenspielen auf Elternseminaren die Erfahrung gemacht, dass das Gespräch zwischen Eltern und Kind nach einer schlechten Note häufig wie oben dargestellt oder ähnlich abläuft. Eine negative Reaktion der Eltern auf eine schlechte Note ist verständlich. Schließlich sind wir ja alle nur Menschen und können unsere Enttäuschung nicht immer unter Kontrolle halten.

Es gibt jedoch Wege, die uns helfen, auf eine schwierige schulische Situation so zu reagieren, dass der erste Frust auf beiden Seiten rasch einer konstruktiven Herangehensweise weicht.

Vielleicht hilft es Ihnen, sich den traurigen Max zwischen den Eltern und dem Englischlehrer einmal vorzustellen: Sie werden unschwer Empathie mit ihm empfinden: Da steht er traurig und hilflos zwischen den beiden für ihn so wichtigen Bezugspersonen. Er würde Ihnen so gerne eine gute Note zeigen und gleichzeitig möchte er auch vor seinem Lehrer, der ihm stets zugetan ist, gut dastehen. Dieser erste Schritt ist ein ganz wichtiger: Versuchen Sie, besonders in schwierigen Situationen, immer von ihrem Kind her zu denken. Versuchen Sie nachzuvollziehen, wie unglücklich es jetzt wohl ist.

Der zweite Schritt ist, das traurige Kind erst einmal zu trösten. Viele Worte sind dabei vielleicht gar nicht so wichtig wie eine herzliche Geste: das Kind in den Arm nehmen und es erst einmal in Ruhe zuhause ankommen lassen. Eine erfahrene Mutter von drei Kindern riet an unserer Schule immer den anderen Eltern, sie mögen doch einfach mal an einem solchen „Unglückstag“ mit ihrem Kind ein Eis essen gehen, d. h. die Ebene der Klassenarbeit verlassen und etwas ganz anderes, möglichst Vergnügliches, gemeinsam tun. Dann fühlt sich das Kind von dem Menschen, zu dem es die tiefste Bindung hat, angenommen und unterstützt.

Wenn Sie Glück haben, entwickelt das Kind dann aus eigener Kraft Vorschläge, was es in Zukunft bei den Englischarbeiten besser machen kann und vertraut sich Ihnen an. Sie können Ihr Kind in seinen Absichten stärken: „Du möchtest jetzt öfter mal deine Englischaufgaben ohne Pause machen, um ein bißchen schneller und konzentrierter zu werden. Und du möchtest die Ergebnisse öfter mit denen deines Freundes Sascha vergleichen, indem ihr euch einfach über Mail austauscht. Das sind zwei gute Ideen." Ihr Kind wird nun wieder zuversichtlicher werden, es hat ja eine eigene Strategie entwickelt, die auch durchführbar ist.

Solche Gespräche sind dann besonders erfolgreich,wenn Sie zunächst keine eigenen Vorschläge beisteuern, sondern immer nur auf das eingehen, was Ihr Kind laut denkt. Achten Sie auf Ihre Formulierungen! Nicht zielführend sind Sätze wie „Wir schaffen das beim nächsten Mal" oder „Wir analysieren jetzt einfach die Textaufgaben, bevor wir sie rechnen". Die Leistungsanforderungen sind Sache Ihres Kindes. Jedes „wir" nimmt Ihrem Kind die Kraft, seine Probleme selbstständig zu lösen.

18.8. Sprachenwahl revidieren?

Im Laufe der 5. Klasse wird sich herausstellen, ob Ihr Kind mit der ersten Fremdsprache, meist Englisch, gut klarkommt. Auch wenn Sie bereits bei der Anmeldung an der weiterführenden Schule Ihre Wahl für die zweite Fremdsprache ab Klasse 6 angeben mussten: Im begründeten Ausnahmefall wird man es gestatten, dass Sie, wie in Abschnitt 6.5 auf Seite 54 angesprochen, noch einmal umwählen.

Es könnte z. B. sein, dass sich bei Ihrem Kind im Englischunterricht erhebliche Mängel in der Rechtschreibung zeigen. Dann wäre es eventuell sinnvoll, als zweite Fremdsprache lieber Latein statt Französisch zu wählen, wenn die Schule diese Sprache anbietet. Auch Spanisch könnte Ihrem Kind dann mehr entgegenkommen.

Umgekehrt: Wenn Ihr Kind begeistert von der lebenden Fremdsprache Englisch ist und sich im Unterricht besonders gerne an Rollenspielen und Kommunikationsübungen beteiligt, liegt die Frage nahe, ob es statt des gewählten Lateins nicht lieber eine weitere moderne Fremdsprache lernen möchte.

Ist Ihr Kind nicht auf einem Gymnasium sondern auf z. B. einer Integrierten Gesamtschule, Realschule oder einer Gemeinschaftsschule, so kann es auch einen anderen Schwerpunkt wie z. B. Arbeitslehre wählen, vor allem, wenn es sprachlich nicht so interessiert ist oder sich lieber auf einen anderen Wahlbereich konzentrieren möchte. Auf diesem Weg kann es den qualifizierten Abschluss der Sekundarstufe I erwerben, auch Mittlerer Bildungsabschluss genannt.

Wenn der Weg Ihres Kindes später doch noch in Richtung Abitur oder Fachabitur führen sollte, kann es die zweite Pflicht-Fremdsprache noch an manchen Oberstufen ab der 11. Klassenstufe neu erlernen. Das erfordert zwar viel Disziplin und Arbeit, aber es ist zu schaffen, wenn auch manchmal erst nach dem zweiten Durchlauf dieser Stufe.

Sie als Eltern sollten sich also genau informieren, was die jeweilige Schule an Fremdsprachen oder anderen Schwerpunkten anbietet und welche Pflichtfremdsprachen andere Schulen an Ihrem Ort noch neu in der Oberstufe anbieten.

19. Zum Umfeld in der weiterführenden Schule

In der weiterführenden Schule kommt Ihr Kind mit vielen neuen Schulkameradinnen und -kameraden zusammen. Dementsprechend groß ist auch die Vielfalt, was einzelne Werdegänge und Erziehungsstile im Elternhaus betrifft.

Folgende Informationen und Erfahrungen mögen Sie in einzelne wichtige Themen einführen.

19.1. Jungen und Mädchen ...

... sind in erster Linie individuelle Persönlichkeiten.

Heute setzen sich Eltern und Pädagogen mit der Frage der unterschiedlichen Erziehung von Jungen und Mädchen intensiv auseinander, um daraus hilfreiche Erkenntnisse für die Erziehung und das Lernen zu gewinnen.

Sachliche Analysen können Pädagogen und Eltern unterstützen, Vorurteile nicht. Sie entstehen, wenn die Diskussion emotional wird oder in Verallgemeinerungen endet.

„Ihr Mädcheneltern habt's gut, bei euch geht das mit der Erziehung viel einfacher als bei uns! Jungen werden in der Schule unfair behandelt und haben später schlechtere Chancen“, habe ich Eltern von Söhnen seufzen hören.

Je mehr wir das Bild von Jungen als den Problemkindern verinnerlichen, desto eher können Jungen tatsächlich zu „Losern“ und Mädchen zu gehorsamen Ausmalerinnen von Mandalas werden.

Die Ansicht, dass Jungen es in der Schule schwerer haben, kann ich aus der Perspektive der weiterführenden Schule nicht teilen. Pädagogen nehmen ihre Schülerinnen und Schüler als individuelle Persönlichkeiten wahr. Sie erkennen vielleicht hier und dort ein eher

„jungenaffines“ oder eher „mädchenaffines“ Verhalten, welches jedoch im Schulalltag normalerweise keine große Rolle spielt.

Es ist an der weiterführenden Schule von Vorteil, dass Schülerinnen und Schüler auf zahlreiche, ganz unterschiedliche Lehrkräfte treffen: Manche mögen besonders gut auf die Themen der Mädchen eingehen, andere auf die der Jungen. Unterstützend dabei ist es, wenn die Schule auch über zahlreiche männliche Lehrkräfte verfügt.

Einzelne Kinder folgen in ihrem Verhalten einem ausgeprägt männlichen oder weiblichen Rollenbild. Sie treten vielleicht als „Machos“ auf oder sind „zickig“, was manchmal die Nerven der Lehrkräfte und Mitschüler strapaziert und letztlich ihnen als Betroffenen selbst schadet.

In einem solchen Fall können Sie, liebe Eltern, unterstützt durch Lehrkräfte, andere Experten oder Austausch mit anderen Eltern, daran arbeiten, dass Ihr Kind aus seinem einseitigen Verhalten herauskommt. Sie können zuhause miteinander über Rollenclichés und, bei allem Respekt für die Freundinnen und Freunde des Kindes, alternative Verhaltensweisen diskutieren. Dabei können Sie Ihrem Kind vermitteln, dass es im Umgang mit den Klassenkameraden nicht darum geht, Jungen und Mädchen als Gegensatz, sondern jeweils als individuelle Persönlichkeiten wahrzunehmen. Ihr Kind kann darüber neue Impulse für die weitere Entwicklung bekommen und auch den Schulalltag leichter bestehen.

Die folgenden Abschnitte mögen Ihnen den Blick auf die komplexe Thematik weiten.

Sensibilisierung für die Erziehung von Jungen

Experten für Jungenerziehung haben uns die Augen geöffnet für das, was eine erfolgreiche Begleitung der Jungen durch die Kindheit ausmacht. Eltern von Söhnen betonen immer wieder, dass Jungen vor allem feste Regeln und besonders konsequentes Handeln der Eltern einfordern. Das kostet sie manchmal große Anstrengung.

Dank der zahlreichen Bücher, Zeitschriften und Filme zu diesem Thema sind Eltern wie Pädagogen sensibilisiert worden und können auf die Wünsche und Probleme mancher Jungen besser eingehen; Näheres finden Sie z. B. in *Lauter starke Jungen*[58] und *Artgerechte Haltung*[26]. Sie werden aus entsprechender Lektüre auch gute Impulse für Ihr Familienleben gewinnen können.

Nach meiner Erfahrung kommen, wenn wir die leider große Zahl der sozial stark benachteiligten Schüler ausklammern, die meisten Jungen ebenso wie die Mädchen ohne größere Probleme mit der weiterführenden Schule zurecht. Die Jahre der Pubertät können für beide Geschlechter eine schwierige Zeit sein, in der die Entwicklung ihrer eigenen Identität im Vordergrund steht.

Eine kleine Gruppe von meist Jungen tut sich, wie ich es in fast jeder Klasse erlebt habe, zeitweise schwer:

Lehrkräfte kostet es in den jüngeren Klassen, in selteneren Fällen auch bis in die Oberstufe der weiterführenden Schule hinein viel Mühe und Kraft, immer wieder auf einzelne Jungen, in selteneren Fällen auf einzelne Mädchen, zuzugehen, die Schwierigkeiten haben, Regeln einzuhalten und sich ab und an zurückzunehmen. Die Arbeitsruhe der Klasse wird dabei auch öfter gestört; es kommt manchmal zu Elternprotesten, die nachvollziehbar sind.

Wie ich beobachten konnte, löst sich das Problem mit den Jahren, wenn Eltern und Schule an einem Strang ziehen und für aufkommende Schwierigkeiten Lösungen finden, am besten immer über das Gespräch mit dem betroffenen Schüler. Auch wenn er uns die Motive für sein Handeln oft nicht erklären kann: Zuhören, Gelassenheit, Geduld und vor allem konsequentes Vorgehen von Pädagogen *und* Eltern helfen und geben dem jungen Menschen in vielen Fällen die nötige Orientierung.

In diesem Zusammenhang könnte Ihnen als vielleicht betroffene Eltern auch Abschnitt 18.4 auf Seite 179 weiterhelfen, wo es um mögliche Ursachen geht.

Viele der genannten Jungen zeigen später zunehmend ihre Stärken: Sie bearbeiten die vorgegebenen Aufgaben vielleicht nicht immer mit dem nötigen Fleiß, bringen jedoch besonders das, was sie interessiert, mit großem Einsatz und manchmal innovativen Ideen voran.

Auf der Abiturfeier erinnert sich mancher junge Mann: „Was habe ich doch viel Mist in der Schule gebaut, wie oft war ich am Abgrund – doch manche Lehrer haben trotzdem an mich geglaubt und das hat mir geholfen. Danke!"

Apropos, liebe Eltern: Kennen wir solche Erfahrungen nicht auch aus unserer Schulzeit?

Sensibilisierung für die Erziehung von Mädchen

Lassen Sie uns die Mädchen nicht vergessen! Sie kommen vielleicht auf den ersten Blick „reibungsloser" durch die Schule als ihre männlichen Klassenkameraden: Sie fügen sich in der Regel gut in das schulische Leben ein: Sie räumen nach dem Sportunterricht ohne Murren und Knurren den Umkleideraum auf, hinterlassen die Schultoiletten halbwegs sauber, gestalten gerne eine Grußkarte der Klasse für den Mitschüler im Krankenhaus, entwerfen fantasievolle Kostüme für das Schultheater oder nehmen in den großen Ferien die Klassenpflanzen mit nach Hause. Kurz: Sie denken mit. Es scheint so, als seien für sie Regeln und Abläufe meist kein großes Hindernis.

Doch bei genauer Betrachtung haben es die Mädchen gar nicht immer so leicht. Ich habe viele Schülerinnen erlebt, die große Freude an sorgfältiger Ausgestaltung ihrer schriftlichen Aufgaben im Unterricht und zuhause zeigten. Diese Mädchen erhielten für ihr Talent und ihr Durchhaltevermögen nicht immer Lob. – Im Gegenteil: Manche wurden von Eltern, Pädagogen und Mitschülern schnell in die Schublade „brav und fleißig" gesteckt.

Solch gestalterisch begabte Mädchen erfahren manchmal zuhause wie in der Schule nicht die Ermutigung, weitere Qualitäten zu entdecken, die in ihnen schlummern. Sie wollen sich eigentlich nicht auf „weibliche" Eigenschaften, „Sekundärtugenden" festlegen lassen. Jedoch sind sie z. T. recht zurückhaltend und daher auf Impulse von außen angewiesen.

Wenn sie diese nicht bekommen, gehen sie oft willig in die zweite Reihe und lassen die Jungen vor. Dabei steckt in ihnen doch noch so viel mehr!

Ein Beispiel: Trotz fortgeschrittener Emanzipation traut man den beschriebenen Mädchen immer noch nicht so leicht die Teilnahme an einer Schach- oder Robotik-AG zu.

Wie können sie ohne Impulse und Ermutigung aus dem von ihnen erwarteten Rollenschema ausbrechen und sich später zu Vorstandsvorsitzenden entwickeln?

Viele Mädchen beweisen in der Schule und im Beruf schon längst, dass sie bezüglich des logischem Denkens und der innovativen Kraft keineswegs hinter den Jungen zurückstehen.

Glücklicherweise rücken seit einiger Zeit Kulturschulen in den Blickpunkt, wo der künstlerisch-ästhetische Zugang neben der strukturiert-akademischen Arbeitsweise für alle Fächer einen hohen Stellenwert hat [36]. Dort können nicht nur Mädchen ihrer gestalterischen Neigung im schulischen Leben nachkommen. Auch für Jungen ist der Besuch einer Kulturschule ein Weg, sich für kreative Wege zum Lernen zu öffnen und kulturelle Bildung zu erfahren.

Jungen- und Mädchenschulen als Alternative

Manche Eltern suchen bewusst eine Jungenschule als weiterführende Schule für ihren Sohn aus, weil sie davon ausgehen, dass sich die dortigen Pädagogen in jungenspezifischer Erziehung besonders gut auskennen.

Darüber hinaus halten sie es für förderlich, wenn ihr Sohn sich auf sein Lernen konzentrieren kann und dabei nicht in eine kompetitive Auseinandersetzung mit Mädchen gerät.

Es gibt auch viele Eltern von Mädchen, die ganz bewusst als weiterführende Schule eine Mädchenschule auswählen. Oft aus ähnlichen Gründen: Ihre Tochter soll sich nicht von den Jungen „an die Seite schieben“ lassen und sich möglichst in allen Bereichen des Lernens voll entfalten können. Das gilt für die Musik so wie auch für die *MINT*-Fächer oder für Sozialkunde: Mädchen greifen im Orchester einer Mädchenschule eher auch mal zum Kontrabass, wählen als Leistungsfach Physik oder diskutieren engagiert über die aktuelle Politik, alles (noch) Domänen der Männerwelt.

Jungen und Mädchen im koedukativen Unterricht

Gute Schulen sind nach meiner Erfahrung souverän im Umgang mit Jungen und Mädchen: Sie erziehen ihre Schülerinnen und Schüler gemeinsam, d. h. weitgehend unabhängig von ihrem Geschlecht, oder auch geschlechterbewusst, wo es natürliche Unterschiede gibt, wie z. B. bei den sportlichen Fähigkeiten.

In der Sporthalle kommt es manchmal zu fröhlichen Szenen:

So schauen die Mädchen der 9. Klasse im koedukativen Sportunterricht amüsiert zu, wenn auch einmal die Jungen gebeten werden, über den Schwebebalken zu balancieren!

Die Mädchen wiederum können bereits in der 6. Klasse manchmal schon die Rückwärtsrolle auf dem Stützbarren lernen, einem traditionellen „Jungengerät".

Und wenn die Jungen einmal für sich Fußball spielen möchten, weil sie einfach geübter sind, dann dürfen sie das auch. Gerne nehmen sie, wie ich beobachten durfte, interessierte Fußballerinnen hinzu wie auch Mädchen sich freuen, wenn ihre Hip-Hop-Gruppe durch tanzfreudige Jungen bereichert wird.

Kurz gesagt: Das koedukative Miteinander ist aus meiner Sicht nur selten ein Drama und meist recht vergnüglich, wenn es fair und normal zugeht.

Impuls 20: Vorurteile. — *Sprechen Sie niemals im Beisein Ihres Kindes über „Jungen als Loser" oder „die braven Mädchen in der Schule"! Sonst wird Ihr Kind im Sinne einer* self-fulfilling prophecy *sogleich abgestempelt und in eine Richtung hin erzogen!*

Es kann aber auch vorkommen, dass sich Ihr Sohn nicht traut, sich im Französischunterricht zu melden, weil die Sitznachbarin bereits souverän „parliert" und vom Lehrer immer nur „très bien" zu hören bekommt.

Jedoch leiden nicht nur die Jungen!

Es kann nämlich auch sein, dass Ihre Tochter, weil immer so gehorsam und verständig, als Bollwerk zwischen zwei „Raufbolde" platziert wird und nun nach rechts und links Ermahnungen erteilen muss. Dieselbe übernimmt auch den verantwortlichen Part bei jeder Gruppenaufgabe und die Jungen profitieren von den Noten. Mädchen als verlängerter Arm des überforderten Lehrers, das kann vorkommen: „Sabine, du spielst Fußball im Verein, üb doch mal mit Peter und Serge in der Ecke der Halle den Anstoß!"

Wenn Sie den Eindruck haben, dass Ihr Kind häufiger solche Erfahrungen macht, sollten Sie unbedingt das Problem beim zuständigen Fachlehrer ansprechen.

Impuls 21: Schülererfahrungen. — *Seien Sie wachsam bezüglich dessen, wie Ihr Kind den Umgang mit dem anderen Geschlecht erlebt! In der Regel wird es Ihnen von unterschiedlichen Erfahrungen berichten, vielleicht auch von Jungen, die gerne Mandalas ausmalen!*

Schauen wir uns die Entwicklung in der weiterführenden Schule einmal genauer an:

Die meisten Jungen und Mädchen lernen zu Beginn der Unterstufe ähnlich wie in der Grundschule gerne zusammen und sind auch im Miteinander in der Regel recht umgänglich.

Natürlich wissen Sie von der Grundschule und aus Ihren persönlichen Erfahrungen, dass Jungen und Mädchen z. T. unterschiedliche Interessen haben.

Jedoch spielt das für den Alltag keine große Rolle.

Im Gegenteil: Die meisten Viertklässler geben bei der Anmeldung gerne Freundinnen und Freunde an, mit denen sie in die neue Klasse kommen wollen. In der 5. Klasse sitzen sie häufig noch gemischt in den Bänken und laden sich auch noch gegenseitig zu ihren Kindergeburtstagen ein.

Wenn dann in der 6. Klasse die meisten Kinder in der Pubertät angekommen sind, lässt sich in der Klasse beobachten, wie sich Jungen und Mädchen gerne mehr voneinander trennen und manchmal beginnen, sich auch gegenseitig zu „beharken."

Besonders die Mädchen, die körperlich schon weit entwickelt sind, haben Probleme mit den oft noch kleinen Jungen und zeigen dann ihre vermeintliche Überlegenheit. Die Jungen wiederum machen nicht immer feine Bemerkungen gerade über diese Mädchen!

Nach meinen Erfahrungen ist es am besten, wenn Sie, liebe Eltern, einfach Ihre Beobachtungen zu diesem Thema machen und nicht gleich einzugreifen versuchen.

Es handelt sich dabei meist um natürliche Entwicklungsprozesse, wie dramatisch sie auch manchmal dargestellt werden.

Elternthemen 10: Jungen und Mädchen. — *Gerade weil wir in Zusammenang mit Jungen- und Mädchenerziehung so viele kontroverse Meinungen hören, kann es lohnend sein, sich im Rahmen eines Elternabends oder bei informellen Elterntreffen einmal über konkrete Erfahrungen in der Schule zu diesem Thema auszutauschen.*

19.2. Von Geld und Markenkleidung

Geld und Markenkleidung sind nicht nur in der Gesellschaft, sondern auch in der Schule Mittel der Ab- und Ausgrenzung.

In der weiterführenden Schule entwickelt Ihr Kind zunehmend ein soziales Bewusstsein und damit eine Sensibilität gegenüber Lebens- und Verhaltensweisen, denen es im Alltag begegnet. Es möchte die Hintergründe besser verstehen, sich in seinem sozialen Umfeld positionieren können und dabei auch Impulse für den Umgang mit Geld und Luxus erhalten.

Ab wann wieviel Taschengeld?

Spätestens in der weiterführenden Schule ist auch Geld ein wichtiges Thema für Ihr Kind. Es wünscht sich Orientierung und klare Richtlinien und sieht in Ihrem Umgang mit Geld sein Vorbild.

Bei der Frage, ab wann und wie viel Taschengeld ein Kind bekommen sollte, scheiden sich die Geister:

Es gibt Eltern, die schon mit ihren Kleinkindern über Geld sprechen. Sie vertreten die These, dass ein Kind schon sehr früh lernen sollte, dass Geld nicht vom Himmel fällt und man es zusammenhalten muss. Taschengeld ab der Grundschule ist in solchen Familien selbstverständlich und oft mit festen Regeln verbunden: 1 € wöchentlich in der 1. Klasse, 2 € in der 2. Klasse und entsprechend für die weiteren Klassen.

Im Gegensatz dazu gibt es auch Eltern, die ihre jüngeren Kinder bewusst vom Thema Geld fernhalten, weil sie der Meinung sind, dass dieses Thema zu abstrakt ist und die Kinder belasten könnte. Solche Eltern schenken ihrem Kind, was es benötigt oder ganz besonders wünscht.

Ganz gleich, wie Sie, liebe Eltern, das Thema Taschengeld handhaben: Spätestens in der weiterführenden Schule sollte es nach festen Regeln ausbezahlt werden. Denn spätestens dann sind die Kinder reif dafür, eigenverantwortlich mit einer kleinen Menge Geld umzugehen und dabei ein Stück Selbstständigkeit zu lernen.

Zur Orientierung können Sie auch entsprechende Tabellen zu Rate ziehen [3]. Dort finden Sie zudem hilfreiche Elterntipps. Noch ausführlicher wird das Thema Taschengeld auf der Webseite vom Stadtjugendamt München [53] dargestellt, mit einer dazugehörigen Broschüre zum Ausdrucken.

Es ist oftmals schwierig, sich über die Frage des Taschengelds mit Eltern abzusprechen, deren Kinder zum Kreise Ihres Kindes gehören. Schließlich gibt es im Hintergrund immer noch manche Tanten, Onkel und Großeltern, die dem Kind ab und zu Geld zustecken oder wertvolle Geschenke machen. Also sind Familiensituationen selten vergleichbar. Auch wenn es vielleicht kurzfristig den Familienfrieden stört, kann es helfen, die wohlmeinenden Verwandten zu bitten, höhere Beträge lieber in Form von Einzahlungen auf das Konto des Kindes zu leisten. Zu groß ist die Gefahr, dass das Kind verwirrt ist, wenn es einerseits konsequent zu einer gewissen Sparsamkeit erzogen wird, um dann von einer anderen Seite nach Strich und Faden verwöhnt zu werden.

Auch hier gilt die Regel: Sie sind der Guide, Sie dürfen und sollen auch Ihre pädagogische Linie verfolgen und sich nicht aus dem Konzept bringen lassen.

Geld und Luxus als Statussymbol in der Schule

Nun mögen Sie sich fragen: „Was hat das Taschengeld mit der Schule zu tun?“

In unserem von Geld und Besitz geprägten Umfeld leider sehr viel. Schließlich verbringen Ihre Kinder den größten Teil des Tages in der Schule und tauschen sich in der Regel recht intensiv über Geld und Besitz aus: „Warum hat Anna eine hochwertige Hose mit Glitzersteinchen am Po und ich nur die billige vom Supermarkt?“, fragt sich vielleicht Ihre Tochter und überlegt sich, ob das Taschengeld wenigstens für eine Billigversion der Hose mit den Glitzersteinchen reicht. Diese Gedanken gehen oft so weit, dass sich Kinder schämen, wenn sie nicht das haben, was sie um sich herum bei anderen sehen.

Aus anderen Ländern kennen wir die Schuluniform, in einigen Schulen bei uns auch die „einheitliche Schulkleidung“. Darüber soll nicht nur der Teamgeist einer Schule gestärkt werden: Die „einheitliche Schulkleidung“ soll auch dazu dienen, das mancherorts stark ausgeprägte Markendenken in der Schule zu unterbinden, die finanzielle Situation eines Schülers soll nicht an seiner Kleidung ablesbar sein.

In Deutschland stehen in den Diskussionen über die Einführung einer Schuluniform das Selbstbestimmungsrecht und die Individualität des Schülers im Mittelpunkt. Das hat zur Folge, dass das äußere Erscheinungsbild in der Schule einen hohen Stellenwert hat, besonders in der Pubertät.

Zu diesem Thema gehört auch das Taschengeld als Symbol für die Freiheit, sich etwas kaufen zu können.

Ein bisschen Hingucken lohnt sich: Denn Freiheit übersetzen viele Heranwachsende damit, dass sie nun mit ihrem Geld auch Umstrittenes oder Unerlaubtes wie Energy Drinks mit dem coolen Design oder auch mal eine E-Shisha kaufen und damit stolz über den Schulhof schlendern. Besonders manche Jungen sind anfällig für solches Imponiergehabe!

Das rechte Maß finden

Wer für sich ein Gespür für das rechte Maß gefunden hat, ist unabhängiger von Äußerlichkeiten wie Mode und Geld.

Das gilt auch für Ihr Kind: Wenn es lernt, sich mit seinen Wünschen und Möglichkeiten auseinanderzusetzen, macht ihn das resilient in der Schule wie im übrigen Leben. Es kann sich z. B. einfacher vom Gruppenzwang einer Clique abgrenzen und trotzdem ein geachteter Freund, eine geachtete Freundin in dieser Clique bleiben.

Besonders für junge Menschen ist es in unserer reizüberfluteten Welt schwer herauszufinden, was angemessen und gut für sie ist: Wird mich der pinke Pulli aus dem Discounter wirklich ein Weilchen begleiten? Oder dient er nur dem Wunsch, morgen einmal genauso auszusehen wie die anderen? – Soll ich mir ein neues Fahrrad zu Weihnachten wünschen? Brauche ich es wirklich oder habe ich vielleicht mehr von einem Tablet? – Soll ich mir jetzt wie die anderen eine Limo kaufen oder kann ich das Geld dafür sparen und gleich zuhause etwas trinken?

Solche großen und kleinen Fragen beschäftigen die meisten Heranwachsenden.

Damit sie lernen, ihre wahren Bedürfnisse herauszufinden und ihre finanziellen Möglichkeiten richtig einzuschätzen, brauchen sie Ihre Unterstützung! Auf Ratschläge wollen sie meist nicht hören, jedoch bietet sich der Alltag als gutes Lernfeld an.

Wenn Sie beim Einkaufen bewusst mit Ihrem Kind zusammen überlegen, wie man gute Qualität zu einem angemessenen Preis erhalten kann, wird Ihr Kind viel lernen, vor allem, dass es sich lohnt, über das Geldausgeben nachzudenken.

Dazu gehört auch, dass Ihre Tochter oder Ihr Sohn Schritt für Schritt ein Verständnis für die finanzielle Lage der Eltern entwickelt.

Nehmen wir an, Ihr Kind wünscht sich ein teures Mountainbike. Da ist es hilfreicher, wenn Sie sagen: „Dieses neue Mountainbike können wir nicht kaufen, dafür haben wir kein Geld. Wir können dir ein gebrauchtes Rad kaufen“ als „Das bekommst du jetzt nicht“. Wenn Sie das Geld dafür haben, aber nicht für ein Luxusrad ausgeben wollen, können Sie sagen: „Auch wenn wir es uns leisten könnten: Wir möchten nicht, dass du mit einem so teuren neuen Rad durch die Gegend fährst. Damit machst du die anderen Kinder neidisch und außerdem werden teure neue Räder gerne geklaut. Was hältst du von einem gebrauchten Mountainbike?“

Auf den ersten Blick mögen solche „Lektionen“ das Kind nicht immer erfreuen, doch auf lange Sicht werden sie seinen eigenständigen, der jeweiligen Situation angemessenen Umgang mit Geld und Luxus prägen.

„Ich will Geld verdienen“

Wenn Ihr Kind diesen Wunsch äußert, können Sie sich glücklich preisen. Was erzieht besser zum Umgang mit Geld als die Erfahrung des Geldverdienens?

Das muss ja nicht heißen, dass sich Ihr Kind in den kommenden Jahren nicht gerne auch ehrenamtlich für seinen Verein oder die Kirchengemeinde engagiert.

Viele Kinder möchten sich gerne etwas dazu verdienen, um auf etwas Großes zu sparen oder einfach, um darüber wertvolle neue Erfahrungen zu sammeln. Kleine Jobs haben einen hohen Stellenwert bei Schülern.

Regelmäßige kleinere Dienste im Haushalt gehören zum Leben in der Gemeinschaft dazu und sollten nicht entlohnt werden. Wenn Ihr Kind diese Beiträge ordentlich leistet, verdient es ab und zu ein ehrliches Lob.

Eine andere Situation ist es, wenn Ihre Zwölfjährige schon anspruchsvollere Aufgaben selbstständig übernehmen möchte wie z. B. einmal im Monat die Garage aufräumen und sauber machen. Da darf es schon einmal etwas zum Taschengeld dazu verdienen.

Spannender für Jugendliche sind allerdings kleine Jobs außerhalb des familiären Bereichs:

Ab 13 Jahren darf Ihr Kind mit Ihrer Einwilligung tagsüber leichte Arbeiten, wie Zeitungen austragen oder Hunde Gassi führen, übernehmen.

Viele Einrichtungen wie z. B. Familienzentren bieten für Jugendliche ab 15 Jahren Babysitterkurse an. Mit dieser Qualifikation sind sie gut auf diese manchmal recht anspruchsvolle Aufgabe vorbereitet.

Jobs der beschriebenen Art machen Ihr Kind lebensstark und realistisch. Es ist, auch unabhängig vom Geldverdienen, eine stärkende Erfahrung, wenn man sich in einem vorher ganz unbekannten Kontext mit seinen Fähigkeiten einbringen oder auch für andere Menschen nützlich sein kann.

Ihr Kind muss sich dabei vielleicht auch einmal ohne Elternhilfe durch unangenehme Situationen „durchbeißen“. Solche Erfahrungen können sich positiv auf seine Haltung zur Schule und seine Leistungsbereitschaft auswirken.

19.3. Klassenreisen

Bei Klassenreisen denken wir zunächst häufig mit nostalgischen Gefühlen an unsere eigenen Erfahrungen: „Wie war es doch schön, in der 5. Klasse über den Barfußpfad in Bad Sobernheim zu gehen und dabei nur Quatsch zu machen. Wie ungeschickt war unsere Klassenlehrerin, die „Frau Doktor“, dabei!“

Aus der Elternperspektive wird das Thema ein wenig ernster: Wenn es nun um die Klassenreise Ihres Kindes geht, geht es auch um den finanziellen Rahmen, über den Sie Bescheid wissen sollten.

Da gibt es zunächst von Seiten der Schule ein Fahrtenkonzept. Das sind Vorgaben, die mit dem Schulelternbeirat abgestimmt worden sind. Dabei geht es um die Häufigkeit von Klassen- bzw. Kursfahrten und um die jeweiligen Klassenstufen, in denen sie stattfinden, z. B. drei Fahrten insgesamt, eine in Klasse 5, eine in Klasse 8 und eine Kursfahrt in der Jahrgangsstufe 11. Hinzu kommen Austauschangebote und kleinere Unternehmungen wie z. B. eine Abschlussfahrt in Form eines verlängerten Wochenendes am Ende der Klasse 9 oder 10. Zudem gilt eine finanzielle Obergrenze, an die sich die verantwortlichen Lehrkräfte halten sollen.

Als betroffene Eltern können Sie Ihren Einfluss geltend machen, wenn Sie die Elternabende besuchen, auf denen die Klassenfahrten diskutiert und von langer Hand vorbereitet werden. Zu diesem Zeitpunkt können Sie ihre inhaltlichen und finanziellen Vorstellungen durchaus noch einbringen, bevor über das jeweilige Konzept abgestimmt wird.

Wenn Ihnen der Pensionspreis in der Jugendherberge zu hoch erscheint, können Sie z. B. eine einfachere Kategorie von Jugendherberge vorschlagen. Oder Sie können darauf hinweisen, dass die regionalen Jugendherbergen oft preisgünstige Angebote für die „Landeskinder“ vorhalten.

Auch wenn es um das Taschengeld geht, können Sie mitdiskutieren und mit den anderen Eltern einen Kompromiss finden.

Allerdings werden manche Kinder trotz aller Absprachen noch einen zusammengerollten 20 €-Schein in ihrem Kulturbeutel dabeihaben oder zehn Schokoriegel von Onkel Kurt, zwei für jeden Tag „als Trost bei Heimweh“!

Es gibt immer Eltern, die sich weigern, dass ihr Kind mitfährt, auch wenn die Teilnahme an Schulveranstaltungen verpflichtend ist. Kulturelle Unterschiede mögen dabei eine Rolle spielen wie auch das fehlende Geld. Selbst in unserem reichen Land gibt es leider viele Kinder, denen es finanziell sehr schlecht geht und deren Eltern, aus Unwissenheit oder auch aus Scham nicht die rechtlichen Möglichkeiten, z. B. über das Jugendamt, ausschöpfen, um an staatliche Zuwendungen zu kommen. Sie können die Lehrkräfte darauf ansprechen, wenn Ihnen ein solches Kind bekannt ist. Vielleicht ist auch eine Bezuschussung über den Förderverein möglich? Hilfreich für Ihr Kind ist, dass Sie mit ihm auch ohne Bezug auf einen Mitschüler oder eine Mitschülerin über die Problematik sprechen: Spätestens beim Thema Klassenreisen wird manchmal bekannt, dass das ein oder andere Kind zuhause finanzielle Schwierigkeiten hat. Es darf deshalb keinesfalls von den anderen Kindern gemieden werden!

In manchen Schulen wird der alte Brauch vom Ansparen gepflegt: Die Eltern werden aufgefordert, zuhause schon eine Zeitlang mit dem Kind auf die Klassenreise hin zu sparen. Großeltern schenken dann zum Geburtstag keine CD, sondern Geld für die Klassenreise, Eltern legen dafür jeden Monat etwas Geld zurück. Ganze Klassen machen oftmals *Fundraising*, indem sie in der Schule selbstgebackenen Kuchen verkaufen und den Erlös auf ein kollektives Konto einzahlen.

Klassenreisen bieten Ihren Kindern eine gute Chance, selbstständiger zu werden. Das fängt beim Kofferpacken an. Kinder, deren Eltern ihnen bisher immer jede schwere Last abgenommen haben, setzen sich erstmals im Leben mit dem Koffertragen auf einer Treppe auseinander. Manch ein auf der Klassenreise verbotener CD-Player wird dann ohne Murren und Knurren wieder aus dem Gepäckstück herausgeholt!

Auch wird Ihr Kind sich genau überlegen müssen, welche Wertsachen wie Smartphone, teure Kleidungsstücke oder Schmuck es mitnimmt und wie es sie verstaut. Sie müssen Sie ihm dabei vielleicht vermitteln, dass die teuren Markensportschuhe, die der stolze Opa für das Leichtathletiktraining geschenkt hat, nicht unbedingt mit in den Koffer gehören, sondern eher die unauffälligen Sportschuhe aus dem Discounter.

19.4. Die Rückkehr von der Klassenreise

Schauen Sie einmal, wie es am Ende einer wundervollen Klassenreise zugehen kann:

Szene 37: Aufgeregtes Warten. — *Eine große Gruppe von Eltern und Elternpaaren steht auf dem Parkplatz hinter dem Rathaus, unweit der Schule.*

Roberts Mutter wippt von einem Bein auf das andere. Hassans Vater schaut seit 20 Minuten nervös auf die Uhr. Elifs Mutter ruft alle fünf Minuten ihren Mann an, um ihm zu sagen, dass der Bus immer noch nicht eingetroffen ist. Und sie soll ja auch Max mit abholen, hoffentlich ist nichts passiert! ... Aber sie beruhigt sich schnell und freut sich mit einigen anderen Eltern darüber, dass die Kinder, wie sie schon erfahren haben, eine wunderbare Zeit im Landschulheim hatten.

Sabrinas Vater erklärt laut und vernehmlich: „Diese Verspätung passt ins Bild: Das Lehrerteam hat uns seit zehn Minuten keine SMS mehr geschickt, um über den Stau zu berichten. Unsere Sabrina wird sich fürchterlich langweilen, sie hat bestimmt schon alle ihre Bücher aus dem Koffer gelesen." Erbost nickt er seiner Frau zu: „Jawoll, wir werden dem Ministerium diese Verspätung mitteilen. So kann man nicht mit uns Eltern umspringen."

Elifs Mutter weint: „Wir wissen gar nichts Genaues. Was den Kindern wohl passiert ist?" Hassan meldet sich über WhatsApp: „Papa, der Bus steht mit dem Vorderteil in einem See. Hihi. Die Polizei ist vor Ort. Ich bin ok." Drei Smilies am Ende der Botschaft. Hassans Vater liest die Mail laut vor, Elifs Mutter schluchzt, Hassans Vater grinst: „Mein Sohn, der kann Schlagzeilen machen. Dem ist die Zukunft bei den Medien sicher."

Jetzt kommt der rote Bus um die Ecke gefahren: Die Türen öffnen sich und aus dem Bus sind fröhliche Töne zu hören: „Das ist alles nur geklaut, doch das weiß ich nur ganz alleine ... " krächzen gut zwei Dutzend heisere Kinderstimmen. Herr Liebmann und Frau Reinhardt, selbst fast ohne Stimme, singen mit.

Es ist nachvollziehbar, dass Eltern ungeduldig auf den Bus von der Klassenreise warten, um ihr Kind am Ende der Woche wieder in die Arme schließen zu können. Das kleine Drama auf dem Parkplatz zeigt, welche Anspruchshaltung einzelne Eltern gegenüber der Schule haben, wenn etwas einmal nicht ganz nach Plan verläuft. Überdies zeigt es, dass manche Eltern gerne übertrieben loben, was ihr eigener Sohn oder ihre eigene Tochter macht, selbst wenn es wie hier rücksichtslos ist. Solche Eltern können den anderen Eltern die Stimmung verderben. Sie haben nur ihr eigenes Kind im Fokus und nicht die gesamte Situation.

Szene 38: Ankunft. — *Elif, Max, Sabrina, Hassan und alle anderen Kinder werden sofort abgeholt, nur Toni steht mit seiner schäbigen Reisetasche weinend auf dem Parkplatz und Sophies Mutter wartet mit ihrer Tochter, bis auch Frau Reinhardt und Herr Liebmann fertig sind. Denn die beiden inspizieren noch einmal genau das Innere des Busses, um fünf Minuten später mit einer Plastiktüte mit einem angeknabberten Schokoriegel, einer halbleeren Colaflasche und* *einem Smartphone auszusteigen. „Das ist ja Sabrinas Smartphone,", murmelt Frau Reinhardt, „ich lasse es gleich oben im Sekretariat einschließen und gebe den Eltern Bescheid."*

„Warum holt dich keiner ab?" fragt Frau Reinhardt den traurigen Toni. Dieser antwortet, dass seine Eltern beide auf Schicht seien und die kranke Oma auf ihn warte. Er könne jedoch den Bus nicht nehmen, weil man ihm auf der Klassenfahrt sein Portemonnaie gestohlen habe. Frau Reinhardt gibt Toni ein Busticket und ruft Tonis Vater auf der Arbeit an um sicherzustellen, dass der Junge alleine zur Oma fahren darf. Sophies Mutter drückt ihrer Tochter drei Tulpen in die Hand und kramt eine kleine Schachtel Pralinen hervor: „Lieber Herr Liebmann und liebe Frau Reinhardt, wir möchten uns für Ihre tolle Arbeit auf der Klassenfahrt bedanken. Unserer Sophie hat es ganz super gefallen, besonders die Nachtwanderung und der bunte Abend." Dankbar und glücklich nehmen die beiden Lehrkräfte die Geschenke entgegen und verabschieden sich.

Herr Liebmann ist ganz besonders erschöpft nach dieser Klassenreise, denn Toni hat bei ihm im Zimmer geschlafen. Er nässt noch öfter mal ins Bett und wird von den anderen gehänselt. Nur eine kleine Mädchengruppe ist lieb zu ihm. Frau Reinhardt ist froh darüber, dass die anfangs sehr heterogene Klassengemeinschaft auf der Fahrt einigermaßen zusammengefunden hat, wenn man einmal das Thema Toni ausklammert. Das Klassenleitungsteam ist jedoch schon etwas zuversichtlicher geworden, denn Tonis alkoholkranke Mutter ist seit kurzem in Behandlung und kann wieder eingeschränkt arbeiten. Herr Liebmann steht dem Jungen in der Schule bei, wo er nur kann. An Sabrinas Eltern denkt sie mit Bangen: „Was werden die ihr wieder vorwerfen, wenn sie mitteilt, dass sie das Handy ihrer Tochter im Bus gefunden hat?"

Da klingelt auch schon das Handy von Frau Reinhardt. Sabrinas Vater schimpft laut ohne Punkt und Komma: „Sie haben die Aufsichtspflicht verletzt. Sabrina ist ohne Smartphone nach Hause gekommen! Sie darf nie ohne Smartphone aus dem Haus und überhaupt: Das Smartphone hat 400€ gekostet. Das werden Sie bezahlen müssen! Das gibt ein Nachspiel beim Anwalt!"

Vielleicht zeigt Ihnen dieser kleine Einblick, was so alles mit einer recht normalen Klassenreise verbunden sein kann. Mal ehrlich: Wer macht gerne vier Nachtschichten ohne Extrabezahlung und kassiert danach Ignoranz und freche Kritik?

Um die finanzielle Vergütung geht es auch gar nicht in erster Linie, wie Pädagogen immer wieder berichten.

Was müssen sie in der Regel fünf Tage lang mit bis zu dreißig Schülerinnen und Schülern nicht alles leisten: Sie führen die geplanten Ausflüge, Besichtigungen und dazu noch spannende Abende durch, mit Spiel, Spaß und vielleicht einer kleinen Geburtstagfeier, wie Sie es als Eltern mithilfe des Programms zuhause ein wenig mitverfolgen können. Darüber hinaus haben sie täglich, manchmal auch nachts, eine Vielzahl von nicht immer einfachen Aufgaben zu meistern. Dazu gehören: auf die Einhaltung von Regeln im Miteinander achten, Streit schlichten, Tischdienste und Zimmer kontrollieren, Verlorenes suchen helfen, von Heimweh betroffene Kinder trösten, für Verletzte einen Krankentransport organisieren, bei Regen alle Kinder bei Laune halten, nicht zu vergessen: zahlreiche anlassbezogene und jeweils professionell vorbereitete Gruppengespräche durchführen.

Kurzum: Es geht den Lehrkräften um die Anerkennung ihres Engagements und den Respekt vor ihrer Arbeit, das **A** (wie anerkennend) und das **R** (wie respektvoll) der **FAIR**-Formel.

Wenn Sie als Eltern wie Sophies Mutter diese z. T. aufopferungsvolle Arbeit der Lehrer sehen und mit einfachen Gesten oder einfach einem Dankeschön honorieren, können Sie gewiss sein, dass Lehrer wie Frau Reinhardt und Herr Liebmann am Montag nach der Klassenreise wieder gerne in ihre Klasse gehen und mit frischem Mut neu beginnen.

20. Stolpersteine

Kommen wir nun zu schulischen Situationen, in denen Sie, liebe Eltern, besonders wachsam sein sollten, um behutsam und erfolgreich damit umzugehen.

20.1. Gravierende Leistungsmängel

Ihr Kind ist „in den Brunnen gefallen“ und nichts geht mehr? Eine schlechte Note folgt der anderen?

Am Anfang bedarf es natürlich der Geduld des Kindes und auch Ihrer Geduld, bis sich Ihr Kind an die neuen Lernmethoden in einem gänzlich neuen Umfeld gewöhnt hat. Hierbei hilft erst einmal das ein oder andere Lehrer-Eltern-Schüler-Gespräch. Sie kennen dieses Gesprächskonzept vielleicht von der Grundschule. In manchen Bundesländern ist es offiziell eingeführt und ersetzt bzw. ergänzt in den ersten Jahren das Ziffernzeugnis. Nach meinen Erfahrungen ist es auch eine äußerst konstruktive Gesprächsform für nahezu alle schulische Fragen und Probleme in der weiterführenden Schule, denn über die schriftliche Vorbereitung des jeweiligen Themas durch den Lehrer, die Mutter oder den Vater sowie des Schülers liegt gleich zu Beginn des Gesprächs eine multiperspektivische Sicht des Themas vor. Diese führt in der Regel zu konstruktiven Ergebnissen.

Bei gravierenden Leistungsdefiziten ist es jedoch ratsam, wenn Eltern und Pädagogen ohne Beisein des betroffenen Kindes miteinander sprechen, z.B. über folgende Themen:

Ursachenanalyse: Woran könnte es liegen, dass das Kind so einen gravierenden Leistungseinbruch hat? Im Falle des gymnasialen Weges: Deutete die Grundschulprognose bereits auf Lernprobleme hin? War der Schüler längere Zeit krank? In Klasse 6: Macht dem Schüler die zweite Fremdsprache zu schaffen, so dass auch die anderen Leistungen nicht mehr ausreichend sind? Gibt es familiäre Veränderungen oder Konflikte? Liegt ein Umzug aus einem anderen Bundesland vor, wo die Schule vielleicht andere Schwerpunkte gesetzt hat?

Freiwillige Rückversetzung: Vor allem dann, wenn gesundheitliche oder familiäre Probleme in Klasse 6 die Ursache sein sollten, ist die Möglichkeit einer freiwilligen Rückversetzung von Klasse 6 nach Klasse 5 im Laufe des Schuljahres, sinnvollerweise vor einem Ferienabschnitt, in Betracht zu ziehen. Hierbei sind die rechtlichen Regelungen des jeweiligen Bundeslandes, insbesondere die Antragsfrist, zu beachten. Die Klassenkonferenz befindet dann über das Anliegen.

Freiwilllige Wiederholung: Diese Möglichkeit hängt ebenfalls von den rechtlichen Vorgaben des jeweiligen Bundeslandes ab. Es lohnt sich, sich rechtzeitig zu erkundigen.

Versetzung aus pädagogischen Gründen: Für den Fall, dass wohl gesundheitliche oder familiäre Probleme der Grund für den Leistungseinbruch sind, das Kind jedoch insgesamt einen leistungsstarken Eindruck macht, können Sie als Eltern in den meisten Bundesländern auch eine „Versetzung aus pädagogischen Gründen“ beantragen. Auch dieser Antrag muss von der Klassenkonferenz genehmigt werden, die sich vorher intensiv über die Lernprognose für den Schüler berät.

Schulformwechsel: Wirkt Ihr Kind deutlich überfordert und dadurch entmutigt, kann ihm auch ein Wechsel in eine andere Schulform schon während der 5. oder 6. Klasse helfen, vorausgesetzt, eine andere Schule hat einen Schulplatz frei. Es gibt Kinder am Gymnasium, die bereits in Klasse 5 nach Weihnachten auf eine Realschule oder Gesamtschule wechseln und dort ab dem ersten Schultag aufblühen, weil ihnen der dortige Lernstil mehr liegt.

Impuls 22: Leistungsdefizite. — *Suchen Sie rechtzeitig das Gespräch mit der Schule und informieren Sie sich, welche rechtlichen Möglichkeiten Sie in Ihrem Bundesland haben.*

20.2. Mobbing

Mobbing gehört inzwischen zu den häufigsten Formen von Gewalt, die sich an Schulen, auch schon an Grundschulen, ereignet. Dabei steht oft nicht die körperliche Gewalt im Mittelpunkt, sondern die verbale, die sich durch ständig wiederholtes Beschimpfen, Beleidigen und Schikanieren äußert.

Eltern berichten oft: „Mein Kind ist in der Klasse gemobbt worden“ oder genauer „Die Franzi hat mein Kind gemobbt“ und meinen oft nur damit, es wurde geärgert. Das ist schlimm genug, doch meist kein Mobbing im echten Sinne.

Bei Mobbing oder Bullying in der Schule handelt es sich um ein wiederholtes Schikanieren oder Drangsalieren eines Schülers, des Opfers, durch eine Schülergruppe, die Täter. Hierbei kommt verbale oder physische Aggression oder beides zum Einsatz, in vielen Fällen hat das Mobbing zur Folge, dass das Opfer sozial isoliert wird. Es kann sich nicht wehren.

Mobbing von Schülern geschieht häufig heimlich und zwar dann, wenn keine erwachsene Person in der Nähe ist und es entdecken kann, z. B. in der hintersten Ecke des Schulbusses, in einer Nebenstraße auf dem Weg zur Schule, in einem versteckten Winkel des Schulhofs oder auch in den Schultoiletten.

Wie auch immer Mobbing im Einzelnen abläuft: Dem Opfer geht es dabei richtig schlecht. Oft schämt es sich, seinen Eltern davon zu erzählen, weil es Angst hat, dass sie ihm nicht helfen können und dann alles noch viel schlimmer werden könnte. Außerdem hat es mit der Zeit ein so schwaches Selbstwertgefühl, dass es meint, es trage die Schuld für die Situation.

Szene 39: Mobbing. — *Max ist jeden Tag so gerne in seine neue Schule gegangen, vor allem, weil er sich in seinem Freundeskreis mit Sophie, Elif und auch zwei neuen Schulfreunden immer so wohl fühlte. Doch nun, gegen Ende des ersten Halbjahres, ist alles anders geworden: Der Schwimmunterricht läuft schon ein paar Monate und Max, der noch recht klein und schwächlich wirkt, wird permanent* *geärgert: „Jammerlappen" oder „Heulsuse" nennen ihn einige, wenn die Lehrerin nicht dabei ist, weil er noch immer nur ganz kurz mit dem Kopf unter Wasser tauchen kann und ihm dann vor Angst die Tränen in die Augen schießen.*

Im Bus, der die Klasse zum Schwimmbad transportiert, wird es Woche für Woche schlimmer für Max. „Hast du deine Badehose von deinem Opa geerbt?" fragen ihn immer wieder dieselben Mitschüler und es geht weiter mit: „Für dich gibt es nur Babybadehosen" oder „Keine Angst, Kleiner, solche wie du saufen nicht ab, und wenn schon!"

Zu Beginn des zweiten Halbjahres sagt Max seinen Eltern, er bekomme nach dem Schwimmunterricht immer Halsschmerzen und wolle daher nicht mehr teilnehmen.

Max' Vater geht mit ihm zum Arzt, der auch zur Vorsicht rät. Max bekommt ein Attest und sitzt nun seit zwei Wochen während der Schwimmstunden in der Schülerbücherei, wo er mithelfen darf, die Bücher zu ordnen.

Die Mobbinggruppe lässt derweil in ihrem Pöbeln nicht nach. Sie tuschelt miteinander mit Blick auf Max, schubst ihn in der Pause auf dem Hof oder beleidigt ihn mit Ausdrücken wie „Feigling" oder „unser Schwimmstar".

Das Schlimmste für ihn ist, dass seine Freunde nichts für ihn tun. Sie sind nicht böse zu ihm, aber sie meiden eher den Kontakt und verabreden sich nicht mehr mit ihm zum Spielen.

„Warum ist gerade Max zum Opfer geworden?" mögen Sie sich nun fragen.

Es könnte daran liegen, dass er kleiner und zarter ist als die meisten anderen in der Klasse, es könnte auch an seinem etwas „uncoolen" Outfit liegen. Was auch immer wir hinter diesem Mobbingfall vermuten: Wir wissen nicht genau, warum die Tätergruppe Max als Opfer gewählt hat.

Für Sie als Eltern gilt leider die Erfahrung: Jedes Kind kann zum Mobbingopfer werden, auch wenn es auf den ersten Blick in der Klassengemeinschaft ganz unauffällig wirkt.

Die gute Nachricht ist, dass sich Fälle von Mobbing bei professioneller Herangehensweise nachhaltig lösen lassen. Manchmal dauert es nur wenige Tage, bis wieder Ruhe und Kameradschaft in der Klasse einkehren.

Für Sie, liebe Eltern, ist es wichtig zu wissen, dass Sie, sollte Ihr Kind betroffen sein, umgehend die Schule informieren und keine Schritte unternehmen, den Fall selbst zu lösen.

Es gibt z. B. Eltern, die sofort mit den Eltern der vermeintlichen Täter telefonieren und dabei auf Einsicht und Hilfe hoffen. Solche Bemühungen schlagen in der Regel fehl oder verschlimmern noch die Situation: Mobbing hat zwar immer dieselbe Struktur, jedoch ist die Klassensituation dabei jeweils komplex und für Außenstehende wie Eltern nicht durchschaubar.

Wenn sie mit einem Mobbingfall konfrontiert werden, fühlen sie sich daher oft hilflos, besonders, seit Cybermobbing um sich greift. Eltern können sich oft gar nicht vorstellen, dass es auf dem Schulweg und in der Schule „geheime Ecken" gibt und fordern mehr Kontrolle durch Lehreraufsichten. Diese wie auch der Einsatz von Schulsozialarbeitern sind wegen Personalknappheit kaum realisierbar.

Was Sie als Eltern tun können:

Im Fall von Mobbing ist eine vertrauensvolle Zusammenarbeit von Elternhaus und Schule besonders wichtig.

Selbstverständlich werden Sie zuhause erst einmal mit Ihrem Kind darüber sprechen, jedoch ist es nicht hilfreich, gleich Position zu beziehen nach dem Muster: „Das ist doch wieder die Grupppe um Hendrik, die da Stunk macht. Da soll endlich einmal eine saftige Ordnungsmaßnahme erfolgen und dann ist Ruhe." Solche vereinfachenden Erklärungen enthalten vielleicht ein Fünkchen Wahrheit, jedoch ist ein Mobbingfall in der Regel vielschichtiger. Es geht ihm meist auch eine Geschichte voraus.

Also heißt es auch hier wieder: Das **F** (wie fokussiert) auf Ihrem Kompass **FAIR** weist den richtigen Weg, auch wenn es Eltern mit einem gemobbten Kind verständlicherweise oft schwer fällt, die Ruhe zu bewahren und sachlich zu bleiben.

Besonders hilfreich unter den vielen Ratgebern und Webseiten zum Thema Mobbing ist das praxisnahe Elternheft von JANNAN [33].

Es bietet Ihnen auf wenigen Seiten Orientierung und Hilfe für den Fall, dass Mobbing ein Thema in der Klasse Ihres Kindes ist, oder auch, wenn Ihr Kind Opfer wird. Sie bekommen darin auch Tipps, wie Sie Mobbing bei Ihrem Kind erkennen, wie Sie hilfreiche Gespräche mit ihm führen und ihm auch praktisch helfen können.

Für Lehrer gibt es vom selben Autor Entsprechendes [32]. Einen umfassenderen Einblick finden Sie in *Gewaltprävention an Schulen* [34].

Wenn Sie einen Verdacht auf Mobbing in der Klasse Ihres Kindes haben, ist es ratsam, sich der Klassenleitung zu öffnen und auch rechtzeitig die Klassenelternsprecher mit einzubeziehen. Der Klassenlehrer oder in gravierenden Fällen auch die Schulleitung können in der Regel einschätzen, ob ein Schulpsychologe hinzugebeten werden sollte.

Wenn eine Schule erst einmal gesicherte Anhaltspunkte für einen Mobbingfall hat, kann sie hilfreich eingreifen.

Gute Methoden dafür gibt es durchaus, so z. B. den *No-Blame-Approach*, mit dem viele Schulpsychologen und geschulte Lehrer erfolgreich arbeiten. Das Besondere an diesem Ansatz ist, dass dabei, wie es schon der Name besagt, ohne Schuldzuweisungen vorgegangen wird. Die Methode nimmt über eine Mobbing-Landkarte die ganze Klasse in den Blick und vertraut auf deren Fähigkeiten, wirksame Lösungen zu finden und umzusetzen.

So auch in Max' Fall, der glücklicherweise glimpflich ausging: Nachdem die Eltern drei Wochen nach dem Vorfall im Bus merkten, dass es bei Max nicht um Halsschmerzen, sondern tiefen seelischen Kummer ging, wandten sie sich an die Schule, die den Fall mithilfe des Schulpsychologen und des Klassenleiterteams aufarbeitete.

Wie ein *No-Blame-Approach* im Einzelnen abläuft, können Sie im gleichnamigen Buch [11] oder in der Online-Orientierung [10] nachlesen.

Auch wenn ein Mobbingfall zufriedenstellend gelöst werden kann: Die betroffenen Eltern sollten wachsam bleiben im Hinblick darauf, was ihrem Kind in der weiteren Schullaufbahn widerfährt.

Depressionen bis hin zu Suizidgefährdung sind meist komplexen Ursprungs und treten eher bei älteren Schülern auf. Jedoch berichten suizidgefährdete Jugendliche häufig, dass sie sich schon seit langem von der Schule oder der Familie ausgegrenzt fühlen.

Impuls 23: Mobbing. — *Falls Sie den Eindruck haben, dass Ihr Kind nicht aus der Mobbingfalle herauskommt: Suchen Sie Hilfe, z. B. beim schulpsychologischen Dienst oder bei einer anderen einschlägigen Beratungsstelle vor Ort.*

20.3. Cybermobbing

Seit die sozialen Medien immer mehr Eingang auch schon in die Grundschule gefunden haben, gibt es bereits dort vereinzelt Fälle von Cybermobbing.

In den Klassen 5 und 6 nimmt nach meiner Erfahrung das Phänomen Cybermobbing seit einiger Zeit zu und kann in extremen Fällen großes Leid mit sich bringen.

Das musste auch die 6c erfahren.

Szene 40: Cybermobbing. — *Die Klasse ist seit gestern Abend in einer Schockstarre: Alex, dessen Eltern nicht Email nutzen, hat von Mohamed erfahren, dass der Vorfall auf dem Spielplatz vom letzten Wochenende aufgeflogen ist. Alle anderen Eltern sind von der Elternsprecherin per Mail informiert worden. Es ist Dienstagmorgen und Klassenlehrer Herr Liebmann ist todernst.*

Dabei hatte alles so fröhlich angefangen: Vier Jungen der Klasse hatten sich zum Fußballspielen auf dem Spielplatz verabredet.

Dann kam Alex auf die Idee, Leo per WhatsApp anzurufen und ihn zum Mitspielen einzuladen. Leo ist ein Jahr jünger als seine Mitschüler. Er weint oft, wenn ihn die anderen anrempeln und zieht sich in den Pausen gerne zurück. Alex wusste, dass Leo zuhause war und sehnlichst darauf wartete, auch einmal mit den anderen Jungen der Klasse spielen zu dürfen. Es funktionierte: Leo kam freudig angeradelt, während die Jungengruppe ein „Spiel“ ausheckte.

Alex, Mohamed,Roman und Didier verlangten von Leo, dass er, bevor er mit ihnen Fußball spielen durfte, „ein lustiges Rollenspiel“ mitmachte. Dieses bestand darin, dass die Jungen ein Fotoshooting inszenierten, für das sie bekleidet verschiedene Sexstellungen vorspielten, bei denen Leo die Rolle des „Verwöhners“ übernehmen und dabei laut stöhnen musste. Die Jungen johlten. Alex fotografierte die verschiedenen Posen, während Leo dabei abwechselnd laut stöhnte und weinte. Er hatte bereits zum dritten Mal erlebt, dass er von dieser Jungengruppe gemobbt wurde, diesmal war es am schlimmsten für ihn.

Roman wurde die Sache bald zu mulmig und er rannte weg. Als ihn eine Spaziergängerin fragte, was denn los sei, schwieg er und schämte sich. Zuhause vertraute er sich seinen Eltern an.

Herr Liebmann kündigt an, der Vorfall werde mithilfe des Stufenleiters, der Schulpsychologin und der Polizei aufgearbeitet.

Er sagt, er sei deshalb besonders traurig, weil Anfang des Schuljahres in der gesamten Jahrgangsstufe zwei Projekttage zu den Themen „Rechtmäßiger Umgang mit dem Smartphone sowie Cybermobbing“ stattfanden.

Inzwischen haben fast alle Schüler der 6c unerlaubterweise die Fotos vom "Rollenspiel“ auf ihrem Smartphone, auch Elif, Sophie und Max, außer Rosi und Gülgün, die vor einer Woche aus der WhatsApp-Klassengruppe ausgeschlossen wurden.

Tanja hat die Fotos an ihren Bruder in der 10a weitergeschickt, dieser an seinen gesamten Freundeskreis.

Leo hat seiner Mutter von dem Vorfall berichtet und ist schon tags zuvor wie an den folgenden Tagen nicht in die Schule gekommen. Die Mutter hat einen Anwalt eingeschaltet.

Mittwochabend sind die Eltern der 6c zum Gespräch mit der Schulleitung und dem Klassenlehrer eingeladen. 13 Mütter und Väter von insgesamt 27 Schülern kommen, darunter auch Elifs Vater, Sophies Mutter und Max' Vater.

Sie alle sind zutiefst betroffen über das, was Leo erleiden musste, und über das, was in der Klasse „gespielt“ wird: Sex-Rollenspiele mit Opfer, heimliche Gründung einer WhatsApp-Gruppe mit falscher Al-

tersangabe, Ausschluss von Klassenkameraden aus dem Klassenchat sowie Weitergabe von privaten Fotos über Mail.

Was die 13 Mütter und Väter jedoch am meisten bekümmert ist die Tatsache, dass die anderen Eltern wahrscheinlich zu feige oder desinteressiert sind, um zu kommen, und, auch auf sie selbst bezogen, dass keiner der anwesenden Eltern etwas von den Fotos, geschweige denn von ihrem Entstehen wusste. Sie fühlen sich hilflos, weil sie immer glaubten, ihre Kinder würden zu ihnen kommen, wenn sie etwas belastet.

Die Tat der Mobbinggruppe geht noch über das hinaus, was man als „Happy Slapping" bezeichnet. Der Vorfall zeigt, wieviel Leid und Aufregung Cybermobbing direkt und indirekt in einer Schulgemeinschaft verursachen kann.

Doch auch ein gravierender Vorfall kann durch professionelles Vorgehen geklärt werden, so dass der Klassen- und Arbeitsfrieden oft schon nach kurzer Zeit wieder hergestellt ist. Wie schon im Abschnitt „Mobbing in der Unterstufe" angesprochen, arbeiten viele Schulen hierbei nach dem *No-Blame-Approach*, vgl. hierzu Abschnitt 20.2 auf Seite 217.

Was können Sie als Eltern tun? Hilfreich sind auch hier die Handreichungen von JANNAN [33]: Auf Seite 29 des zitierten Elternhefts finden Sie z. B. eine Anleitung zum Thema „Cybermobbing vorbeugen".

Elternthemen 11: Cybermobbing. — *Es empfiehlt sich, eine Info- und Diskussionsveranstaltung zu den Themen Cybermobbing und rechtmäßigen Umgang mit dem Smartphone für die Klasse, Stufe oder die ganze Schule zu organisieren. In der Regel können zusätzlich zu pädagogische Experten der Schule auch externe Referenten dafür gewonnen werden.*

20.4. Schwarze Schafe in der Lehrerschaft

Schwarze Schafe gibt es überall, auch in der Arbeitswelt: Gut ausgebildete Erwachsene, die in ihren Berufen manchmal unangemessen oder gar unfair handeln.

Das gilt leider auch für die Schule.

Hin und wieder können Eltern über Miteltern oder über andere Kanäle erfahren, dass eine Lehrkraft für einzelne Schüler oder ganze Klassen geradezu untragbar geworden ist, weil es ihr an Respekt und moralischen Grundwerten fehlt.

Da tatscht der Sportlehrer bei seiner „Hilfestellung“ immer wieder einer 12-Jährigen auf den Po, der klassische Fall sexueller Belästigung. Aber es gibt auch Übergriffe anderer Art, sei es Verletzung der Pflicht zur Neutralität oder Demütigung eines Schülers.

In solchen Fällen gilt es sofort zu handeln, wenn Sie nachweisen können, dass die Lehrkraft ihre Macht missbraucht oder allgemeine Regeln des menschlichen Umgangs missachtet hat. Das kann z. B. sein, wenn sie die Würde Ihres Kindes verletzt hat, es seit geraumer Zeit ignoriert oder mehrfach falsch beurteilt hat. Solch eine Lehrkraft kann ein Kind dauerhaft schädigen.

Als Eltern tun Sie gut daran, wachsam zu sein und auch auf geringe Anzeichen zu achten, da viele Kinder aus Stolz oder Angst von solchen Vorfällen nicht berichten. Ihr Elternsprecher kann vielleicht Informationen dazu beitragen.

Wichtig ist, dass Sie die Vorfälle genau protokollieren und ggf. dokumentieren und sich dabei fragen:

Ist es wahr, was die Schüler oder auch Ihr Kind berichten? Ist es gerecht, was passiert ist?

Der wichtigste Ansprechpartner in so heiklen Fällen ist die Schulleitung. Wenn das Verhalten einer Lehrkraft nicht mehr tragbar ist, muss sie eine Lösung finden, auch wenn sie vielleicht um den Ruf der Schule fürchtet.

In seltenen Fällen kann sich ein Mädchen oder ein Junge so verletzt fühlen, dass die Eltern einen Schulwechsel erwägen.

Möge Ihrem Kind und Ihnen eine solche Erfahrung erspart bleiben!

Teil VI.

Zwischenstopp mit neuem Fokus: Nach Klasse 6 ist vor Klasse 7

21. Wie geht es weiter nach Klasse 6?

21.1. Klarheit und neue Chancen

Die Klassen 5 und 6 werden in den einzelnen Bundesländern z. T. unterschiedlich genannt, wie z. B. Eingangsstufe oder Orientierungsstufe. Sie werden, wie auch immer bezeichnet, als eine Einheit empfunden, an deren Ende eine gute Möglichkeit besteht, noch einmal innezuhalten und den weiteren schulischen Weg zu überdenken. Das ist vor allem dann notwendig, wenn ein Schüler aufgrund seiner Leistungen vom Gymnasium in eine andere Schulform wechseln muss.

21.2. Sophie, Max und Elif können zufrieden sein

Sophies Eltern haben sich ebenso wie die von Max und Elif gründlich informiert. Vor allem aber haben sie in der zweiten Hälfte der 6. Klasse Beratungsgespräche mit einigen Lehrkräften wie auch der Stufenleiterin wahrgenommen, auch wenn es bei den drei Schülern nicht unbedingt nötig gewesen wäre.

Auch unsere drei Protagonisten denken über ihren Zwischenstopp nach. Nicht nur über ihre Noten, sondern besonders auch über das, was sie an Feedback von ihren Lehrern erhielten, können sie sich recht gut einschätzen und wirken im Großen und Ganzen zufrieden:

Szene 41: Zeugnisse. — *Heute ist Zeugnistag für die Sechstklässler des Schillergymnasiums. Am Ende der Orientierungsstufe findet dieser dort ein paar Wochen vor dem offiziellen letzten Schultag des Schuljahres statt, damit diejenigen, die im Gymnasium Schwierigkeiten hatten, in Ruhe den Wechsel in eine andere Schulform planen können, der nach den Sommerferien ansteht. Je nachdem, wie die Eltern ihre Kinder auf diesen nochmaligen Wechsel vorbereitet haben, ist dies für manche ein schmerzlicher Prozess:*

Katja weint am Ausgang des Schulgebäudes, ihr Zeugnis in der Hand und umringt von tröstenden Klassenkameraden: „Bald seid ihr alle für mich weit weg, ich bin zu dumm, um hier zu bleiben!“, schluchzt sie laut und umarmt Elif, mit der sie sich auf der Klassenreise angefreundet und die ihr immer Mut zugesprochen hat. Auch in dieser Situation kann sie Katja trösten: „Du kennst doch noch Tatjana aus der Grundschule, die ist in der Gesamtschule hier gleich um die Ecke. Frag doch mal mit deiner Mama oder deinem Papa nach, ob du nicht in ihre Klasse kommen kannst.“ Katja strahlt die Freundin dankbar an.

Hassan würdigt sein Zeugnis keines zweiten Blickes und brüstet sich stolz: „Super, ich bin in die 7 versetzt, mein Papa hat gesagt, es kommt jetzt noch nicht auf die Noten an, meine Vierer werden bald Dreier, Zweier oder Einser. Wir kriegen hoffentlich bald gerechtere Lehrer.“

Sophie schaut auf ihr Zeugnis mit den vielen Dreien und einer Vier und murmelt dann nachdenklich: „Eigentlich stand ich ja zwischen Vier und Fünf in Mathe, und die Drei in Geographie ist auch ein bißchen geschenkt. Ich bin halt immer noch so langsam, sagen die Lehrer. Aber ich kann es schaffen, wenn ich weiter viel übe.“

Max pflichtet ihr bei: „Du wirst das gut hinkriegen, und in Kunst bist du ja immer am allerschnellsten mit deinen Bildern fertig, du malst einfach genial! Glaub' an dich!“ Er selbst weiß auch ziemlich genau, wo er steht: „Mathe und Naturwissenschaften sehr gut, Deutsch befriedigend, in Englisch und Französich eine Vier. Das wird knapp, aber ich kann ja später auf eine Oberstufe wechseln, die Informatik als Leistungsfach anbietet und dort Fachabitur machen, haben meine Eltern nach dem Gespräch in der Schule gesagt.“ Max weiß noch nicht genau, was das ist, gibt sich aber mit dieser Perspektive zufrieden. Am wichtigsten für ihn ist die gute Note im Schwimmen, was hat er doch in den letzten Monaten geübt, um seine Ungeschicklichkeiten und Ängste zu überwinden!

Elif hat ihr Zeugnis schon x Mal gelesen. Sie kann es kaum glauben, dass ihre Noten so gut aussehen. Wo sie doch immer noch rot wird, wenn sie laut vor der Klasse sprechen soll. Doch die Lehrer trauen ihr viel zu. Das stärkt ihr Selbstbewusssein, und kommentarlos packt sie es sorgfältig in einem Plastikordner in den Schulrucksack.

21.3. Klärende Beratungsgespräche

Auch Ihre weiterführende Schule bietet Schülern und Eltern Beratungsgespräche an, vor allem dann, wenn es in der letzten Zeit Schwierigkeiten beim Lernen oder im Sozialverhalten gab.

Wie bei der Grundschulempfehlung ist es hilfreich, diesen Gesprächen aufgeschlossen entgegenzusehen und sich jetzt, gegen Ende der 6. Klasse, auch einmal grundsätzliche Gedanken zu machen:

1. Hat mein Kind bisher schon über einen längeren Zeitraum unsere regelmäßige Hilfe oder eine externe Nachhilfe bei den Hausaufgaben oder bei der Vorbereitung von Tests benötigt? Ist es sinnvoll, wenn es auf dem Gymnasium bleibt und dabei auf die Hilfe anderer angewiesen ist?

2. Welche Schwierigkeiten könnten sich beim Verbleib im Gymnasium in Klasse 7 vergrößern? Ist mein Kind mit mehreren Vieren im Jahreszeugnis überhaupt in der Lage, die Lücken und Versäumnisse in Klasse 7 aufzuarbeiten? Könnte es vielleicht mit neuem Mut woanders beginnen, wo die Anforderungen nicht so hoch sind und es bald schöne Lernerfolge genießen könnte?

3. Welche Rolle spielt die Pubertät bei den aufgetretenen Schwierigkeiten? Steht diese dem guten Lernverhalten besonders im Wege oder gibt es andere Gründe?

4. Wenn ein Wechsel der Schulform ansteht: Welche Erfahrungen hat das Gymnasium mit den umliegenden Schulen gemacht? Wo kann sich mein Kind gut weiterentwickeln? An welche Ansprechpartner kann ich mich dort ggf. wenden?

Wie auch immer die erste Bilanz auf der weiterführenden Schule aussieht: Angesichts der vielen Wege zu einem guten Schulabschluss können Sie einen kühlen Kopf bewahren und Ihrem Kind eine zuverlässige Perspektive für die kommenden Jahre aufzeigen.

21.4. Die Eingangsstufe ist geschafft!

Wenn Sie nun auf den Übergang von der Grundschule auf die weiterführende Schule zurückblicken und vielleicht auch einige Fotos wieder hervorholen, werden Sie feststellen, welch großen Schritt Ihr Kind seither gemacht hat – und Sie mit ihm!

Es hat nun die Eingangsklassen hinter sich und Sie haben sich, vielleicht mit Ihrem Partner und Ihrem Kind, eine Meinung darüber gebildet, wie und wohin die Schulreise weitergehen soll.

Das ist ein Grund für Sie, sich zu freuen und auf Ihr Kind stolz zu sein, auch wenn vielleicht das ein oder andere Problem aufgetaucht ist: Sie haben die Entscheidung für den weiteren Weg getroffen und können zuversichtlich in die Jahre der Mittel- und vielleicht auch Oberstufe blicken.

Szene 42: Kuchenparty. — *Nach der Zeugnisausgabe schlendern die drei Freunde gemütlich zu Elif nach Hause, wo Elifs kleine Schwester Helanin ihnen die Tür öffnet: „Ab August darf ich auch zu euch ins Schiller!“, jubelt sie.*

Alle vier stärken sich mit einem dicken Stück Rüblitorte, als plötzlich Max' Smartphone klingelt: „Max, wo steckst du denn?“, ruft Max' Mutter laut in den Hörer, so dass alle es mithören können, „Wie ist denn dein Zeugnis ausgefallen, erzähl' mir doch!“ Max ruft ebenso laut zurück: „Mama, wir feiern gerade bei Elif, ich komm' heute später. Und, stell' dir vor, im nächsten Schuljahr dürfen wir in die Ruder-AG und, wenn wir super trainieren, beim Wettbewerb Jugend trainiert für Olympia *mitmachen. Sophie, Elif und ich wollen uns für die AG anmelden!“ Max legt schnell auf, um wieder bei den Mädels zu sein. „Wow, Freunde“, sagt Sophie fröhlich, „Rudern ist soo cool! Ab der Siebten geht es rund!“*

Liebe Eltern, Sie staunen sicherlich darüber, was für lebensstarke junge Menschen die drei kleinen Freunde von einst geworden sind! Ihren Kindern wird es ähnlich gehen, denn sie sind nun zu „Jugendlichen“ geworden. Sie sind am liebsten unter sich und schmieden gemeinsame Pläne.

Auch Sie haben nun hoffentlich wieder mehr Muße für Ihre eigenen Vorhaben, denn Sie haben den Übergang in die weiterführende Schule gemeistert, mit Schulkompetenz, Vorbereitung und Zuwendung. Dabei war sicher Ihre Grundhaltung entscheidend, denn: Werte wirken Wunder [80].

Auf Ihre Schulerfahrung und Ihre Grundhaltung werden Sie sich auch in den nächsten Jahren verlassen können!

Verzeichnisse

Bibliographie

Die Einträge werden in den Rubriken Webseiten, Bücher und Artikel aufgelistet. Bei Webseiten wird das Datum des Abrufs angegeben. Abkürzungen: „oA“: ohne Autor; „oJ“: ohne Jahr; „↪“: Rückverweis auf Seiten, auf denen der Eintrag im Buch erwähnt wird. Einige Einträge enthalten Anmerkungen der Autorin in der Form „[...]“.

Webseiten

[1] AFS, Hrsg. *Aktionstage* Zu Fuß zur Schule und zum Kindergarten. 28.08.2016. URL: *http://www.zu-fuss-zur-schule.de/* (Abruf 25.03.2018) ↪ 140.

[3] Arbeitsgemeinschaft Finanzen, Hrsg. *Taschengeldtabelle.* o. J. URL: *https://www.arbeitsgemeinschaft-finanzen.de/soziales/taschengeld* (Abruf 25.03.2018) ↪ 205.

[4] Bayrisches Staatsministerium für Unterricht und Kultus, Hrsg. *Schule in Bayern. Die rechtlichen Grundlagen.* oJ. URL: *https://www.km.bayern.de/eltern/was-tun-bei/rechte-und-pflichten.html* (Abruf 04.07.2018) ↪ 119.

[5] Manfred Becker. *Der betreute Mensch in der betreuenden Gesellschaft.* Lions Club Vulkaneifel. 2015. URL: *https://www.lions.de/web/lc-vulkaneifel/start/-/asset_publisher/qlcTxUFBKYTG/content/der-betreute-mensch-in-der-betreuenden-gesellschaft* (Abruf 26.05.2016) ↪ 18.

[6] Bildungsserver Mecklenburg-Vorpommern, Hrsg. *Schularten.* oJ. URL: *https://www.bildung-mv.de/schueler/schule-und-unterricht/schularten/* (Abruf 10.06.2018) ↪ *xi*.

[7] Bildungsserver Rheinland-Pfalz, Hrsg. *Medienkompetenz macht Schule.* o. J. URL: *https://medienkompetenz.bildung-rp.de/projekte/*

europaeischer-computerfuehrerschein-ecdl.html (Abruf 06. 04. 2018) ↪ 117.

[10] Heike Blum und Detlef Beck, Hrsg. *No Blame Approach. [Als Buch [11]]*. 2003. URL: *http://www.no-blame-approach.de* (Abruf 25. 03. 2018). [*Hier finden sich hilfreiche Informationen für Ratsuchende wie auch für an der Ausbildung Interessierte*] ↪ 220‘240.

[14] Mathias Brüggemeier, Hrsg. *SCHULE online*. Woerterwelt GmbH. 2014. URL: *www.magazin-schule.de* (Abruf 25. 03. 2018). [*Alle zwei Wochen bietet das Magazin SCHULE ONLINE Wissen, Orientierung und Inspiration für Eltern von Schulkindern. Für die zugehörige Zeitschrift siehe [13]*] ↪ 136‘243.

[15] Bundesverband Legasthenie und Dyskalkulie, Hrsg. *Bundesverband Legasthenie und Dyskalkulie e. V.* Bundesverband Legasthenie und Dyskalkulie (BVL) e.V. oJ. URL: *https://www.bvl-legasthenie.de/* (Abruf 08. 06. 2018) ↪ 181.

[16] Calliope gGmbH, Hrsg. *Calliope*. 2018. URL: *https://calliope.cc/* (Abruf 04. 07. 2018) ↪ 84‘128.

[17] CISV Germany e.V., Hrsg. *CISV Germany*. 1955. URL: *http://de.cisv.org/* (Abruf 26. 11. 2016). [*Ansprechpartner sind die regionalen Chapter http://de.cisv.org/ueber-uns/ortsvereine/*] ↪ 92.

[18] DAK-Gesundheit Ein Leben lang, Hrsg. *Jeder 12. Junge süchtig nach Computerspielen*. 2016. URL: *https://www.dak.de/dak/bundes-themen/jeder-12---junge-suechtig-nach-computerspielen-1860860.html* (Abruf 07. 04. 2018) ↪ 116.

[19] DAK-Gesundheit. Ein Leben lang, Hrsg. *Studie: So süchtig machen WhatsApp, Instagram und Co.* o. J. URL: *https://www.dak.de/dak/bundes-themen/studie-so-suechtig-machen-whatsapp-instagram-und-co--1968568.html* (Abruf 07. 04. 2018) ↪ 116.

[21] dpa, Hrsg. *Weitergabe von Kontaktdaten an WhatsApp unzulässig. Urteil mit "‘Signalwirkung"’*. 27. 06. 2017. URL: *https://www.*

zeit.de/news/2017-06/27/telekommunikation-weitergabe-von-kontaktdaten-an-whatsapp-unzulaessig-27151603 (Abruf 30. 04. 2018) ↪ 121.

[23] Ernst Klett Verlag GmbH, Hrsg. *HSP plus.* o. J. URL: *https://www.hsp-plus.de/index* (Abruf 21. 04. 2018) ↪ 180.

[24] fragFINN e.V., Hrsg. *fragFINN.* o. J. URL: *https://eltern.fragfinn.de/* (Abruf 08. 04. 2018) ↪ 128‹130.

[27] Hartmut Glatzke, Hrsg. *ADHS Deutschland e. V. Selbsthilfe für Menschen mit ADHS.* oJ. URL: *http://www.adhs-deutschland.de* (Abruf 29. 06. 2018) ↪ 180.

[30] Kultusministerium Hessen, Hrsg. *Besondere Schwierigkeiten beim Lesen, Rechtschreiben oder Rechnen. Verordnung zur Gestaltung des Schulverhältnisses (VOGSV).* 2017. URL: *https://kultusministerium.hessen.de/sites/default/files/media/hkm/handreichung_zur_vogsv_web.pdf* (Abruf 25. 07. 2018) ↪ 181.

[35] Jesper Juul. *Smartphones haben auf der Familieninsel nichts zu suchen!* 10. 07. 2016. URL: *https://www.fritzundfraenzi.ch/medien/medienerziehung/smartphones-haben-auf-der-familieninsel-nichts-zu-suchen* (Abruf 25. 03. 2018) ↪ 131.

[37] Stefany Krath, Hrsg. *PRO & CONTRA: Computer im Kindergarten?* oJ. URL: *https://bildungsklick.de/fruehe-bildung/detail/pro-contra-computer-im-kindergarten/* (Abruf 25. 07. 2018) ↪ 114.

[41] LMK Rheinland-Pfalz, Hrsg. *Klicksafe.de. Die WU-Initiative für mehr Sicherheit im Netz.* Landeszentrale für Medien und Kommunikation (LMK) Rheinland-Pfalz (Projektkoordination). 2009. URL: *http://www.klicksafe.de/ueber-klicksafe/die-initiative/projektinfo/wer-ist-klicksafe/* (Abruf 01. 07. 2016) ↪ 128‹130.

[42] Hermann Metz und Berthold Metz, Hrsg. *Elternabend. Tipps zur Durchführung und Vorbereitung.* o. J. URL: *https://www.lehrerfreund.de/schule/1s/elternabend-durchfuehrung-vorbereitung/2469* (Abruf 29. 03. 2018) ↪ 104.

[43] MINISTERIUM FÜR BILDUNG, WISSENSCHAFT, WEITERBILDUNG UND KULTUR, Hrsg. *Elternmitwirkung in Rheinland-Pfalz.* 2015. URL: *https://bm.rlp.de/fileadmin/mbwwk/Publikationen/Bildung/Elternmitwirkung_in_RLP.pdf* (Abruf 29. 03. 2018) ↪ 99.

[44] MINISTERIUM FÜR KULTUS, BILDUNG UND SPORT BADEN WÜRTTEMBERG, Hrsg. *Bildungsnavi Baden-Württemberg.* o. J. URL: *http://www.bildungsnavi-bw.de/schulsystem* (Abruf 25. 03. 2018) ↪ 7.

[45] Marlene MORTLER. *Die Drogenbeauftragte der Bundesrepublik.* Die Drogenbeauftragte stellt die Ergebnisse der BLIKK-Studie 2017 vor. Hrsg. von DROGENBEAUFTRAGTE DER BUNDESREGIERUNG. 2017. URL: *http://www.drogenbeauftragte.de/presse/pressekontakt-und-mitteilungen/2017/2017-2-quartal/ergebnisse-der-blikk-studie-2017-vorgestellt.html* (Abruf 25. 03. 2018) ↪ 115.

[47] NIEDERSÄCHSISCHES KULTUSMINISTERIUM, Hrsg. *Zeugnisse in den allgemein bildenden Schulen.* Runderlass, der am 01.06.2016 in Kraft tritt. 03. 05. 2016. URL: *http://www.mk.niedersachsen.de/aktuelles/aktuelle_erlasse_und_anhoerungsverfahren/zeugnisse-in-den-allgemein-bildenden-schulen-143644.html* (Abruf 24. 11. 2016). [Gute Orientierung zu Fragen in Zusammenhang mit Zeugnissen] ↪ 167.

[48] Reimund NOACK, Hrsg. *Schullandheim Wegscheide.* 2012. URL: *http://www.schullandheim-wegscheide.de/ferienfreizeit/englischfreizeit/* (Abruf 28. 03. 2018) ↪ 93.

[53] Daniela OBERMAIR. *Wie Kinder lernen, mit Geld umzugehen.* Hrsg. von Stadtjugendamt MÜNCHEN. o. J. URL: *https://www.muenchen.de/rathaus/Stadtverwaltung/Sozialreferat/Jugendamt/Beratungsstellen-und-Elternbriefe/Erziehungsinformation* (Abruf 25. 03. 2018) ↪ 205.

[54] PROJEKTBÜRO SCHAU HIN, Hrsg. *SCHAU HIN! Was Dein Kind mit Medien macht.* Elternratgeber zur Mediennutzung. o. J. URL: *https://www.schau-hin.info/* (Abruf 08. 04. 2018) ↪ 128f130.

[59] SCHAU HIN! PROJEKTBÜRO, Hrsg. *Studien zur Mediennutzung.* o. J. URL: *https://www.schau-hin.info/service/studien.html* (Abruf 06. 04. 2018) ↪ 115.

[60] J. Schlieszeit. *myBoard.* o. J. url: *http://www.myboard.de/board-tipps/details/article/900-wortkarten-grundwortschatz-klasse-1-4-kostenlos-zum-download//link//0bce03777d.html* (Abruf 25. 03. 2018) ↪ 88.

[62] Senatsverwaltung für Bildung, Jugend und Familie, Hrsg. *Berliner Bildungswegweiser.* o. J. url: *https://www.berlin.de/sen/bildung/schule/bildungswege/uebergang-weiterfuehrende-schule/* (Abruf 03. 04. 2018) ↪ *xi*‹8.

[65] Günter Steppich. *Brennpunkt Medienerziehung & Jugendmedienschutz.* Hrsg. von Landeselternbeirat von Hessen. Landeselternbeirat von Hessen, 06/2015. url: *http://www.medien-sicher.de/downloads/flyer-jugendmedienschutz/* (Abruf 28. 06. 2018) ↪ 129.

[66] Günter Steppich, Hrsg. *medien-sicher.de. Durchblick im digitalen Leben.* Webseite, wird laufend aktualsiert. Schulberatung in der AG Jugendmedienschutz des Hessischen Kultusministeriums (seit 2010). 2009. url: *http://www.medien-sicher.de/downloads/flyer-jugendmedienschutz/* (Abruf 28. 06. 2018) ↪ 130.

[67] Lina Timm. *Können wir jetzt endlich gehen?* FAZ. 14. 12. 2013. url: *http://www.faz.net/aktuell/gesellschaft/familie/schulweg-koennen-wir-jetzt-endlich-gehen-12711079.html?printPagedArticle=true#pageIndex_2* (Abruf 28. 08. 2016) ↪ 140.

[68] Detlef Träbert. *So reden Eltern erfolgreich mit Lehrerinnen und Lehrern. träbert pädagogische materialien.* o. J. url: *http://www.traebert-materialien.de/* (Abruf 25. 03. 2018). [*Hier finden Sie hilfreiche Scripts zu vielen Schulthemen, die Sie auch einzeln preisgünstig bestellen können.*] ↪ 152.

[69] VDP e.V., Hrsg. *Verband Deutscher Privatschulverbände e.V. (VDP). Bildungseinrichtungen in freier Trägerschaft.* 2017. url: *http://www.privatschulen.de/* (Abruf 22. 05. 2017). [*Hier finden Sie eine praktische Möglichkeit, anhand Ihres Wohnortes eine geeignete Privatschule für Ihr Kind zu finden.*] ↪ 73.

[70] Wilfried VOLKMANN, Hrsg. *Eltern für Schule e.V.* oJ. URL: *http://elternfuerschule.de* (Abruf 27.06.2018) ↪ 106.

[73] WIKIPEDIA, Hrsg. *Generation Y.* oJ. URL: *https://de.wikipedia.org/wiki/Generation_Y* (Abruf 25.07.2018) ↪ 17.

[74] WIKIPEDIA, Hrsg. *LÜK.* o. J. URL: *https://de.wikipedia.org/wiki/L%C3%9CK* (Abruf 25.03.2018) ↪ 90.

[75] WIKIPEDIA.ORG, Hrsg. *Simple English Wikipedia.* o. J. URL: *https://simple.wikipedia.org/wiki/Main_Page* (Abruf 08.04.2018) ↪ 128.

[76] Schulleitung WILLIGIS-GYMNASIUM, Hrsg. *Tablet-Klassen.* oJ. URL: *https://www.willigis-online.de/profile/notebook-klassen/* (Abruf 07.06.2018) ↪ 118.

Bücher

[2] Evi AGOSTINI, Michael SCHRATZ und Erika RISSE. *Lernseits denken – erfolgreich unterrichten.* AOL-Verlag, 2018. ISBN: 3403105237 ↪ 153.

[8] Paula BLECKMANN. *Medienmündig. Wie unsere Kinder selbstbestimmt mit dem Bildschirm umgehen lernen.* 5. Aufl. Klett-Cotta, 2016. ISBN: 978-3-608-94626-0 ↪ 116.

[9] Paula BLECKMANN und Ingo LEIPNER. *Heute mal bildschirmfrei. Das Alternativprogramm für ein entspanntes Familienleben.* Knaur, 2018. ISBN: 9783426789254 ↪ 131.

[11] Heike BLUM und Detlef BECK. *No Blame Approach. Mobbing-Intervention in der Schule.* - Praxishandbuch. 5., aktualisierte Auflage. *[Als Website [10]].* fairaend, 2016. 239 S. ISBN: 9783000277559 ↪ 220'236.

[12] Katharina BÖRNER, Wolfgang FREYTAG, Gerhard HAUNSCHILD, Reinhard HEYDENREICH, Andrea KAMMERER, Michael LOBE, Andreas ROHBOGNER und Clement UTZ. *Latein mit Felix Bd.1. Für Latein als gymnasiale Eingangssprache.* Hrsg. von Andrea KAMME-

RER und Clement UTZ. Oldenbourg Verlag, o. J. ISBN: 9783637197312 ↪ 53.

[20] Alexandra DAUTH und Toka-Lena RUSNOK. *Alles klar. Deutsch – Sekundarstufe I – Neue Ausgabe 5./6. Schuljahr.* Cornelsen-Verlag, o. J. plus CD. ISBN: 9783464602485 ↪ 160.

[22] Hans Magnus ENZENSBERGER. *Der Zahlenteufel.* Carl Hanser Verlag, München, 1997. ISBN: 9783446189003 ↪ 91.

[26] Birgit GEGIER STEINER. *Artgerechte Haltung.* Guetersloher Verlagshaus, 24. 08. 2015. ISBN: 3579070959. [*Siehe auch das Interview in http://www.deutschlandradiokultur.de/paedagogin-birgit-gegier-steiner-plaedoyer-fuer-eine.1008.de.html?dram:article_id=336961*] ↪ 199.

[28] Lena GREINER und Carola PADTBERG-KRUSE. *Verschieben Sie die Deutscharbeit – mein Sohn hat Geburtstag!* Ullstein Taschenbuchvlg., 2017. ISBN: 9783548377490 ↪ 18.

[29] Michael HAUCH. *Kindheit ist keine Krankheit. Wie wir unsere Kinder mit Tests und Therapien zu Patienten machen.* Fischer Verlage, Frankfurt am Main. 2015. ISBN: 978-3-596-03230-3 ↪ 179.

[31] Jens HINNRICHS. *Fara und Fu 1.* Schroedel Verlag, 2013. ISBN: 9783507427723 ↪ 6.

[32] Mustafa JANNAN. *Das Anti-Mobbing-Buch. Gewalt an der Schule – vorbeugen, erkennen, handeln.* 4. Auflage. Pädagogik Praxis. *[Literaturverzeichnis: Seite 217–219].* Weinheim: Beltz, 2015. 219 Seiten. ISBN: 9783407629463. [*Mit Elternheft, auch separat bestellbar, und Online-Materialien*] ↪ 220.

[33] Mustafa JANNAN. *Das Anti-Mobbing-Elternheft. Schüler als Mobbing-Opfer – Was Ihrem Kind wirklich hilft; mit Zusatzmaterialien im Internet.* 2., neu ausgestattete Aufl. Weinheim [u.a.]: Beltz, 2010. ISBN: 9783407627216 ↪ 220, 223.

[34] Mustafa JANNAN. *Gewaltprävention an Schulen. Planen – umsetzen – verankern.* Pädagogik Praxis. *[Literaturverz. S. 137–139].* Weinheim

[u.a.]: Beltz, 2012. ISBN: 9783407628008. [*Mit Kopiervorlagen, auch zum Download*] ↪ 220.

[36] Christian KAMMLER und Armin LOHMANN. *Kulturelle Bildung an Schulen. konzeptionell gestalten-konkret verankern.* Carl Link, 2018. ISBN: 9783556073117 ↪ 201.

[38] Josef KRAUS. *Helikopter-Eltern: Schluss mit Förderwahn und Verwöhnung.* Hrsg. von ROWOHLT. Rowohlt Verlag. 2013. ISBN: 349803409X ↪ 18.

[39] Carsten KRÜHLER und Manfred POLLERT. *Deutsch plus – Grundschule. 1000 Wörter richtig schreiben: 4. Schuljahr.* Hrsg. von Manfred POLLERT. Cornelsen Verlag, 2009. ISBN: 9783060809448 ↪ 88.

[46] Gordon NEUFELD und Gabor MATÉ. *Unsere Kinder brauchen uns!* Genius Verlag, 2006. ISBN: 3934719449 ↪ 193.

[50] oA. *Mathe sofort kapiert. anfassen – ausprobieren – verstehen.* Dorling Kindersley Verlag, 2015. ISBN: 9783831028115 ↪ 90.

[52] oA. *Spiel, Spaß, Mathe-Ass. Würfeln – Rechnen – Gewinnen.* Dorling Kindersley Verlag, 2016. ISBN: 978-3-8310-3041-5 ↪ 90.

[55] Stephanie ROBBEN-BEYER. *Family Business. Das Praxis-Booklet für wertvolles Führen und Erziehen.* Pro BUSINESS Verlag, 2016. ISBN: 978-3-86460-482-9 ↪ 10.

[56] Fernando RODE, Rolf TARNEDEN und Dallan SAM. *Was Lehrer nicht dürfen. Antworten auf die 50 wichtigsten Schülerfragen inklusive der dazugehörigen Paragraphen.* Hrsg. von ULLSTEIN. Ullsteinbuchverlage. 2016. ISBN: 9783548376684 ↪ 19.

[57] Jan-Uwe ROGGE und Angelika BARTRAM. *Warum Raben die besseren Eltern sind.* Gräfe und Unzer, 2014. ISBN: 978-3-8338-3309-0 ↪ 60.

[58] Jan-Uwe ROGGE und Bettina MÄHLER. *Lauter starke Jungen. En Buch für Eltern.* Hrsg. von ROWOHLT TASCHENBUCH VERLAG. 2003. ISBN: 3-499-61539-8 ↪ 199.

[61] Michael SCHRATZ und Ulrike STEINER. *Die Lernende Schule. Arbeitsbuch pädagogische Schulentwicklung*. Beltz Pädagogik / Neue Lehrerbildung und Schulentwicklung, 1999. ISBN: 3407252021 ↪ 107.

[63] Nina SIMON und Hendrik SIMON. *Das Förderheft 4*. Mildenberger Verlag GmbH, 2012. ISBN: 9783619452453 ↪ 90.

[64] Manfred SPITZER. *Digitale Demenz. Wie wir uns und unsere Kinder um den Verstand bringen*. München: Droemer Verlag, 2012 ↪ 115, 116.

[72] Anna WELTMAN. *Das ist kein Mathebuch*. Hrsg. von Edward CHEVERTON und Ivan HISSEY. Deutsche Erstausgabe, 2. Auflage. München: Knesebeck, 2016. ISBN: 9783868738780 ↪ 90.

[77] Michael WINTERHOFF. *Warum unsere Kinder Tyrannen werden. Oder: Die Abschaffung der Kindheit*. Goldmann, 2009. ISBN: 978-3-442-17128-6 ↪ 14.

[81] Reinhard WONNEBERGER. *Kompaktführer LaTeX*. 3. erweiterte Auflage. Addison-Wesley Kompaktführer. Bonn etc.: Addison-Wesley, 1993. ISBN: 3-89319-589-0. URL: *https://openlibrary.org/works/OL17675463W/LATEX* (Abruf 25. 05. 2018) ↪ *xi*.

Artikel

[13] Mathias BRÜGGEMEIER, Hrsg. *Print-Magazin SCHULE. Magazin* (2004). ISSN: 2198-3186. URL: *www.magazin-schule.de* (Abruf 25. 03. 2018). [*Erscheint alle zwei Monate. Für die zugehörige Online-Version siehe [14]*] ↪ 136, 236.

[25] Ludwig FRANKE. *Sieben Leitfragen für den Elterntest*. Gutenberg-Schule Wiesbaden, o. J. ↪ 41.

[40] Renate KÜNAST. „Gesunde Ernährung ist eine Gerechtigkeitsfrage. Interview mit Renate Künast“. In: *Deutsche Diabetes Gesellschaft: Geschäftsbericht 2016* (2017). Hrsg. von DEUTSCHE DIABETES GESELLSCHAFT, S. 16–17 ↪ 142.

[49] oA. *Der beste Bildungsweg für mein Kind. Informationen zum Übertritt von der Grundschule an weiterführende Schulen.* Hrsg. von Bayerisches Staatsministerium für Bildung und Kultus, Wissenschaft und Kunst. o. J. url: *https://www.km.bayern.de/epaper/der-beste-bildungsweg_13/files/assets/basic-html/page-1.html#* (Abruf 08. 07. 2018) ↪ 7.

[51] oA. „Pro & Contra: Ganztagsschulen“. In: *Münchner Kinderzeitung* 24 (2013). url: *http://www.muek.info/pro-contra-ganztagsschulen/* (Abruf 08. 07. 2018) ↪ 58.

[71] Dagmar Wandt und Marion Fischer. *Wohin nach der Grundschule? Wegweiser zu den allgemeinbildenden weiterführenden Schulen.* Schuljahr 2018/2019. Hrsg. von Landeshauptstadt Düsseldorf. 2017. url: *https://www.duesseldorf.de/fileadmin/Amt40/PDF/A-Z/wohin_nach_der_grundschule_2017_2018_web.pdf* (Abruf 08. 07. 2018) ↪ 7.

[78] Brigitte Wonneberger. „Schlopolis. Ein Demokratieprojekt mit Nachhaltigkeit“. In: *Pädagogik·Leben* 1.1 (2014), S. 20–21. url: *http://bildung-rp.de/fileadmin/user_upload/p_files/Materialien/PL_Publikationen/14_1_PL/S._20-21.pdf* (Abruf 08. 07. 2018) ↪ 107.

[79] Brigitte Wonneberger. „Schlopolis lebt! Wie ein Schülerstaat die Schule verändert“. In: *SchulVerwaltung Hessen / Rheinland-Pfalz* 18.4 (2013), S. 110–112 ↪ 107.

[80] Brigitte Wonneberger. „Werte wirken Wunder“. In: *Pädagogische Führung. Zeitschrift für Schulleitung und Schulberatung* 29/2.2 (14. 03. 2018), S. 63–67. issn: 0939-0413 ↪ 231.

Register

Nach den Rubriken [Bundesländer], [Elternthemen], [Impuls], [Person], [Szene] folgen die allgemeinen Stichwörter. „≻“ veweist auf den Haupteintrag.

[Bundesländer]
Baden-Württemberg [BW], 5, 7, 54, 185
Bayern [BY], 5, 49, 119
Berlin [BE], *xi*, 5, 8, 49, 142
Brandenburg [BB], *xi*, 5, 8, 33, 49
Bremen [HB], 5
Hamburg [HH], 5, 58
Hessen [HE], 5, 50, 128, 181
Mecklenburg-Vorpommern [MV], *xi*, 5, 8, 49
Niedersachsen [NI], 5, 167
Nordrhein-Westfalen [NW], 5
Rheinland-Pfalz [RP], 50, 99, 185
Saarland [SL], 5, 54, 142
Sachsen-Anhalt [ST], 5, 49
Sachsen [SN], 5, 49, 185
Schleswig-Holstein [SH], 5, 50, 54
Thüringen [TH], 5, 49
[Elternthemen]
Abschlusswoche, 151
Cybermobbing, 223
Elternflyer, 128
Familienregeln, 131
Internetgewohnheiten, 124
Jungen und Mädchen, 204
Nachhilfe, 157
Ordnung, 147
Schulweg, 140
Smartphoneverbot, 120
Themenspeicher, 104
[Impuls]
Absage Wunschschule, 81
Checkliste, 67
Elternmitwirkung, 99
Elterntest, 48
Fremdsprachenfolge, 54
Fremdsprachenunterricht, 53
Ganztagsschule, 158
Halbtagsschule, 158
Leistungsdefizite, 216
Lernschwierigkeiten, 179
Mathematik, 91
Mobbing, 221
Prioritätenliste, 73
Privatschulen, 71
Professionelle Webseiten, 130
Profilklassen, 63
Referenten, 47
Reihenfolge Fremdsprachen, 56
Schülererfahrungen, 203
Sommercamp, 93
Tagesplanung, 145
Umzugspläne, 55
Vorurteile, 202
[Person]
Alex, 221*f*
Angelina, 36
Aysha, 18, 103
Boris, 190*f*
Carlo, 3, 61, 63, 65
Daphne, 34
Didier, 222
Elif, *xiv*, 3*f*, 19, 36*f*, 43, 46, 61, 63, 65, 92*f*, 102–104, 109, 135*f*, 143, 156, 162, 171, 175, 183, 186, 190, 211*f*, 217, 222, 227*f*, 230

Fiona, 19, 43*f*, 104, 122, 124, 184
Frau Eick, 3*f*, 33–37
Frau Fissler, 110
Frau Meier, 111
Frau Milz, 109*f*
Frau Reinhardt, 29, 135, 143, 175, 190, 212–214
Frau Schwarzhaupt, 43, 109–111, 182–184
Gülgün, 104, 222
Hassan, 4, 19, 33, 103, 162, 171*f*, 174*f*, 177, 211*f*, 228
Helanin, 230
Helena, 18*f*
Hendrik, 219
Herr Blank, 183
Herr Knolle, 110
Herr Liebmann, 20, 44, 135, 143*f*, 212–214, 221*f*
Herr Richter, 109–112
Herr Schwarz, 104
Herr Stöcklin, 177
Herr Zilbert, 111
Herr Zirner, 171, 174
Inez, 103
Johanna, 111
Jonas, 18*f*
Katja, 228
Leo, 221*f*
Max, *xiv*, 3*f*, 12*f*, 19–22, 28–30, 36*f*, 43, 46, 61, 63–65, 104, 109, 135*f*, 143, 145, 156, 175, 177, 186*f*, 190, 193*f*, 211*f*, 217*f*, 220, 222, 227*f*, 230
Mia, 43
Mister Black, 104, 111
Mohamed, 3, 221*f*
Monsieur Kradler, 18
Oliver, 64
Paulina, 3, 61, 63–65
Robert, 177*f*, 211
Roland, 103*f*
Roman, 222
Rosi, 222
Sabrina, 111, 182–184, 211–213
Sascha, 143*f*, 195
Sophie, *xiv*, 3*f*, 19, 34–37, 43, 61, 63, 65, 92*f*, 103, 109, 122–124, 135, 143, 155*f*, 162, 171, 174*f*, 183, 186, 190, 212–214, 217, 222, 227*f*, 230
Tanja, 222
Tatjana, 3, 228
Tobi, 156
Toni, 212*f*
Victor, 111
[**Szene**]
Ameisen, 175
Ankunft, 212
Aufgeregtes Warten, 211
Aufsatz, 44
Basta, 33
Biorhythmus, 155
CISV-Sommercamp, 92
Cybermobbing, 221
Einsilbigkeit, 186
Einstiegsalter Smartphone, 122
Faule Socke, 190
Freundschaften, 61
Konzentrationsschwäche, 177
Kuchenparty, 230
Leistungseinbruch, 193
Lernfreude, 135
Lerntempo, 35
Lichtblicke, 111
Max unglücklich, 20
Mobbing, 217
Mundstück, 174
Nachlese, 36
Nachteilsausgleich, 182
Notendruck Grundschule, 12
Notenkontrolle, 171
Prinzen und Prinzessinnen, 18
Probeunterricht, 64
Probleme der Woche, 110
Problemlos, 37

Realschulempfehlung, 34
Schüchternheit, 162
Schülerperspektive, 3
Schulleitungsperspektiven, 109
Segeltörn, 102
Tag der offenen Tür, 63
Tagesordnung, 103
Tagesplanung, 143
Vertretungssorgen, 109
Vorstellung der Schulformen, 45
Wackelkandidat, 36
Zeitliche Überforderung, 43
Zeugnisse, 227

A.a.d.d.a., 121*f*
Abitur, 7
Absage, 75, 80
Alle anderen dürfen das aber, 121
Altgriechisch, 94
altsprachlich, 53, 56, 66, 94
Anmeldung, 75, 79
Apps, 53, 128*f*
Arbeitsgemeinschaft, 56, 69, 74, 127, 156, 185
Aufnahme, 79
Ausgrenzung, 204

Baden-Württemberg, ≻ [Bundesländer]
Bayern, ≻ [Bundesländer]
Begabtenzentrum Rheinland-Pfalz, 185
Beratungsgespräche, 227, 229
Berlin, ≻ [Bundesländer]
Beruflichen Oberschule, 49
Berufsreife, 5, 7*f*, 17
Biber, 117
Biberacher Modell, 53
Bildungs- und Erziehungsauftrag, 9
Bildungsministerium, 185
Bildungsserver, 5, 7, 50, 99, 181, 185
bilingual, 62*f*
Bläserklassen, 62

Brandenburg, ≻ [Bundesländer]
Bremen, ≻ [Bundesländer]
Bullying, 217
Bund der freien Waldorfschulen, 73
Bundesländer, *xi*, 33, 38
Bundesland, 7, 185

Calliope mini, 117
CertiLingua-Schule, 67
Checkliste, 66*f*, 70, 73, 80
Chinesisch, 56
CISV, 92*f*
Cybermobbing, 219, 221, 223

Dänisch, 54*f*
DELE, 56
DELF, 56
Depressionen, 221
Der Deutsche Schulpreis, 67
Deutsche Gesellschaft für das hochbegabte Kind, 184
Digitalisierung, 114, 116
Durchlässigkeit, 5
Dyskalkulie, 181

Eingangsstufe, 227
Elternabend, 45
Elternsprecher, 103*f*, 224
Elterntest, 41
Elternthemen, *xiv*
Empfehlung, 3*f*, 38
Englisch, 9, 52–54, 196
Europaschule, 67

Förderschule, 48
Förderverein, 100*f*, 210
Führungsaufgabe, 10
Führungserfahrung, 10
Fürsorge, 10
Fachabitur, 46, 228
Fachhochschulreife, 7
Fair Trade Schule, 67
Familienausflug, 95

Familienleben, 13*f*
Fara, 6
Fernseher, 42
Flyer, 128
Frankreich, 55, 66, 119
Französisch, 52, 54–56, 195
Freie Christliche Schulen, 73
Fremdsprache, 9, 51*f*, 54–56, 195, 215
Fu, 6

G8, 48–50, 57
G9, 48–50, 57
Gütesiegel, 67*f*
Ganztagsschule, 9, 67, 156*f*
Garten, 85
Gedeihraum, 95
Geld, 204
Gemeinschaft, 45
Gemeinschaftsschule, 5, 49, 196
Generation Y, 17
Gesamtschule, 5, 45, 50, 196, 216
Geschwisterkinder, 79
Gestaltung des Schulgebaudes, 101
Graecum, 56
Griechisch, 54, 56
Großeltern, 84–88, 102, 163, 170, 205, 210
Grundschule, 3, 5, 12, 14, 33, 37, 39, 79
Grundschulempfehlung, 4, 33, 37*f*, 229
Grundschulgutachten, 33
Gruppenzwang, 207
Guide, 9, 11, 22, 94, 165, 205
Gymnasialempfehlung, 37
Gymnasialfalle, 47
Gymnasium, 41, 45–47, 50, 54, 117, 216, 229
Gymnasium für Hochbegabte, 185

Höflichkeit, 45
Haftung, 121
Hamburg, ≻ [Bundesländer]
Hauptschule, 5
Hausaufgaben, 69, 156*f*
Hebräisch, 56
Helikopter-Eltern, 18
Hessen, ≻ [Bundesländer]
Hochbegabung, 37, 182–185
Homepage, 45

I, 49
Impuls, *xiv*
Informatik, 89, 117, 228
Inklusion, 48
Instagram, 119
Institut Français, 91
Integrierte Gesamtschule, 3, 64
Integrierte Sekundarschule, 5
internationale Schulen, 73
Italienisch, 54–56

Jugend debattiert, 191
Jugend trainiert für Olympia, 230

Küchenwecker-Methode, 159
Kinder-College Neuwied, 185
Kirche, 73
Kita, 13
Klassenmusizieren, 62
Klassenrat, 20
Klassenreisen, 209
Konzentration, 42
Kopfnoten, 167
Kulturschule, 67, 201

LÜK-Kästen, 90
Labels, 191
Landeselternbeirat, 128
Landesgymnasium Sankt Afra, 185
Landessprache, 54
Landgericht Darmstadt, 121
Latein, 9, 52–56, 195*f*
LaTeX, *iv*, *xi*
Latinum, 53

Legasthenie, 181
Lehrer-Eltern-Schüler-Gespräch, 215
Leistung, 26, 29, 36, 46, 51, 67*f*, 72, 80, 106, 170, 189, 215, 227
Leistungsüberprüfung, 12, 157–159, 162, 165
Leistungsdefizit, 215
Leistungsdruck, 150
Leistungseinbruch, 143, 215*f*
Leistungsgesellschaft, 13, 17, 84
Leitbilder, 45
Lernen lernen, 46
Lernförderbedarf, 48
Lernzeit, 155*f*
Lesen, 14, 84, 86

Mathematik, 89*f*
Mecklenburg-Vorpommern, ≻ [Bundesländer]
Medienerziehung, 113
Medienkompetenz, 114
Medienscouts, 127
Mensa in Deutschland, 184
Migrationshintergrund, 54, 151
Minicomputer, 84, 128
MINT, 89
MINT-freundliche Schule, 67
Mittelschule, 5
Mittelstufenschule, 5
Mittlere Reife, 7*f*, 17
Mittlerer Bildungsabschluss, 5, 196
Mobbing, 217, 219*f*
Montessori, 21, 48, 71–74
Montessori Dachverband Deutschland e.V., 73
Musiker, 44
Musikunterricht, 104, 174

Nachhilfe, 157
Nachteilsausgleich, 180, 188
Naturwissenschaften, 89
NaWi-Unterricht, 174
Niedersachsen, ≻ [Bundesländer]
Nordrhein-Westfalen, ≻ [Bundesländer]
Noten, 4, 12, 227*f*

Oberschule, 5
Oberstufe, 52
Orientierung, *xii*, *xiv*, 25, 42
Orientierungsstufe, 227

Physik am Samstag, 185
Profilklass, 50
Profilklasse, 63, 80
Profilunterricht, 62*f*

Qualitätsbereiche, 67

Raspberry Pi, 117, 185
Realschule, 5, 47, 196, 216
Realschule plus, 3*f*, 45*f*
Realschulempfehlung, 34, 38
Rechnen, 14, 36, 41, 84, 86, 90, 115, 181
Rechtschreibung, 87, 160
Referat, 11
Referenzrahmen, 52, 56
Regelschule, 5
Regionale Schule, 5
Resilienz, 24
Respekt, 45
Rheinland-Pfalz, ≻ [Bundesländer]
Robotik-AG, 117, 201
Ruder-AG, 230
Rudolf Steiner, 72
Russisch, 54–56

Saarland, ≻ [Bundesländer]
Sachsen, ≻ [Bundesländer]
Sachsen-Anhalt, ≻ [Bundesländer]
Schülerbibliothek, 102
Schülersprecher, 191
Schach, 74, 84, 201
Schleswig-Holstein, ≻ [Bundesländer]

Schnuppertage, 185
Schreiben, 14, 84, 86
Schulabschluss, 9
Schulaufsicht, 47, 80
Schulbrot, 11
Schulbuchbasar, 101
Schule als lernende Institution, 67
Schule ohne Rassismus – Schule mit Courage, 67
Schulform, 45–47
Schulkleidung, 206
Schulklima, Schulleben und außerschulische Partner, 67
Schulkompetenz, 231
Schulleitung, 224
Schulnähe, 79
Schulpolitik, 17
Schulprofil für Hochbegabte, 185
Schulqualität, 101
Schultoiletten, 101
Schuluniform, 206
Schulwechsel, 8
Schulweg, 11, 140
Schwächen, 46
Schwarze Schafe, 223
Schwimmen, 85*f*
Seepferdchen, 28, 85
Sekundarschule, 5
self-fulfilling prophecy, 202
Smartphone, 30, 42, 85, 113, 115, 119*f*, 122–125, 127–131, 148, 160, 211, 213, 222*f*, 230
Snapchat, 119
Sommercamp, 92
Sozialverhalten, 167*f*, 229
Spanisch, 55*f*, 195
Sportfest, 101
Sportler, 44
Sportschule, 67
Sprachassistentin, 113
Sprachen, 91
Sprengelprinzip, 79
Stadtteilschule, 5, 49, 83
Suizidgefährdung, 221
Szenen, *xi*, *xiv*

Türkisch, 54
Tablet, 207
Tablet-Klassen, 117, 127
Taschengeld, 204
Technik, 89
Thüringen, ≻ [Bundesländer]
Theatergruppe, 164
TU Darmstadt, 185

Umgang mit Vielfalt, 67
Umzug, 4, 54*f*, 80, 216
Unterrichtsqualität, 67
Urteil, 33, 36, 121

Verantwortung, 45, 67
Verband Deutscher Privatschulverbände e.V., 73
Verlockung, 42
Vokabelkartei, 153
Vokabellernen, 157
Volkshochschule, 91
Vorbereitung, 231
Vorbild, 11*f*, 94

Waldorf, 21, 71, 73*f*
Wechselmöglichkeiten, 7
Werkrealschule, 5
Werte, 11, 99, 231
Wettbewerb, 67*f*, 117, 185, 191, 230
WhatsApp, 119, 122–124, 221*f*
Willigis, 117
Wunschschule, 79

Zehn-Finger-System, 117, 127
Zeugnis, 170
Zeugnistag, 227
'Zu Fuß zur Schule'-Tag, 140
Zuspruch, 11
Zutrauen, 11
Zuwendung, 11, 231
Zwillinge, 3